Neue Leadership-Ansätze in der Pflege

Peter Rudolph

Neue Leadership-Ansätze in der Pflege

Wie Sie Personalführung, Patienten- und Kundenmanagement erfolgreich umsetzen

Unter Mitarbeit von Jeanette de la Barré

Springer Gabler

Peter Rudolph
Fachbereich Soziale Arbeit, Gesundheit und Medien
Hochschule Magdeburg-Stendal
Magdeburg, Deutschland

ISBN 978-3-658-48359-3 ISBN 978-3-658-48360-9 (eBook)
https://doi.org/10.1007/978-3-658-48360-9

Die Deutsche Nationalbibliothek verzeichnet diese Publikation in der Deutschen Nationalbibliografie; detaillierte bibliografische Daten sind im Internet über https://portal.dnb.de abrufbar.

Planung/Lektorat: Margit Schlomski
Springer Gabler ist ein Imprint der eingetragenen Gesellschaft Springer Fachmedien Wiesbaden GmbH und ist ein Teil von Springer Nature.
Die Anschrift der Gesellschaft ist: Abraham-Lincoln-Str. 46, 65189 Wiesbaden, Germany

Vorwort

Die Pflege steht im Mittelpunkt gesellschaftlicher und individueller Verantwortung. Sie ist nicht nur ein zentrales Element unseres Gesundheitssystems, sondern auch ein Bereich, der von ständigen Veränderungen, enormen Herausforderungen und gleichzeitig großen Chancen geprägt ist. In einer Zeit, die von Fachkräftemangel, Digitalisierung, wachsenden Anforderungen und einem Wertewandel in der Arbeitswelt bestimmt wird, bedarf es Führungskräften, die diesen Wandel nicht nur begleiten, sondern aktiv gestalten.

Dieses Buch richtet sich an Führungskräfte in allen Bereichen der Pflege – sowohl im Krankenhaus als auch im ambulanten und stationären Pflegebereich. Auch wenn es starke strukturelle und rechtliche Unterschiede zwischen diesen Versorgungssektoren gibt, stehen die Verantwortlichen vor vielen ähnlichen Herausforderungen. Themen wie Fachkräftemangel, steigende Qualitätsansprüche, Digitalisierung und die Weiterentwicklung der Mitarbeitenden betreffen alle Sektoren gleichermaßen. Daher benötigen Führungskräfte in der gesamten Pflege vergleichbare Werkzeuge, um ihre Teams effektiv zu leiten und den komplexen Anforderungen gerecht zu werden.

Mit diesem Buch wird das Ziel verfolgt, Führungskräfte in der Pflege dabei zu unterstützen, ihre Aufgaben mit einer fundierten Kombination aus wissenschaftlichen Erkenntnissen und praxiserprobten Werkzeugen zu meistern. Es verbindet über 30 Jahre praktische Erfahrung im Gesundheitswesen und in der Pflege mit modernen theoretischen Ansätzen, um Führungskräfte auf ihrem Weg zu stärken und die Pflege nachhaltig zu verbessern.

Die Relevanz neuer Leadership-Ansätze in der Pflege kann nicht hoch genug eingeschätzt werden. Führung ist längst nicht mehr nur die Kunst der Organisation, sondern ein komplexes Zusammenspiel aus strategischer Planung, empathischer Kommunikation und der Fähigkeit, Teams zu motivieren und weiterzuentwickeln. Die moderne Pflege benötigt Führungspersönlichkeiten, die in der Lage sind, Mitarbeitende zu fördern, Veränderungen anzustoßen und gleichzeitig die hohen Ansprüche an Qualität und Wirtschaftlichkeit zu erfüllen. Genau hier setzt dieses Buch an und bietet Ansätze, die Führungskräften helfen, diese Herausforderungen zu meistern.

Das Buch ist bewusst praxisorientiert gestaltet und gliedert sich in sieben Kapitel, die aufeinander aufbauen und einen umfassenden Leitfaden für die moderne Führung in der Pflege bieten:

- **Kap. 1** beleuchtet die aktuellen Herausforderungen und Chancen in Pflegeeinrichtungen, vom Fachkräftemangel bis zur Digitalisierung und dem Wertewandel.
- **Kap. 2** widmet sich den zentralen Themen des Personalmanagements und zeigt, wie strategische Ansätze zur Mitarbeitergewinnung und -bindung entwickelt werden können.
- **Kap. 3** führt in die Theorien und Modelle moderner Führung ein und stellt sowohl klassische als auch agile Ansätze vor.
- **Kap. 4** bietet praxisnahe Strategien zur Gestaltung von Führungsprozessen, von Kommunikation über Motivation bis hin zur Teamentwicklung.
- **Kap. 5** thematisiert Patienten- und Kundenmanagement und zeigt, wie Serviceorientierung als Führungsinstrument genutzt werden kann.
- **Kap. 6** rückt die Personalentwicklung in den Fokus und zeigt, wie Führungskräfte durch gezielte Förderung ihrer Mitarbeitenden Teams stärken und Innovationen vorantreiben können.
- **Kap. 7** schließlich gibt einen Ausblick auf die Zukunft der Pflegeführung, mit Themen wie Digital Leadership, Nachhaltigkeit und ethische Führung.

Ein persönlicher Hintergrund

In den letzten Jahrzehnten habe ich viele Gespräche mit Pflegekräften und Führungspersönlichkeiten geführt. Ich habe gesehen, wie Mitarbeitende mit großem Einsatz und Herzblut unter teils schwierigen Bedingungen arbeiten. Gleichzeitig habe ich aber auch erlebt, wie inspirierende Führung, klare Kommunikation und gezielte Personalentwicklung den Unterschied machen können – für die Mitarbeitenden, die Patient*innen und die gesamte Organisation.

Dieses Buch ist das Ergebnis meiner langjährigen Arbeit an der Schnittstelle zwischen Wissenschaft und Praxis. Als Professor für Gesundheitsmanagement habe ich den Anspruch, die neuesten Erkenntnisse aus der Forschung greifbar zu machen. Als Berater und Trainer weiß ich, wie wichtig es ist, dass diese Erkenntnisse im Alltag funktionieren.

Seit über 25 Jahren bin ich auch unternehmerisch tätig. Mit der Gründung der EUMEDIAS AG, einem Beratungs- und Bildungsunternehmen speziell für das Gesundheitswesen, habe ich ein Unternehmen geschaffen, das Führungskräfte, Teams und Organisationen bei der Weiterentwicklung unterstützt. In meiner Rolle als Berater, Trainer und Coach habe ich zahlreiche Projekte begleitet, die darauf abzielten, Pflegeeinrichtungen effizienter zu gestalten, Mitarbeitende zu fördern und Führungskräfte zu stärken.

Meine Arbeit bringt mich regelmäßig in direkten Kontakt mit den aktuellen Herausforderungen und Entwicklungen in der Pflege, sei es bei der Umsetzung neuer Konzepte, der Begleitung von Veränderungsprozessen oder der Entwicklung moderner Leadership-Strategien. Diese unmittelbare Nähe zur Praxis fließt in jedes Kapitel dieses Buches ein und macht es zu einem Werk, das aktuelle und praxisrelevante Themen fundiert behandelt.

Der Nutzen für Sie

Was können Sie konkret aus diesem Buch mitnehmen?

- **Klarheit und Orientierung:** Sie erhalten ein umfassendes Verständnis dafür, wie Sie in einer sich wandelnden Pflegewelt Führung aktiv gestalten können.
- **Praktische Werkzeuge:** Von Kommunikationsmodellen über Motivationsstrategien bis hin zu Instrumenten der Personalentwicklung – dieses Buch bietet Ihnen konkrete Ansätze, die Sie sofort umsetzen können.
- **Inspiration und Reflexion:** Die enthaltenen Praxisbeispiele und Reflexionsfragen helfen Ihnen, Ihre eigene Führungsrolle zu hinterfragen und weiterzuentwickeln.
- **Zukunftsorientierung:** Sie werden befähigt, nicht nur aktuelle Herausforderungen zu meistern, sondern auch aktiv die Pflege der Zukunft mitzugestalten.

Eine Einladung

Dieses Buch richtet sich an alle, die mehr als nur Führungskraft sein wollen. Es ist für diejenigen, die ihre Teams inspirieren, ihre Organisation weiterentwickeln und gleichzeitig die Menschlichkeit in der Pflege bewahren möchten. Nutzen Sie dieses Buch als Leitfaden, Werkzeug und Inspiration – und gestalten Sie die Pflege von morgen mit Herz und Verstand.

Mit den besten Wünschen für Ihre Führungsreise

Magdeburg, Deutschland Peter Rudolph
Juni 2025

Dank

Dieses Buch ist aus vielen Stimmen entstanden. Es ist nicht das Produkt eines Einzelnen, sondern gewachsen im Austausch mit Menschen, die den Mut haben, Visionen zu teilen, Herausforderungen anzunehmen und neue Wege zu denken.

Ein tief empfundener Dank gilt Jeanette de la Barré – meiner Lebenspartnerin, Vorständin der EUMEDIAS AG und geschätzten Trainerin. Deine Fähigkeit, komplexe Projekte in nachhaltige Erfolge zu verwandeln, beeindruckt mich immer wieder. Ob du das Projekt PAF – Pflegebedürftige Aktiv Fördern aus einer Idee heraus zu einem Meilenstein entwickelt oder das LUTZ E-Learning-Tool für Führungskräfte im Gesundheitswesen initiiert hast – dein unermüdlicher Antrieb, Bildung nicht nur als Wissensvermittlung, sondern als prägende Erfahrung zu verstehen, ist inspirierend. Danke, dass du mir immer wieder zeigst, was wirksame Führung im Kern bedeutet.

Mein Dank gilt auch Hardy Groß – Freund, Support und IT-Experte. Du hast nie aufgegeben, bis die beste Lösung gefunden war. Ob unter Zeitdruck perfekte Grafiken entstanden, aus meinen losen Skizzen präzise Charts wurden oder du mit unerschütterlicher Geduld jedes Format-Chaos in Ordnung gebracht hast – deine Fähigkeit, aus Nullen und Einsen ein Gesamtwerk zu schaffen, ist außergewöhnlich. Danke für deinen Pragmatismus, deine Kreativität und deine Hartnäckigkeit.

Mein besonderer Dank gilt darüber hinaus meinem großartigen EUMEDIAS-Team, unseren Kunden und Kundinnen sowie meinen Studierenden. Ihr habt nicht nur Impulse gegeben, sondern mich immer wieder dazu ermutigt, tiefer zu denken, präziser zu formulieren und scheinbar Selbstverständliches zu hinterfragen.

Mit eurer Beharrlichkeit, eurer Neugier und eurem kritischen Mitdenken habt ihr maßgeblich dazu beigetragen, dass dieses Buch mehr sein durfte als eine Sammlung von Gedanken – es wurde ein gemeinsamer Reflexionsraum.

Ihr alle zeigt mir täglich: Leadership ist keine Frage des Titels, sondern der Haltung. Und echte Führung geschieht nicht im Alleingang, sondern im Miteinander – im Dialog, im Zuhören, im gemeinsamen Wachsen.

Für all das danke ich euch von Herzen.

Darüber hinaus danke ich Frau Margit Schlomski, Senior Editor bei Springer, für die kritische Durchsicht des Manuskripts und ihr wertschätzendes Feedback.

Interessenkonflikt Der/die Autor*in hat keine für den Inhalt dieses Manuskripts relevanten Interessenkonflikte.

Inhaltsverzeichnis

Abkürzungsverzeichnis

Abb.	Abbildung
bspw.	beispielsweise
bzw.	beziehungsweise
ca.	circa
d. h.	das heißt
DKG	Deutsche Krankenhausgesellschaft
DPR	Deutscher Pflegerat
ePA	Elektronische Patientenakte
et al.	et alii (lat. „und andere“)
etc.	et cetera
F	Frage
f.	folgende
ff.	fortfolgende
FK	Führungskraft
HoL	Health-oriented Leadership
HRM	Human Resource Management
i. d. R.	in der Regel
KI	Künstliche Intelligenz
KIM	Kommunikation im Medizinwesen
MA	Mitarbeitenden
Nr.	Nummer
o. ä.	oder ähnlich
PPR 2.0	Pflegepersonalregelung 2.0
PpUGV	Pflegepersonaluntergrenzen-Verordnung
R	Reifegrad
S.	Seite
TQM	Total Quality Management
u. a.	unter anderem
usw.	und so weiter
vgl.	vergleiche
z. B.	zum Beispiel

Über den Autor

Prof. Dr. Peter Rudolph ist ein renommierter Experte im Bereich Gesundheitsmanagement und verbindet Wissenschaft und Praxis auf eindrucksvolle Weise. Nach seinem Studium der Betriebswirtschaftslehre promovierte er zum Doktor der Wirtschaftswissenschaften. Heute lehrt er als Professor für Gesundheitsmanagement an der Hochschule Magdeburg-Stendal sowie an der DIU Dresden International University und ist zudem als freiberuflicher Dozent an der Fortbildungsakademie der Charité Universitätsmedizin Berlin tätig.

Seine Forschungsschwerpunkte und Lehrtätigkeiten konzentrieren sich auf die Personal- und Organisationsentwicklung in der Gesundheitswirtschaft. Als Autor zahlreicher Fachpublikationen und gefragter Redner in Seminaren und Vorträgen vermittelt er fundiertes Wissen mit hoher Praxisrelevanz.

Darüber hinaus ist er Gründer der EUMEDIAS AG und hat sich als langjähriger Berater und Coach von Führungskräften im Gesundheitswesen einen exzellenten Ruf erarbeitet. Seine Arbeit ist geprägt von einer klaren Vision: die Weiterentwicklung von Führungskräften zu fördern, Exzellenz in der Gesundheitsbranche zu bewirken und innovative Managementansätze zu etablieren.

Abbildungsverzeichnis

1 Pflegeeinrichtungen im Wandel – Neue Anforderungen und Chancen für Führung

> **Der Morgen in einer Pflegeeinrichtung – Realität und Herausforderungen**
> Es ist Montagmorgen in einer mittelgroßen Pflegeeinrichtung. Lisa Meier, die Pflegedienstleitung, beginnt ihren Tag wie immer mit einem Blick auf die aktuellen Herausforderungen.
>
> Im Personalsystem blinkt es Rot: Zwei Mitarbeitende sind kurzfristig erkrankt, das bedeutet Engpässe in der Frühschicht. Gleichzeitig warten drei Bewerber*innen auf Rückmeldung, und die Geschäftsleitung hat ein dringendes Gespräch zu den geplanten Digitalisierungsmaßnahmen angesetzt.
>
> Im Hintergrund laufen Gespräche mit einer internationalen Agentur, die Pflegekräfte aus dem Ausland vermittelt, um dem wachsenden Personalbedarf gerecht zu werden.
>
> Lisa weiß, dass sie diese Themen nicht allein bewältigen kann. Sie ist Führungskraft, Moderatorin und Change Managerin in einer Person. Doch inmitten der drängenden Probleme bleibt kaum Zeit für strategisches Handeln. Das Team erwartet klare Entscheidungen, die Bewohner*innen benötigen weiterhin eine hochwertige Pflege, und die eigene Balance darf nicht völlig außer Acht gelassen werden.

Dieses Szenario ist kein Einzelfall. Es zeigt beispielhaft, wie stark sich die Anforderungen an Führungskräfte in der Pflege gewandelt haben. Der Fachkräftemangel, die Digitalisierung und der Wertewandel fordern nicht nur schnelle Entscheidungen, sondern auch eine neue Art von Führung, die menschlich, nachhaltig und zukunftsorientiert ist.

Im vorliegenden Kapitel werden die treibenden Kräfte dieses Wandels analysiert, ihre Auswirkungen auf Führungsaufgaben dargestellt und Lösungsansätze für die Pflegeführung von morgen skizziert.

P. Rudolph, *Neue Leadership-Ansätze in der Pflege*,
https://doi.org/10.1007/978-3-658-48360-9_1

1.1 Gesellschaftliche und strukturelle Entwicklungen

Pflegeeinrichtungen sind zentrale Akteure in einem sich wandelnden Gesundheitssystem. Drei Hauptfaktoren treiben diesen Wandel maßgeblich voran: die demografische Entwicklung, die fortschreitende Digitalisierung und ein gesellschaftlicher Wertewandel. Diese Trends haben tiefgreifende Auswirkungen auf Führungsaufgaben in Pflegeeinrichtungen. Sie beeinflussen sowohl die strategische Planung als auch die operative Umsetzung von Führungsentscheidungen.

1.1.1 Demografischer Wandel, Fachkräftemangel und Generationenmix

Der demografische Wandel stellt eine der größten Herausforderungen für die Pflegebranche dar. Mit einer alternden Bevölkerung und einer gleichzeitig sinkenden Geburtenrate gerät das System zunehmend unter Druck. Laut Prognosen des Statistischen Bundesamts (Statistisches Bundesamt (Destatis), 2024) wird die Bevölkerung Deutschlands bis 2049 erheblich altern, was die Nachfrage nach Pflegeleistungen massiv erhöht. Gleichzeitig schrumpft die Anzahl der Arbeitskräfte im pflegerischen Bereich aufgrund des verstärkten Ausscheidens der Babyboomer-Generation aus dem Erwerbsleben. Bis zum Jahr 2049 wird mit einem Mangel von bis zu 690.000 Pflegekräften gerechnet. Dies entspricht fast der Hälfte des heutigen Pflegepersonals (Statistisches Bundesamt (Destatis), 2024).

Dieser Fachkräftemangel wirkt sich direkt auf die Arbeitsbedingungen und die Qualität der Pflege aus. Pflegende sehen sich häufig mit einer steigenden Arbeitsverdichtung konfrontiert, da weniger Personal für die gleiche oder gar eine wachsende Anzahl von Patienten zur Verfügung steht. Diese Entwicklung führt zu einer Überforderung des bestehenden Personals, erhöhtem Stress und einer sinkenden Mitarbeiterzufriedenheit, die wiederum die Fluktuation innerhalb der Branche begünstigt (Senghaas & Struck, 2023).

Der Generationenmix als zusätzliche Herausforderung

Neben dem Fachkräftemangel bringt der Generationenmix in Pflegeeinrichtungen weitere Herausforderungen mit sich. Aktuell arbeiten bis zu vier Generationen – von den Babyboomern bis zur Generation Z – zusammen. Jede dieser Gruppen zeichnet sich durch spezifische Werte, Erwartungen und Arbeitsstile aus, die sich teils erheblich unterscheiden (Sibilio, 2023).

Die Babyboomer, geboren zwischen 1946 und 1964, schätzen Stabilität, Loyalität und langjährige Berufserfahrung. Ihre Arbeitsweise ist oft durch klare Hierarchien und traditionelle Strukturen geprägt. Im Gegensatz dazu bevorzugt die Generation X (1965–1979) ein ausgewogenes Verhältnis zwischen Berufs- und Privatleben. Sie setzt auf Autonomie und pragmatische Lösungen. Die Generation Y, auch Millennials genannt (1980–1994), legt großen Wert auf Flexibilität, Feedback und eine sinnstiftende Tätigkeit. Die jüngste Generation Z (ab 1995) fordert nicht nur moderne Technologien und innovative Arbeitsmethoden, sondern auch eine klare Werteorientierung und Möglichkeiten zur Selbstverwirklichung (Sibilio, 2023).

Diese Vielfalt birgt sowohl Konfliktpotenzial als auch Chancen. So können unterschiedliche Kommunikationsstile oder Prioritäten im Arbeitsalltag Spannungen erzeugen. Gleichzeitig eröffnet der Generationenmix jedoch auch Synergien. Während jüngere Generationen technologische Innovationen vorantreiben, können ältere Mitarbeitende Stabilität und umfangreiche Erfahrungswerte einbringen.

Auswirkungen auf Führungskräfte

Führungskräfte in Pflegeeinrichtungen stehen vor der anspruchsvollen Aufgabe, die Bedürfnisse und Erwartungen dieser heterogenen Gruppen zu erkennen und angemessen zu adressieren. Es gilt, eine Arbeitskultur zu schaffen, in der die Stärken jeder Generation gezielt genutzt werden, während mögliche Konflikte frühzeitig erkannt und bearbeitet werden.

Besonders herausfordernd ist hierbei die Sicherstellung einer wertschätzenden Kommunikation, die alle Generationen einbezieht, sowie die Gestaltung von Arbeitsmodellen, die unterschiedlichen Bedürfnissen gerecht werden. Während Babyboomer möglicherweise klar definierte Strukturen bevorzugen, erwarten jüngere Mitarbeitende mehr Mitspracherecht und Flexibilität. Führungskräfte müssen deshalb nicht nur sensibel auf diese Unterschiede eingehen, sondern auch innovative Ansätze entwickeln, um generationenübergreifende Zusammenarbeit erfolgreich zu fördern.

Strategien für den Umgang mit dem Generationenmix

Eine zentrale Strategie, um den Herausforderungen des Generationenmixes zu begegnen, ist die bewusste Förderung generationenübergreifender Teams. Unterschiedliche Stärken und Perspektiven können gezielt kombiniert werden, um Synergien zu schaffen. Beispielsweise können ältere Mitarbeitende jüngeren Kolleg*innen durch Mentoring ihre Erfahrungen weitergeben, während die Jüngeren technologische Innovationen vorantreiben.

Darüber hinaus erfordert die zunehmende Heterogenität flexible Arbeitsmodelle, die auf die individuellen Bedürfnisse der Mitarbeitenden eingehen. Teilzeitoptionen oder angepasste Schichtmodelle können älteren Mitarbeitenden die Fortsetzung ihrer beruflichen Tätigkeit erleichtern, während jüngere Mitarbeitende von flexiblen Arbeitszeiten oder Homeoffice-Möglichkeiten profitieren.

Nicht zuletzt spielt die gezielte Teamentwicklung eine Schlüsselrolle. Regelmäßige Workshops oder moderierte Diskussionen können dazu beitragen, ein besseres Verständnis für die unterschiedlichen Perspektiven innerhalb des Teams zu schaffen und potenzielle Konflikte zu entschärfen. Führungskräfte müssen hier aktiv als Vermittler und Moderatoren auftreten, um eine offene und wertschätzende Kommunikation zu fördern.

Der demografische Wandel und der Fachkräftemangel sind zentrale Herausforderungen für die Pflegebranche, die durch den Generationenmix zusätzlich komplexer werden. Führungskräfte sind gefordert, innovative Strategien zu entwickeln, um sowohl den Fachkräftemangel zu bewältigen als auch die Potenziale einer vielfältigen Belegschaft zu nutzen. Der Schlüssel liegt in einer flexiblen und wertschätzenden Führung, die die individuellen Stärken und Bedürfnisse aller Generationen berücksichtigt und die Grundlage für eine nachhaltige Zusammenarbeit schafft.

1.1.2 Digitalisierung und technologische Veränderungen

Die Digitalisierung verändert Arbeitsprozesse in nahezu allen Branchen grundlegend, und die Pflege bildet hierbei keine Ausnahme. Sie eröffnet ein breites Spektrum an Möglichkeiten, den Pflegealltag effizienter zu gestalten, die Qualität der Versorgung zu verbessern und die Mitarbeitenden zu entlasten. Technologien wie KI-gestützte Dokumentationssysteme, digitale Plattformen für die interne Kommunikation und Sensortechnologien zur Überwachung von Vitaldaten gehören zu den innovativen Ansätzen, die in der Pflege bereits Anwendung finden (Bratan et al., 2022). Durch den gezielten Einsatz solcher Technologien können Routinetätigkeiten automatisiert und gleichzeitig die Patientensicherheit erhöht werden.

Jedoch offenbart die aktuelle Situation in deutschen Pflegeeinrichtungen erhebliche Unterschiede im Digitalisierungsgrad. Eine Studie von Daum (2022) zeigt, dass in der Altenpflege 45 % der Einrichtungen einen hohen Grad an Digitalisierung erreicht haben. Im Vergleich dazu liegen Krankenhäuser mit einem Anteil von 31 % und Fachkliniken mit nur 14–15 % deutlich zurück. Diese Unterschiede verdeutlichen, dass die Digitalisierung in der Pflegebranche noch kein einheitliches Niveau erreicht hat, was die Umsetzung weiterer Fortschritte erschwert.

Chancen der Digitalisierung in der Pflege

Der Einsatz digitaler Technologien bietet bedeutende Vorteile für Pflegeeinrichtungen und deren Mitarbeitende. Durch automatisierte Dokumentationssysteme können zeitaufwendige administrative Tätigkeiten reduziert werden, wodurch Pflegekräfte mehr Zeit für die direkte Betreuung der Patient*innen gewinnen. Die Überwachung von Vitaldaten mittels Sensoren ermöglicht eine engmaschigere und personalisierte Versorgung, die schneller auf veränderte Gesundheitszustände reagieren kann. Dies steigert nicht nur die Qualität der Pflege, sondern auch die Zufriedenheit der Patient*innen und ihrer Angehörigen (INQA & BMAS, 2023).

Ein weiteres Potenzial liegt in der Optimierung der internen Kommunikation. Digitale Plattformen erleichtern die Abstimmung zwischen Teams, fördern die Transparenz und können so zu einem besseren Informationsfluss beitragen. Besonders in Krisensituationen, wie sie während der COVID-19-Pandemie häufig vorkamen, erwiesen sich solche Systeme als unverzichtbar (Bratan et al., 2022).

Herausforderungen der Digitalisierung

Trotz der offensichtlichen Vorteile steht die Digitalisierung in der Pflege vor erheblichen Hürden. Ein zentraler Aspekt ist die Investitionsbereitschaft der Einrichtungen. Viele digitale Lösungen erfordern hohe Anschaffungskosten, sei es für Hard- und Software oder für die notwendige Infrastruktur. Hinzu kommen laufende Kosten für Wartung und Weiterentwicklung der Systeme. Dies führt dazu, dass gerade kleinere Einrichtungen oft Schwierigkeiten haben, mit der Digitalisierung Schritt zu halten (Daum, 2022).

Ein weiterer wichtiger Punkt ist der Datenschutz. Pflegeeinrichtungen arbeiten mit sensiblen Patientendaten, deren Schutz oberste Priorität hat. Führungskräfte sind gefordert, datenschutzkonforme Systeme zu implementieren und sicherzustellen, dass alle Mitarbeitenden die Bedeutung des Datenschutzes verstehen und in ihrem Arbeitsalltag berücksichtigen. Dies erfordert nicht nur technische Lösungen, sondern auch eine entsprechende Schulung des Personals.

Die Rolle der Führungskräfte

Die erfolgreiche Einführung digitaler Technologien in Pflegeeinrichtungen hängt maßgeblich von der Haltung und den Kompetenzen der Führungskräfte ab. Sie müssen nicht nur technologische Neuerungen vorantreiben, sondern auch die kulturellen und organisatorischen Veränderungen steuern, die mit der Digitalisierung einhergehen. Eine zentrale Aufgabe besteht darin, digitale Kompetenzen im Team zu fördern. Dies kann durch Schulungen, Workshops und gezielte Weiterbildungsmaßnahmen erreicht werden.

Darüber hinaus müssen Führungskräfte eine transparente und offene Kommunikationskultur schaffen, die es den Mitarbeitenden ermöglicht, neue Technologien besser zu verstehen und deren Nutzen für die tägliche Arbeit zu erkennen (Bratan et al., 2022). Widerstände gegen Veränderungen können oft durch eine frühzeitige Einbindung der Mitarbeitenden und eine klare Darstellung der Vorteile überwunden werden.

Auch der ethische Umgang mit digitalen Technologien spielt eine wichtige Rolle. Führungskräfte müssen sicherstellen, dass die Einführung neuer Systeme nicht zu einer Dehumanisierung der Pflege führt. Der Fokus sollte immer darauf liegen, wie Technologie die Arbeit der Pflegekräfte erleichtern und gleichzeitig den Patient*innen zugutekommen kann.

Zukünftige Perspektiven

Die Digitalisierung bietet enormes Potenzial, die Herausforderungen des demografischen Wandels und des Fachkräftemangels in der Pflege zu bewältigen. Langfristig können digitale Lösungen nicht nur die Arbeitsbelastung reduzieren, sondern auch die Pflegequalität nachhaltig verbessern. Dazu bedarf es jedoch gezielter Investitionen, einer klaren Strategie und einer engen Zusammenarbeit zwischen Führungskräften, Mitarbeitenden und externen Partnern.

Führungskräfte, die sich als Treiber des digitalen Wandels verstehen, können wesentlich dazu beitragen, die Pflege zukunftsfähig zu gestalten. Sie agieren nicht nur als Technologiemanager*innen, sondern auch als Change Manager*innen, die sicherstellen, dass ihre Teams die neuen Herausforderungen annehmen und erfolgreich bewältigen können.

1.1.3 Gesundheitliche Belastungen und Arbeitsunfähigkeit

Die Arbeitsbedingungen in der Pflege sind seit jeher durch hohe physische und psychische Anforderungen geprägt. Die immer intensiver werdenden Herausforderungen, wie Arbeitsverdichtung, Personalmangel und ein steigender Pflegebedarf, führen zu einer deutlichen Zunahme gesundheitlicher Belastungen bei den Mitarbeitenden. Pflegekräfte erleben oft einen übermäßigen Druck, der sowohl körperlich als auch seelisch erhebliche Folgen hat.

Zunahme psychischer Erkrankungen und Fehlzeiten

Eine aktuelle Analyse der DAK-Gesundheit (2024) zeigt, dass psychische Erkrankungen wie Burnout in den letzten Jahren um 48 % zugenommen haben. Dies spiegelt nicht nur die gestiegenen Belastungen wider, sondern auch die unzureichende Unterstützung, die viele Pflegekräfte in ihrem Arbeitsalltag erfahren. Der Krankenstand insgesamt ist in der Pflegebranche besonders hoch. Der AOK-Fehlzeitenreport von 2022 dokumentiert einen Anstieg auf durchschnittlich 6,7 % – ein Wert, der deutlich über dem branchenübergreifenden Durchschnitt liegt (Badura et al., 2023).

Die Folgen dieser Entwicklung sind weitreichend. Wenn Mitarbeitende krankheitsbedingt ausfallen, müssen die verbleibenden Kräfte zusätzliche Lasten übernehmen. Dies verstärkt den Druck auf das verbleibende Team und erhöht die Wahrscheinlichkeit weiterer krankheitsbedingter Ausfälle. Dieser Teufelskreis, bei dem Überforderung und Erschöpfung zu noch mehr Fehlzeiten führen, stellt eine der größten Herausforderungen für Pflegeeinrichtungen dar.

Physische Belastungen im Arbeitsalltag

Neben den psychischen Belastungen sind Pflegekräfte auch einer hohen körperlichen Beanspruchung ausgesetzt. Häufiges Heben und Tragen schwerer Lasten, das Arbeiten in ungünstigen ergonomischen Positionen und der häufige Wechsel zwischen Tag- und Nachtschichten belasten den Körper. Diese körperlichen Anforderungen führen zu muskulären und skelettalen Beschwerden, die in vielen Fällen langfristige gesundheitliche Einschränkungen nach sich ziehen können (Badura et al., 2023).

Rolle der Führungskräfte bei der Förderung der Gesundheit

In diesem belastenden Arbeitsumfeld kommt Führungskräften eine entscheidende Rolle zu. Sie haben nicht nur die Verantwortung, den organisatorischen Rahmen für eine gesunde Arbeitsumgebung zu schaffen, sondern auch aktiv präventive Maßnahmen zu fördern und umzusetzen. Dabei geht es nicht nur um die Gesundheit der Pflegekräfte selbst, sondern auch um die Sicherstellung einer hohen Pflegequalität, die von der Leistungsfähigkeit und Zufriedenheit der Mitarbeitenden abhängt.

Eine zentrale Strategie ist die Einführung von Maßnahmen zur Gesundheitsförderung. Programme zur Förderung der physischen Fitness, ergonomische Schulungen und regelmäßige Gesundheitschecks können dazu beitragen, gesundheitliche Risiken frühzeitig zu erkennen und zu mindern. Darüber hinaus bieten Resilienzprogramme eine Möglichkeit, Mitarbeitende im Umgang mit Stress und Belastungen zu stärken. Diese Programme zielen darauf ab, die psychische Widerstandsfähigkeit zu fördern und den Umgang mit schwierigen Situationen im Arbeitsalltag zu erleichtern (Badura et al., 2023).

Ein weiterer wesentlicher Ansatzpunkt ist die Gestaltung flexibler Arbeitszeitmodelle. Gerade in einem Berufsfeld, das durch Schichtarbeit geprägt ist, können solche Modelle die Arbeitsbelastung deutlich reduzieren. Führungskräfte sollten dabei darauf achten, individuelle Bedürfnisse ihrer Mitarbeitenden zu berücksichtigen, etwa durch die Möglichkeit von Teilzeitarbeit, eine bessere Planbarkeit von Schichten oder die Vermeidung häufiger kurzfristiger Einsätze.

Förderung einer gesundheitsorientierten Unternehmenskultur
Neben spezifischen Maßnahmen bedarf es einer grundlegenden Veränderung der Unternehmenskultur hin zu einem ganzheitlichen Verständnis von Gesundheitsförderung. Eine gesundheitsorientierte Führung zeichnet sich durch die Wertschätzung der Mitarbeitenden und die Berücksichtigung ihrer individuellen Bedürfnisse aus. Dies erfordert eine offene Kommunikation, regelmäßiges Feedback und die Schaffung eines unterstützenden Umfelds, in dem sich die Mitarbeitenden sicher und geschätzt fühlen. Führungskräfte, die diese Werte vorleben, können eine positive Arbeitskultur fördern und langfristig die Gesundheit und Motivation ihrer Teams stärken.

Die gesundheitlichen Belastungen und hohen Fehlzeiten in der Pflege sind ein Alarmsignal, das nicht ignoriert werden darf. Führungskräfte tragen die Verantwortung, präventiv zu handeln und ein Arbeitsumfeld zu schaffen, das die Gesundheit und das Wohlbefinden der Mitarbeitenden fördert. Dies ist nicht nur eine ethische Verpflichtung, sondern auch eine strategische Notwendigkeit, um die Zukunft der Pflege zu sichern. Nur durch gezielte Maßnahmen und eine werteorientierte Führung können Pflegeeinrichtungen den Herausforderungen des demografischen Wandels und des Fachkräftemangels erfolgreich begegnen.

1.2 Wertewandel und steigende Erwartungen an die Pflege

Der Wertewandel stellt Pflegeeinrichtungen vor grundlegende Veränderungen. Traditionelle Strukturen und Hierarchien, die die Pflege lange Zeit geprägt haben, verlieren an Bedeutung. Stattdessen rücken Werte wie Menschlichkeit, Empathie, Diversität und individuelle Betreuung zunehmend in den Fokus. Diese Entwicklung betrifft nicht nur die Erwartungen von Patient*innen und Angehörigen, sondern auch die Ansprüche der Pflegekräfte selbst.

Führungskräfte sehen sich mit der Herausforderung konfrontiert, eine Balance zwischen ökonomischen Zwängen und den Bedürfnissen der beteiligten Akteure zu schaffen. Dies erfordert nicht nur eine Anpassung der Führungskultur, sondern auch innovative Strategien, um die Qualität der Pflege nachhaltig zu sichern.

Gesellschaftliche Wertediskussion
Menschlichkeit und Empathie haben in der Pflege heute einen zentralen Stellenwert. Patient*innen und Angehörige erwarten eine ganzheitliche Betreuung, die über die reine medizinische Versorgung hinausgeht. Der Wunsch nach persönlicher Zuwendung, individuellem Eingehen auf Bedürfnisse und einer emotional unterstützenden Begleitung prägt die Erwartungshaltung. Pflegekräfte stehen nicht nur als fachliche Experten im Fokus, sondern auch als Ansprechpartner für persönliche und oft intime Anliegen der Pflegebedürftigen.

Dieser Anspruch resultiert aus einem gesellschaftlichen Wertewandel, der Fürsorge und Empathie zunehmend als Kernkompetenzen in der Pflege betrachtet (Friesacher, 2008). Besonders in einem Bereich, der von Abhängigkeiten und Verletzlichkeit geprägt ist, werden die Beziehungen zwischen Pflegebedürftigen und Pflegepersonal als zentral wahrgenommen. Dabei kommt es jedoch häufig zu einem Spannungsverhältnis. Ökonomische

Rahmenbedingungen und Personalmangel setzen den Spielraum für individuelle Betreuung erheblich herab. Die reduzierte Zeit für persönliche Gespräche oder Zuwendung führt nicht selten zu Frustrationen bei Patient*innen und Angehörigen, die mehr Menschlichkeit in der Pflege einfordern.

Erwartungen von Mitarbeitenden

Auch die Erwartungen der Pflegekräfte an ihre Arbeitsbedingungen haben sich stark gewandelt. Die hohe Arbeitsbelastung und die gestiegenen Anforderungen führen zu einem gesteigerten Wunsch nach Mitsprache und Mitgestaltung im Berufsalltag. Pflegekräfte erwarten von ihren Führungskräften, dass sie mehr Entscheidungs- und Handlungsspielraum gewährt bekommen. Dabei wird Partizipation zunehmend als wichtiger Bestandteil einer modernen Führungskultur angesehen (Reimold & Knappich, 2021).

Zudem rücken Aspekte wie flexible Arbeitszeitmodelle, berufliche Weiterentwicklung und eine ausgewogene Work-Life-Balance in den Vordergrund. Gerade jüngere Generationen, wie die Generation Y und Z, legen besonderen Wert auf diese Faktoren. Sie streben nicht nur nach stabilen Arbeitsverhältnissen, sondern auch nach einem Arbeitsplatz, der Raum für persönliche und berufliche Entfaltung bietet. Führungskräfte stehen vor der Aufgabe, diesen Bedürfnissen gerecht zu werden, ohne dabei die Effizienz und die Qualitätsanforderungen ihrer Einrichtung zu gefährden.

Eine weitere Herausforderung ergibt sich aus der Erwartung nach Wertschätzung. Pflegekräfte möchten nicht nur als ausführende Kraft wahrgenommen werden, sondern aktiv zur Weiterentwicklung ihrer Einrichtungen beitragen. Dazu gehört die Anerkennung ihrer Arbeit und die Möglichkeit, innovative Ansätze in die Praxis einzubringen. Dies erfordert einen Führungsstil, der nicht nur klare Leitlinien vorgibt, sondern auch Vertrauen in die Kompetenzen und das Engagement der Mitarbeitenden signalisiert.

Auswirkungen auf Führung und Organisation

Der Wertewandel stellt Führungskräfte in Pflegeeinrichtungen vor die Aufgabe, eine Balance zwischen den divergierenden Bedürfnissen von Patient*innen, Angehörigen und Mitarbeitenden zu finden. Einerseits erwarten Pflegebedürftige eine individuelle Betreuung, andererseits fordern Pflegekräfte bessere Arbeitsbedingungen und mehr Partizipation. Gleichzeitig stehen Pflegeeinrichtungen unter ökonomischem Druck, effizient zu arbeiten und knappe Ressourcen bestmöglich zu nutzen (Schreyögg et al., 2022).

Diese Herausforderungen erfordern eine grundlegende Anpassung der Führungs- und Organisationskultur. Führungskräfte müssen Strukturen schaffen, die sowohl den Bedürfnissen der Mitarbeitenden als auch den Erwartungen der Patient*innen gerecht werden. Dabei ist es entscheidend, eine Atmosphäre zu fördern, in der Wertschätzung, Offenheit und Vertrauen im Mittelpunkt stehen.

Ein zentrales Instrument zur Bewältigung dieser Aufgabe ist ein wertebasierter Führungsstil. Führungskräfte, die Empathie und Menschlichkeit aktiv vorleben, können nicht nur das Vertrauen ihrer Mitarbeitenden gewinnen, sondern auch eine positive Arbeitskultur fördern. Gleichzeitig ist es wichtig, klare Prioritäten zu setzen und Strategien zu entwickeln, die die Ressourcen effizient nutzen. Dazu gehört etwa der Einsatz digitaler

Technologien, die administrative Aufgaben erleichtern und Pflegekräften mehr Zeit für zwischenmenschliche Interaktionen lassen.

Der Wandel hin zu einer solchen Führungs- und Organisationskultur erfordert nicht nur strategisches Denken, sondern auch eine hohe emotionale Intelligenz. Führungskräfte müssen in der Lage sein, die unterschiedlichen Bedürfnisse ihrer Mitarbeitenden und Patient*innen zu erkennen und entsprechende Maßnahmen zu ergreifen. Nur so können sie die Qualität der Pflege langfristig sichern und gleichzeitig ein Arbeitsumfeld schaffen, das den Anforderungen der modernen Pflege entspricht.

Der Wertewandel in der Pflege bringt tiefgreifende Veränderungen mit sich, die alle Ebenen der Pflegeorganisation betreffen. Menschlichkeit, Empathie und Wertschätzung sind nicht länger optional, sondern essenzielle Voraussetzungen für eine zukunftsfähige Pflege.

Führungskräfte sind dabei zentrale Gestalter dieses Wandels. Sie müssen nicht nur den steigenden Erwartungen gerecht werden, sondern auch innovative Wege finden, um ihre Teams zu stärken und eine Balance zwischen ökonomischen Zwängen und qualitativen Ansprüchen herzustellen. Nur durch eine konsequente Anpassung der Führungs- und Organisationskultur können Pflegeeinrichtungen den Herausforderungen des Wertewandels erfolgreich begegnen.

1.3 Fazit

Führung in Zeiten des Wandels

Führungskräfte in der Pflege stehen heute vor einer Vielzahl komplexer Aufgaben. Die Alterung der Gesellschaft, der Fachkräftemangel, die Digitalisierung und der gesellschaftliche Wertewandel beeinflussen die Arbeitsrealität in der Pflege erheblich. Führungskräfte spielen dabei eine Schlüsselrolle: Sie sind nicht nur Leiter*innen und Planer*innen, sondern auch Change Manager*innen, Motivator*innen und strategische Denker*innen.

Diese Veränderungen und Trends erfordern neue Ansätze und Strategien.

- **Strategisch handeln:** Langfristige Planung und Investitionen in die Personalentwicklung sind essenziell.
- **Technologie fördern:** Digitale Tools müssen effizient eingeführt und genutzt werden.
- **Mitarbeitende stärken:** Ein mitarbeiterzentrierter Führungsstil verbessert Motivation und Zufriedenheit.
- **Wertebasiert führen:** Menschlichkeit und Empathie schaffen Vertrauen und fördern eine positive Arbeitskultur.

Diese Ansätze sind entscheidend, um die Pflege zukunftsfähig zu gestalten und den steigenden Anforderungen gerecht zu werden.

Reflexionsfragen

1. Welche Maßnahmen haben Sie zur Förderung der Gesundheit Ihrer Mitarbeitenden eingeführt?
2. Wie fördern Sie die Zusammenarbeit zwischen verschiedenen Generationen in Ihrem Team?
3. Welche digitalen Tools könnten die Arbeitsbelastung in Ihrer Einrichtung reduzieren?
4. Wie fördern Sie Menschlichkeit und Empathie in Ihrer Führungsarbeit?

Literatur

Badura, B., Ducki, A., Baumgardt, J., Meyer, M., & Schröder, H. (2023). *Fehlzeiten-Report 2023: Zeitenwende – Arbeit gesund gestalten*. Springer. https://doi.org/10.1007/978-3-662-67514-4

Bratan, T., Schneider, D., Heyen, N., Pullmann, L., Friedewald, M., Kuhlmann, D., & Brkic, N. (2022). *E-Health in Deutschland: Entwicklungsperspektiven und internationaler Vergleich* (12-2022 Ausg.). Expertenkommission Forschung und Innovation (EFI). https://hdl.handle.net/10419/251366

DAK-Gesundheit. (2024). *Analyse Krankenstand Deutschland 2023*. https://www.dak.de/presse/bundesthemen/gesundheitsreport/krankenstand-2023-weiter-auf-rekordniveau-_56842. Zugegriffen am 26.02.2025.

Daum, M. (2022). *Follow-up-Studie; Die Digitalisierung der Pflege in Deutschland: Status quo, digitale Transformation und Auswirkungen*. DAA-Stiftung Bildung und Beruf.

Friesacher, H. (2008). *Theorie und Praxis pflegerischen Handelns: Begründung und Entwurf einer kritischen Theorie der Pflegewissenschaft*. V & R Unipress.

INQA, & BMAS. (2023). *Digitale Transformation in Pflegeeinrichtungen: Wie sich der Transformationsprozess gestalten lässt*. https://www.bmas.de/DE/Service/Publikationen/Broschueren/inqa-095-digitale-transformation-in-pflegeeinrichtungen.html. Zugegriffen am 16.04.2024.

Reimold, S., & Knappich, T. (2021). Gute Arbeit – eine Frage der Generation? *Pflegezeitschrift, 74*(1/2), 17–19. https://doi.org/10.1007/s41906-020-0939-9

Schreyögg, J., Stargardt, T., Behrens-Potratz, A., Zerres, C., Winter, V., Ingerfurth, S., et al. (2022). Kundenmanagement. In I. R. Busse, J. Schreyögg, & T. Stargardt (Hrsg.), *Management im Gesundheitswesen* (S. 219–339). Springer. https://doi.org/10.1007/978-3-662-64176-7_3

Senghaas, M., & Struck, O. (2023). Arbeits- und Personalsituation in der Alten-und Krankenpflege. Wie beurteilen Beschäftigte und Führungskräfte Belastungsfaktoren, Ressourcen und Handlungsmöglichkeiten? *IAB-Forschungsbericht: Aktuelle Ergebnisse aus der Projektarbeit des Instituts für Arbeitsmarkt- und Berufsforschun, 8*(2023), 1–36. https://doi.org/10.48720/IAB.FB.2308

Sibilio, A. (2023). Generationsübergreifende Unternehmensführung – Wie können heutige Führungskräfte bis zu fünf Generationen individuell und bedarfsgerecht führen? In I. C. Kastner, C. Jacob, D. Hesmer, & P. Plugmann (Hrsg.), *Innovative Unternehmensführung* (S. 119–129). Springer Gabler. https://doi.org/10.1007/978-3-658-40943-2_8

Statistisches Bundesamt (Destatis). (2024). *Bis 2049 werden voraussichtlich mindestens 280 000 zusätzliche Pflegekräfte benötigt*. https://www.destatis.de/DE/Presse/Pressemitteilungen/2024/01/PD24_033_23_12.html. Zugegriffen am 03.05.2024.

Personalmanagement in der Pflege: Herausforderungen und Strategien

2

▶ **Eine überraschende Kündigung**

In einer ländlichen Pflegeeinrichtung kämpft die Geschäftsführung seit Jahren mit hohen Fluktuationsraten und Schwierigkeiten bei der Personalgewinnung. Der Einrichtungsleiter Herr Becker erinnert sich an eine vielversprechende Pflegefachkraft, die vor sechs Monaten eingestellt wurde – voller Motivation und mit beeindruckender Berufserfahrung. Doch letzte Woche kündigte sie überraschend. Im Feedbackgespräch sagte sie: „Die Arbeit hier ist fachlich spannend, aber ich fühle mich nicht wirklich integriert. Es fehlt ein klares Einarbeitungskonzept, und die ständigen Personalengpässe machen es schwierig, einen geregelten Alltag zu haben."

Dieser Vorfall brachte Herrn Becker dazu, gemeinsam mit der Personalabteilung einen neuen Ansatz zu entwickeln. Er lud das Team zu einem Workshop ein, um über innovative Strategien im Personalmanagement zu sprechen. Themen wie Onboarding, die Förderung von Diversität und Employer Branding rückten in den Fokus. Sie analysierten, welche Vorteile eine klare Struktur im Onboarding neuer Mitarbeitender bringen könnte, und wie gezielte Maßnahmen zur Bindung von Mitarbeitenden Fluktuation reduzieren könnten. Eine weitere Diskussion drehte sich um die Einführung der Pflegepersonalregelung (PPR 2.0) und die Frage, wie sie nicht nur zur Optimierung von Ressourcen, sondern auch zur Entlastung der Teams beitragen könnte.

Heute, ein halbes Jahr später, berichten sowohl die neuen als auch die langjährigen Mitarbeitenden von spürbaren Verbesserungen. Die Einführung eines strukturierten Onboarding-Prozesses und regelmäßiger Feedbackgespräche haben dazu beigetragen, dass neue Pflegekräfte sich schneller zurechtfinden und wertgeschätzt fühlen. Gleichzeitig hat die gezielte Ansprache junger Fachkräfte durch ein modernes Employer-Branding-Konzept

P. Rudolph, *Neue Leadership-Ansätze in der Pflege*, https://doi.org/10.1007/978-3-658-48360-9_2

die Bewerberzahl deutlich erhöht. Herr Becker erkennt: Personalmanagement ist nicht nur eine organisatorische Notwendigkeit – es ist der Schlüssel zu einer nachhaltigen und motivierten Pflegekultur.

Dieses Kapitel zeigt, warum Personalmanagement in Pflegeeinrichtungen mehr ist als bloße Personalplanung. Es beleuchtet die strategische Bedeutung, analysiert Herausforderungen wie den Fachkräftemangel und stellt innovative Ansätze vor, um Mitarbeitende zu gewinnen, zu fördern und langfristig zu binden.

2.1 Die Rolle des Personalmanagements: Operative und strategische Perspektiven

Das Personalmanagement, auch als Human Ressource Management (HRM) bezeichnet, ist eine Schlüsselkomponente jeder Organisation. Es umfasst sämtliche Maßnahmen zur Steuerung und Entwicklung von Personalressourcen und bildet die Grundlage für den langfristigen Erfolg und die Wettbewerbsfähigkeit. Diese Funktion, in der Betriebswirtschaftslehre als Querschnittsaufgabe verstanden, stellt sicher, dass qualitative, quantitative und zeitliche Ressourcen für die Wertschöpfung bereitstehen (Bartscher & Nissen, 2022, S. 1; Bühner, 2005, S. 12). Im Gesundheitswesen nimmt das Personalmanagement eine herausragende Rolle ein, da es nicht nur die organisatorische Effizienz beeinflusst, sondern auch die Qualität der Patientenversorgung maßgeblich bestimmt.

Pflegeeinrichtungen sehen sich zunehmend mit spezifischen Herausforderungen konfrontiert, darunter der Fachkräftemangel, eine alternde Gesellschaft und steigende Anforderungen an die Qualität der Versorgung. Das Personalmanagement agiert hier als Schnittstelle zwischen operativen und strategischen Zielen, indem es sowohl die Bedürfnisse der Organisation als auch die Erwartungen der Mitarbeitenden in Einklang bringt (Schafmeister, 2019, S. 28). Dabei wird deutlich, dass die Aufgaben des Personalmanagements über rein administrative Tätigkeiten hinausgehen und sowohl operative Exzellenz als auch strategische Weitsicht erfordern und ein enges Zusammenspiel der verantwortlichen Akteure voraussetzen.

Die Verantwortung für das Personalmanagement ist auf mehrere Akteure verteilt (Schafmeister, 2019, S. 33):

- **Personalabteilungen** übernehmen administrative Prozesse wie Rekrutierung und Entgeltabrechnung und agieren zunehmend als strategische Partner, etwa durch Social-Media-Kampagnen.
- **Führungskräfte** wie Pflegedienstleitungen und Chefärzt*innen setzen personalwirtschaftliche Instrumente in ihren Bereichen um.
- **Spezialisten wie Recruiter** entwickeln gezielte Maßnahmen zur Fachkräftegewinnung.

Die Zusammenarbeit dieser Akteure entscheidet über die Professionalität und Effizienz des Personalmanagements.

Operative Dimension: Grundlagen der Personalarbeit

Das operative Personalmanagement bildet das Rückgrat der täglichen Abläufe in Pflegeeinrichtungen. Es konzentriert sich auf die praktische Umsetzung von Maßnahmen, die die Verfügbarkeit und Zufriedenheit der Mitarbeitenden sicherstellen. Dies umfasst mehrere eng verzahnte Bereiche, die ineinandergreifen und sich gegenseitig beeinflussen.

Die **Personalplanung und -gewinnung** ist ein zentraler Bestandteil des operativen Personalmanagements. Im Gesundheitswesen, das unter einem besonders akuten Fachkräftemangel leidet, ist diese Aufgabe mit besonderen Herausforderungen verbunden. Neben einer präzisen Bedarfsanalyse und der Entwicklung effektiver Rekrutierungsstrategien spielt die internationale Personalgewinnung eine immer wichtigere Rolle. So können Kooperationen mit Bildungseinrichtungen im Ausland dabei helfen, qualifizierte Pflegekräfte zu gewinnen.

Ein städtisches Krankenhaus setzte beispielsweise auf strukturierte Partnerschaften mit internationalen Hochschulen, um gezielt Pflegefachkräfte zu rekrutieren. Ergänzt durch intensive Onboarding-Programme, die kulturelle und sprachliche Barrieren abbauten, konnte nicht nur die Zahl der Fachkräfte erhöht, sondern auch ihre langfristige Bindung an die Einrichtung gesichert werden (Schafmeister, 2019, S. 33).

Neben traditionellen Stellenanzeigen und Kooperationen gewinnen auch digitale Ansätze an Bedeutung. Die Nutzung von Online-Matchingtools, Social-Media-Kampagnen und Active Sourcing erweitert den Zugang zu potenziellen Bewerber*innen und steigert die Effizienz der Personalgewinnung (Frodl, 2023, S. 111).

Ein weiterer zentraler Bereich des operativen Personalmanagements ist die **Mitarbeiterführung und -entwicklung**. Führungskräfte stehen hier vor der Aufgabe, nicht nur die Leistung der Mitarbeitenden zu fördern, sondern auch deren Zufriedenheit und Motivation langfristig zu sichern. Regelmäßige Feedbackgespräche, die Erstellung individueller Entwicklungspläne und zielgerichtete Weiterbildungsprogramme gehören zu den wichtigsten Werkzeugen (Tewes & Fischer, 2017, S. 285).

Flexible Arbeitszeitmodelle, lebensphasenorientierte Maßnahmen und Angebote zur Vereinbarkeit von Beruf und Familie tragen dazu bei, dass Mitarbeitende ihre Aufgaben unter optimalen Bedingungen erfüllen können. Ein Pflegeheim konnte durch die Einführung jährlicher Mitarbeitergespräche, die Weiterbildungsbedarfe systematisch erfassten, nicht nur die Qualität der Versorgung steigern, sondern auch die Zufriedenheit der Belegschaft nachhaltig verbessern (Tewes & Fischer, 2017, S. 295).

Die Integration neuer Mitarbeitender ist ein essenzieller Schritt, um die **langfristige Stabilität der Belegschaft** zu gewährleisten. Ein strukturierter Onboarding-Prozess stellt sicher, dass neue Mitarbeitende nicht nur fachlich, sondern auch sozial in die Organisation eingebunden werden (Brenner, 2020, S. 9). In einer Pflegeeinrichtung konnte ein dreimonatiges Programm mit Mentoren und regelmäßigen Feedbackgesprächen die Fluktuationsrate deutlich senken und die Bindung neuer Kolleg*innen stärken (Brenner, 2020, S. 10).

Onboarding ist jedoch nur ein Teil des Bindungsmanagements. Maßnahmen wie die Anerkennung guter Leistungen, die Entwicklung klarer Karrierewege und die Förderung von Diversität tragen dazu bei, ein positives Arbeitsumfeld zu schaffen, das die Motivation und Loyalität der Mitarbeitenden stärkt.

Das **Ressourcenmanagement** im Gesundheitswesen erfordert innovative Ansätze, um mit den knappen personellen und finanziellen Mitteln optimal umzugehen. Der Einsatz digitaler Technologien und die Förderung interdisziplinärer Teams spielen hierbei eine zentrale Rolle. Automatisierte Prozesse und digitale Tools entlasten Mitarbeitende von administrativen Aufgaben und schaffen Raum für patientennahe Tätigkeiten (Schmedders et al., 2023, S. 227). Interdisziplinäre Zusammenarbeit erhöht die Effizienz und fördert die Nutzung unterschiedlicher Kompetenzen innerhalb der Belegschaft. Solche Ansätze tragen nicht nur zur Entlastung der Mitarbeitenden bei, sondern verbessern auch die Qualität der Patientenversorgung.

Strategische Perspektive: Führung, Innovation und Positionierung

Das strategische Personalmanagement in Pflegeeinrichtungen ist von zentraler Bedeutung, um die langfristige Entwicklung und Wettbewerbsfähigkeit der Organisation zu sichern. Es geht weit über die operative Umsetzung hinaus und zielt darauf ab, die Organisation auf zukünftige Herausforderungen vorzubereiten, Innovationen voranzutreiben und die Attraktivität als Arbeitgeber zu steigern. Dabei steht die Unterstützung der Führungskräfte, die Förderung von Innovationen und die Positionierung als attraktiver Arbeitgeber im Vordergrund.

- **Unterstützung der Führungskräfte**

  Eine wesentliche Funktion des strategischen Personalmanagements ist die enge Zusammenarbeit mit Führungskräften. Diese Unterstützung geht über klassische Beratungsaufgaben hinaus und umfasst die Entwicklung neuer Konzepte, die Schulung von Führungskompetenzen sowie die Begleitung bei Veränderungsprozessen. Führungskräfte in Pflegeeinrichtungen, insbesondere Pflegedienstleitungen und Einrichtungsleitungen, stehen vor komplexen Aufgaben. Sie müssen Personal effizient einsetzen, auf gesetzliche Vorgaben achten und zugleich die Bedürfnisse ihrer Teams berücksichtigen (Schafmeister, 2019, S. 32).

  Das strategische Personalmanagement bietet hier entscheidende Hilfestellungen. So können Personalabteilungen durch Schulungen und Workshops gezielt Führungskompetenzen fördern. Diese reichen von Konfliktmanagement und Kommunikationsfähigkeiten bis hin zu strategischen Themen wie der Nachfolgeplanung. Darüber hinaus stellen Personalabteilungen wichtige Daten und Analysen bereit, die es Führungskräften ermöglichen, fundierte Entscheidungen zu treffen. Beispiele hierfür sind Auswertungen zu Fluktuation, Krankenständen oder der Verteilung von Arbeitslasten (Frodl, 2023, S. 179).

  Ein weiterer wichtiger Aspekt ist die Unterstützung bei der Einführung neuer Arbeitszeitmodelle. Flexible Modelle wie Job-Sharing oder Jahresarbeitszeitmodelle können dazu beitragen, die Vereinbarkeit von Beruf und Privatleben zu verbessern und gleichzeitig die Effizienz der Arbeitsorganisation zu steigern. Durch diese gezielte Unterstützung der Führungskräfte trägt das strategische Personalmanagement dazu bei, die Qualität der Pflege und die Zufriedenheit der Mitarbeitenden zu erhöhen.

- **Employer Branding und Attraktivität als Arbeitgeber**
  In einem zunehmend wettbewerbsorientierten Arbeitsmarkt spielt die Positionierung als attraktiver Arbeitgeber eine zentrale Rolle. Das **Employer Branding** ist ein strategisches Instrument, mit dem Pflegeeinrichtungen sowohl Fachkräfte gewinnen als auch bestehende Mitarbeitende langfristig binden können. Ziel des Employer Brandings ist es, ein positives Bild der Organisation zu vermitteln, das sowohl interne als auch externe Zielgruppen anspricht (Frodl, 2023, S. 110).

  Ein starkes Employer Branding umfasst mehrere Elemente. Dazu gehört die Förderung einer positiven Unternehmenskultur, die sich durch Wertschätzung, Teamarbeit und offene Kommunikation auszeichnet. Ebenso entscheidend sind attraktive Arbeitsbedingungen, die durch flexible Arbeitszeiten, eine leistungsgerechte Vergütung und klare Entwicklungsperspektiven geprägt sind. Pflegeeinrichtungen, die in diesen Bereichen überzeugen, erhöhen nicht nur ihre Anziehungskraft auf potenzielle Bewerber*innen, sondern stärken auch die Loyalität ihrer Mitarbeitenden.

  Ein Beispiel für erfolgreiches Employer Branding ist die Einführung von betrieblichen Gesundheitsförderungsprogrammen. Solche Maßnahmen – etwa Fitnessangebote, Gesundheitskurse oder psychosoziale Beratung – tragen nicht nur zur Mitarbeiterzufriedenheit bei, sondern unterstreichen auch das Engagement der Einrichtung für das Wohlbefinden ihrer Belegschaft. Eine klare und ansprechende Außendarstellung in sozialen Medien, auf Karrieremessen und durch gezielte Marketingkampagnen verstärkt diesen Effekt und hebt die Einrichtung im Wettbewerb hervor.
- **Digitalisierung und Innovation**
  Die fortschreitende Digitalisierung verändert das Personalmanagement grundlegend und bietet vielfältige Chancen, die Effizienz zu steigern und neue Wege der Personalführung zu erschließen. Technologien wie elektronische Patientenakten, KI-gestützte Tools und automatisierte Prozesse sind längst keine Zukunftsvision mehr, sondern integraler Bestandteil moderner Pflegeeinrichtungen (Oswald et al., 2023, S. 100 f.).

  Ein zentrales Beispiel für die Nutzung von Digitalisierung im Personalmanagement ist der Einsatz von Matching-Software, die offene Stellen gezielt mit geeigneten Bewerber*innen verknüpft. Solche Technologien können den Rekrutierungsprozess beschleunigen und gleichzeitig die Qualität der Einstellungen verbessern. Darüber hinaus ermöglichen digitale Tools eine präzisere Personalbedarfsplanung, die sowohl saisonale Schwankungen als auch langfristige Entwicklungen berücksichtigt.

  Die Einführung digitaler Systeme erfordert jedoch eine sorgfältige Vorbereitung und Begleitung. Mitarbeitende sollten geschult werden, um die neuen Technologien effektiv nutzen zu können. Gleichzeitig müssen Datenschutz und Datensicherheit gewährleistet sein, um die sensiblen Informationen von Patient*innen und Mitarbeitenden zu schützen. Neben der Effizienzsteigerung tragen digitale Innovationen auch zur Entlastung der Mitarbeitenden bei, etwa durch den Einsatz von Robotik für körperlich anspruchsvolle Tätigkeiten.

- **Herausforderungen und Lösungsansätze**
  Das strategische Personalmanagement muss sich einer Vielzahl von Herausforderungen stellen, die sich aus den besonderen Rahmenbedingungen im Gesundheitswesen ergeben. Der Fachkräftemangel, eine alternde Belegschaft und die steigenden Anforderungen an Qualität und Wirtschaftlichkeit verlangen innovative und flexible Ansätze.

  Einer der vielversprechendsten Ansätze ist die Förderung von Diversität und intergenerationeller Zusammenarbeit. Teams, die aus unterschiedlichen Altersgruppen und kulturellen Hintergründen bestehen, profitieren von einer breiteren Wissensbasis und unterschiedlichen Perspektiven. Mentoring-Programme und gezielte Weiterbildungsmaßnahmen fördern den Wissensaustausch zwischen Generationen und schaffen ein Umfeld, in dem alle Mitarbeitenden ihre Stärken einbringen können (Frodl, 2023, S. 133 ff.).

  Ein weiterer Schwerpunkt liegt auf der Entwicklung neuer Versorgungsmodelle, wie Telemedizin und Managed Care. Diese Ansätze erfordern nicht nur neue berufliche Rollen – etwa Pflegeexperten oder Demenzmanager – sondern auch eine strategische Personalplanung, die die nötigen Kompetenzen frühzeitig fördert (Oswald et al., 2023, S. 91).

  Das Personalmanagement in Pflegeeinrichtungen ist somit weit mehr als eine administrative Funktion. Es bildet die Grundlage für die tägliche Organisation und trägt gleichzeitig durch strategische Ansätze zur langfristigen Ausrichtung und Wettbewerbsfähigkeit bei. Durch die Kombination von operativer Effizienz und strategischer Innovation gelingt es, die Balance zwischen den Anforderungen der Organisation und den Bedürfnissen der Mitarbeitenden zu wahren und so die Grundlage für eine hochwertige Patientenversorgung zu schaffen.

2.2 Schwerpunkte für modernes Personalmanagement

Pflegeeinrichtungen stehen angesichts eines zunehmenden Fachkräftemangels, einer alternden Belegschaft und steigender Anforderungen an die Versorgungsqualität vor erheblichen Herausforderungen. Diese erfordern ein modernes Personalmanagement, das über operative Maßnahmen hinausgeht und strategische Ansätze in den Mittelpunkt stellt. Ziel ist es, nicht nur kurzfristige Probleme zu lösen, sondern auch eine nachhaltige Grundlage für die Qualität der Pflege und die langfristige Wettbewerbsfähigkeit der Einrichtungen zu schaffen.

Moderne Personalstrategien konzentrieren sich auf vier zentrale Handlungsfelder: die Gewinnung von Fachkräften durch innovative Recruiting-Ansätze, die strukturierte Integration neuer Mitarbeitender durch Onboarding-Programme, die Förderung von Diversität und interkultureller Kompetenz sowie Maßnahmen zur Mitarbeiterbindung und Reduzierung von Fluktuation. Gemeinsam bilden diese Schwerpunkte eine integrative Personalstrategie, die den spezifischen Anforderungen im Gesundheitswesen gerecht wird.

2.2.1 Innovative Ansätze im Recruiting

Das Recruiting im Gesundheitswesen muss auf die strukturellen Herausforderungen des Fachkräftemarktes reagieren. Klassische Ansätze reichen nicht mehr aus, um den Bedarf an qualifizierten Fachkräften zu decken. Stattdessen werden innovative Strategien und digitale Tools eingesetzt, um gezielt auf die Bedürfnisse und Erwartungen potenzieller Bewerber*innen einzugehen.

In der heutigen, schnelllebigen Welt ist es für Unternehmen essenziell, sich flexibel an die stetig verändernden Anforderungen und Rahmenbedingungen anzupassen. Dies gilt insbesondere für den Bereich des Recruitings. Hier ist es entscheidend, die Erwartungen potenzieller Bewerberinnen und Bewerber zu verstehen und die durch die Digitalisierung eröffneten neuen Kommunikationskanäle und Plattformen effektiv in den Rekrutierungsprozess zu integrieren (Luger, 2023, S. 26; Verhoeven, 2019, S. 8 ff.).

Besonders im Gesundheitswesen sind neue Technologien wie KI und Social Media Recruiting sowie moderne Arbeitsmodelle gefragt, um qualifizierte Fachkräfte zu gewinnen. Dieser Abschnitt beleuchtet verschiedene innovative Ansätze, die den Rekrutierungsprozess effizienter und attraktiver gestalten und Gesundheits- und Pflegeeinrichtungen im Wettbewerb um Talente stärken können.

Digitalisierung und KI im Recruiting

Digitale Plattformen und künstliche Intelligenz (KI) spielen eine Schlüsselrolle bei der Optimierung von Recruiting-Prozessen. KI-basierte Matching-Tools, wie das am Universitätsklinikum Hamburg-Eppendorf (UKE) eingesetzte „jukebox", ermöglichen es, Bewerberprofile mit den Anforderungen einzelner Pflegeeinheiten abzugleichen. Interessierte können mithilfe eines Fragebogens ihre Präferenzen und Fähigkeiten angeben, woraufhin das System eine Liste passender Stationen erstellt. Diese individualisierte Ansprache verbessert die Candidate Experience und steigert die Zufriedenheit sowohl der Bewerber*innen als auch der Mitarbeitenden vor Ort (Oswald et al., 2023, S. 92).

Gleichzeitig wird KI für die Analyse von Bewerbungsunterlagen und die Vorauswahl von Kandidat*innen genutzt. Dies spart Zeit und Ressourcen, indem administrative Aufgaben automatisiert werden. Dennoch bleibt die menschliche Interaktion ein entscheidender Faktor. Personalverantwortliche müssen sicherstellen, dass technologische Prozesse von Empathie und Kommunikation begleitet werden, um den Anforderungen des sozialen Berufs gerecht zu werden (Jansen et al., 2023, S. 418 ff.).

Die Mischung aus datengetriebenem Recruiting und menschlicher Interaktion könnte also eine neue Balance schaffen, bei der Maschinen den Recruiting-Prozess effizient unterstützen, während der Mensch sich auf die qualitative Auswahl und Beratung konzentriert (Jansen et al., 2023, S. 422).

Social Media Recruiting

In der modernen Arbeitswelt ist Social Media längst zu einem zentralen Instrument des Recruitings geworden. Plattformen wie LinkedIn, Instagram, TikTok und YouTube bieten

Pflegeeinrichtungen eine einzigartige Möglichkeit, potenzielle Mitarbeitende nicht nur gezielt anzusprechen, sondern auch ihre Unternehmenskultur authentisch und attraktiv darzustellen. Besonders im Gesundheits- und Pflegebereich, der vom Wettbewerb um qualifizierte Fachkräfte geprägt ist, kann eine durchdachte Social-Media-Strategie den entscheidenden Unterschied machen.

- **Authentizität und Employer Branding**
  Die Stärke von Social Media liegt in der Möglichkeit, authentische Einblicke in den Arbeitsalltag, die Werte und die Kultur einer Organisation zu gewähren. Pflegeeinrichtungen können sich durch Formate wie Recruiting-Videos, Vorstellungen von Mitarbeitenden oder die Zusammenarbeit mit Corporate Influencern klar von anderen Arbeitgebern abheben (Dannhäuser, 2024, S. 6 f.). Solche Inhalte vermitteln Transparenz und schaffen Vertrauen, indem sie die Realität des Arbeitsplatzes ehrlich und ansprechend darstellen.

  Ein Beispiel können Kampagnen von Einrichtungen sein, die auf Instagram regelmäßig Stories veröffentlichen, in denen Pflegekräfte ihre täglichen Herausforderungen und Erfolge präsentierten. Dies stärkt nicht nur das Employer Branding, sondern fördert auch die Identifikation potenzieller Bewerber*innen mit der Einrichtung.
- **Zielgruppenorientierte Inhalte**
  Erfolgreiches Social-Media-Recruiting erfordert eine präzise Ausrichtung der Inhalte auf die jeweilige Zielgruppe. Jüngere Fachkräfte lassen sich oft über visuell ansprechende Inhalte auf Plattformen wie **TikTok** oder **Instagram** erreichen, während erfahrene Pflegekräfte eher auf **LinkedIn** oder **XING** nach Karrieremöglichkeiten suchen.

  Beispiele für zielgruppenorientierte Inhalte sind:

  - **Für jüngere Zielgruppen**: Humorvolle oder emotionale Reels, die einen Einblick in den Pflegealltag geben.
  - **Für erfahrene Fachkräfte**: Beiträge zu Weiterbildungsangeboten oder flexiblen Arbeitszeitmodellen auf LinkedIn.

  Die Kombination von zielgruppenspezifischen Inhalten und datenbasierter Analyse ermöglicht es, die Wirksamkeit von Kampagnen zu optimieren. So zeigte eine Studie, dass Unternehmen durch A/B-Tests auf Social Media erkennen konnten, welche Inhalte mehr Bewerbungen generieren – etwa Kurzvideos im Vergleich zu Textanzeigen (Dannhäuser, 2024, S. 6 f.).

- **Technologische Unterstützung und Analytik**
  Der Einsatz datenbasierter Analysetools ist essenziell, um die Reichweite und Wirkung von Social-Media-Kampagnen zu maximieren. Plattformen wie **LinkedIn Campaign Manager** oder **Meta Business Suite** bieten detaillierte Einblicke in das Nutzerverhalten und helfen dabei, die Ansprache kontinuierlich zu verbessern. Ein Beispiel ist der Einsatz von Matching-Tools, bei denen Bewerber*innen ihre Präferenzen angeben

und automatisierte Vorschläge für passende Stellen erhalten. Dies ermöglicht eine effizientere Vorauswahl und reduziert die Zeit bis zur Einstellung (Oswald et al., 2023, S. 92).

- **Anpassung an Krisen und neue Trends**
  Die Dynamik sozialer Netzwerke erfordert eine ständige Anpassung an aktuelle Entwicklungen. Während der COVID-19-Pandemie nutzten viele Pflegeeinrichtungen Social Media, um auf kurzfristige Personalbedarfe aufmerksam zu machen. Beiträge mit klaren Botschaften zu Hygienekonzepten oder flexiblen Arbeitszeiten fanden besonders in dieser Zeit großen Anklang.

  Ein weiterer Trend sind **Recruiting-Challenges** auf TikTok, bei denen Unternehmen kreative Aufgaben stellen, um Aufmerksamkeit zu generieren. Obwohl solche Ansätze noch nicht weit verbreitet sind, zeigen erste Kampagnen Potenzial, insbesondere bei der Ansprache jüngerer Zielgruppen.
- **Erfolgsfaktoren für eine gelungene Social-Media-Strategie**
  Ein umfassender Ansatz im Social-Media-Recruiting berücksichtigt mehrere zentrale Erfolgsfaktoren:
  - **Klar definierte Zielgruppen**: Die Inhalte sollten genau auf die Bedürfnisse und Interessen der potenziellen Bewerber*innen abgestimmt sein.
  - **Regelmäßigkeit**: Konsistente und qualitativ hochwertige Beiträge halten die Zielgruppe engagiert und stärken die Sichtbarkeit der Organisation.
  - **Storytelling**: Geschichten aus dem Arbeitsalltag, Erfolge und persönliche Einblicke schaffen eine emotionale Verbindung.
  - **Flexibilität:** Die Bereitschaft, neue Trends und Plattformen zu nutzen, ermöglicht es, sich von der Konkurrenz abzuheben.

Obwohl Social-Media-Recruiting viele Vorteile bietet, birgt es auch Herausforderungen. Der zunehmende Wettbewerb um Aufmerksamkeit, Datenschutzanforderungen und die Notwendigkeit, ständig aktuell zu bleiben, erfordern eine sorgfältige Planung und ein professionelles Management. Gleichzeitig eröffnet Social Media die Chance, Pflegeeinrichtungen auf innovative Weise zu präsentieren und eine langfristige Beziehung zu potenziellen Bewerber*innen aufzubauen.

Eine erfolgreiche Strategie kombiniert technologische Möglichkeiten mit einer authentischen Kommunikation. Pflegeeinrichtungen, die diese Chancen nutzen, können nicht nur ihre Recruiting-Ergebnisse verbessern, sondern auch ihr Employer Branding nachhaltig stärken.

Praktika und Hospitationen: Strategische Instrumente zur Talentbindung

Praktika und Hospitationen spielen eine zentrale Rolle bei der Rekrutierung und Bindung junger Talente im Pflegebereich. Sie ermöglichen es potenziellen Bewerber*innen, einen realistischen Einblick in den Arbeitsalltag zu erhalten, während Einrichtungen die Gelegenheit haben, zukünftige Mitarbeitende frühzeitig zu identifizieren und langfristig an sich zu binden. Dieser Prozess bietet nicht nur eine Orientierung für die Praktikant*innen, sondern stärkt auch die emotionale und berufliche Bindung an die Organisation. Die strukturierte Gestaltung solcher Programme und deren Einbettung in eine strategische Personalplanung machen sie zu einem effektiven Werkzeug, um dem Fachkräftemangel entgegenzuwirken (Rippler & Luck, 2023, S. 43 ff.).

Um potenzielle Mitarbeitende frühzeitig für den Pflegeberuf zu begeistern, bieten Praktika und Hospitationen eine gute Möglichkeit. Sie gehen über die bloße Beobachtung hinaus, indem sie die aktive Einbindung in den Arbeitsalltag und eine gezielte Betreuung der Praktikant*innen fördern. Dabei profitieren sowohl die Einrichtung als auch die Teilnehmenden von einem strukturierten und professionellen Ablauf.

Eine Besonderheit in der Pflege ist die Möglichkeit der direkten Interaktion mit Patient*innen oder Bewohner*innen, wodurch Interessierte den Berufsalltag hautnah erleben können. Diese direkte Erfahrung hilft, unrealistische Erwartungshaltungen abzubauen und die Passung zwischen Bewerber*in und Einrichtung besser einzuschätzen (Rippler & Luck, 2023, S. 43 ff.).

Struktur und Ziele von Praktikaprogrammen

Ein gut organisiertes Praktikums- oder Hospitationsprogramm umfasst mehrere entscheidende Elemente:

- **Ein klar definierter Ablauf**: Vom ersten Kontakt bis zum Abschlussgespräch sollten die Teilnehmenden wissen, was sie erwartet. Ein strukturierter Einarbeitungsplan und definierte Lernziele erhöhen die Qualität der Erfahrung und fördern das Vertrauen in die Einrichtung (Rippler & Luck, 2023, S. 43 ff.).
- **Regelmäßige Feedbackgespräche**: Der Austausch zwischen den Praktikant*innen und ihren Betreuer*innen hilft, Fortschritte zu bewerten und offene Fragen zu klären. Dies stärkt nicht nur die fachliche Entwicklung, sondern auch die emotionale Bindung.
- **Mentoring und Begleitung**: Die Zuweisung von Mentor*innen, die als Ansprechpartner*innen dienen und den Einstieg erleichtern, fördert die Integration ins Team und steigert die Zufriedenheit.
- **Einbindung in den Teamalltag**: Die aktive Teilnahme an Arbeitsprozessen vermittelt ein realistisches Bild des Berufs und schafft ein Gefühl der Zugehörigkeit.

Diese Elemente tragen dazu bei, den Praktikant*innen nicht nur ein positives Erlebnis zu bieten, sondern sie auch auf eine mögliche langfristige Mitarbeit vorzubereiten.

Neben der Förderung des Images als attraktiver Arbeitgeber bieten Praktika und Hospitationen eine wertvolle Gelegenheit, potenzielle Mitarbeitende frühzeitig zu identifizieren und ihre Eignung für den Beruf zu prüfen. Einrichtungen können so gezielt Talente fördern, die ihre Werte und Anforderungen erfüllen. Studien zeigen, dass Praktikant*innen, die eine positive Erfahrung gemacht haben, mit höherer Wahrscheinlichkeit langfristig in der Organisation bleiben (Rippler & Luck, 2023, S. 43 ff.).

Ein anschauliches Beispiel ist eine Pflegeeinrichtung, die ihre Praktikaprogramme mit interdisziplinären Workshops und Projektaufgaben anreicherte. Dies ermöglichte den Teilnehmenden, Einblicke in verschiedene Bereiche der Pflege und Verwaltung zu erhalten und ihre Stärken gezielt einzusetzen. Die Kombination aus praktischer Erfahrung und theoretischem Input förderte die langfristige Bindung an die Einrichtung (Rippler & Luck, 2023, S. 43 ff.).

Obwohl Praktika und Hospitationen viele Vorteile bieten, erfordern sie eine sorgfältige Planung und Ressourcenallokation. Die Betreuung von Praktikant*innen bindet Personal und erfordert ein hohes Maß an Engagement seitens der Mentor*innen. Gleichzeitig bietet die frühzeitige Bindung potenzieller Mitarbeitender einen klaren Wettbewerbsvorteil im Kampf gegen den Fachkräftemangel.

Die Digitalisierung eröffnet neue Möglichkeiten für Praktika und Hospitationen. Virtuelle Hospitationsprogramme oder hybride Formate könnten es Interessierten ermöglichen, einen Einblick in den Arbeitsalltag zu gewinnen, ohne vor Ort sein zu müssen. Diese Ansätze erweitern den Zugang zu potenziellen Talenten, insbesondere in ländlichen Regionen oder bei internationalen Bewerber*innen.

Innovative Modelle und Arbeitsstrukturen im Gesundheitswesen

Die folgenden Beispiele beziehen sich primär auf Prozessoptimierung und Rollenverteilung im Klinikalltag, weniger auf das Recruiting im engeren Sinne. Allerdings könnten sie im weiteren Sinne mit Recruiting in Verbindung gebracht werden, indem sie zeigen, wie innovative Arbeitsmodelle und klare Rollenverteilungen die Attraktivität einer Einrichtung für potenzielle Bewerber erhöhen.

1. Case Management im Klinikum Lüdenscheid
   Im Klinikum Lüdenscheid wurde ein Case Management eingeführt, das die Umsetzung des Expertenstandards „Entlassmanagement“ umfasst. Durch die Etablierung spezialisierter Case Managerinnen und -manager konnte das Pflegepersonal auf den Stationen entlastet werden. Gleichzeitig führten ein kontrollierter Ressourceneinsatz und die Prozessoptimierung zu Kosteneinsparungen bei einer verbesserten Patientenversorgung (Oswald et al., 2023, S. 93 f.).

   Durch die Einführung von Case Management und die Entlastung des Pflegepersonals schafft das Klinikum attraktivere Arbeitsbedingungen. Dies kann in Stellenanzeigen oder Employer Branding hervorgehoben werden, um Fachkräfte anzusprechen, die Wert auf geregelte Arbeitsabläufe und unterstützende Strukturen legen.
2. Therapiemanagement in der Alexianer Klinik Köln
   Die Klinik für Psychiatrie, Psychotherapie und Neurologie der Alexianer in Köln hat ein innovatives Therapiemanagement eingeführt, bei dem Pflegekräfte die Organisation nichtärztlicher und nichtpsychologischer Therapien übernehmen. Dieses Modell reduziert Schnittstellenprobleme zwischen ärztlichem und pflegerischem Personal, entlastet die Ärzte und stärkt die Eigenverantwortung des Pflegepersonals (Oswald et al., 2023, S. 94).

   Die Möglichkeit für Pflegekräfte, eigenverantwortlich als Therapiemanager zu agieren, betont die berufliche Weiterentwicklung und Verantwortung. Dies könnte gezielt im Recruiting genutzt werden, um Bewerberinnen und Bewerber anzusprechen, die nach Entwicklungsperspektiven und einem abwechslungsreichen Arbeitsumfeld suchen.

Beide Ansätze könnten somit als Teil eines umfassenden Employer Branding betrachtet werden, das innovative Arbeitskonzepte zur Steigerung der Attraktivität der Arbeitsplätze nutzt.

3. Integration alternativer Berufsgruppen:
   Um dem Fachkräftemangel und der Pflegepersonaluntergrenzenverordnung (PpUGV) entgegenzuwirken, etablierte das Klinikum Memmingen alternativ zur Pflege andere Berufsgruppen. Trotz ausreichender Pflegekräfte auf der Intensivstation konnten diese aufgrund fehlender spezifischer Einarbeitung und Erfahrung nicht alle Aufgaben übernehmen. Durch diesen innovativen Ansatz, der die Integration von Berufsgruppen mit spezifischer Qualifikation in die Pflegeeinheiten umfasst, konnte eine verlässlichere Personalplanung und eine Erweiterung der Behandlungsplätze erreicht werden (Söllner, 2022, S. 22).

   Dieser Ansatz zeigt, wie das Klinikum durch den kreativen Einsatz von Personalressourcen und die Flexibilisierung der Stellenpläne eine Lösung für die bestehenden Herausforderungen im Personalmanagement fand.

   Es lässt sich festhalten, dass Gesundheits- und Pflegeeinrichtungen durch den gezielten Einsatz innovativer Technologien und moderner Arbeitsmodelle effektive Wege finden können, die aktuellen Herausforderungen im Recruiting zu bewältigen. Indem Künstliche Intelligenz, Social Media und strukturierte Praktika strategisch eingebunden werden, gelingt es nicht nur, Prozesse zu optimieren, sondern auch die Attraktivität als Arbeitgeber zu steigern. Diese Ansätze bieten eine nachhaltige Grundlage, um sich im zunehmend wettbewerbsintensiven Markt um Fachkräfte erfolgreich zu behaupten.

2.2.2 Preboarding, Onboarding und Offboarding

Ein umfassender Ansatz für Personalmanagement in Gesundheits- und Pflegeeinrichtungen umfasst die Phasen des Preboarding, Onboarding und Offboarding. Jede Phase trägt maßgeblich dazu bei, die Mitarbeitenden langfristig zu binden, Fluktuation zu vermeiden und das Employer Branding zu stärken. Dieses Kapitel beleuchtet die Bedeutung und Gestaltung dieser Phasen mit einem besonderen Schwerpunkt auf dem Onboarding, da dieses den zentralen Schlüssel zur Integration und Bindung neuer Mitarbeitender darstellt.

1. **Preboarding: Die Grundlage für eine erfolgreiche Zusammenarbeit**
   Das Preboarding markiert den Beginn der Beziehung zwischen Organisation und Mitarbeitendem, noch bevor der erste Arbeitstag beginnt. Es handelt sich um eine entscheidende Phase, die den Grundstein für eine langfristige Zusammenarbeit legt, indem sie Unsicherheiten abbaut und den Übergang in die neue Arbeitsumgebung erleichtert (Brenner, 2020, S. 9 f.).

Wichtige Maßnahmen im Preboarding

- **Frühe Kommunikation und Kontaktpflege**: Zwischen der Vertragsunterzeichnung und dem ersten Arbeitstag ist es essenziell, in regelmäßigem Kontakt zu bleiben. Dies verhindert, dass Bewerber von anderen Arbeitgebern abgeworben werden, und schafft eine erste emotionale Bindung. Regelmäßige Updates zu Entwicklungen im Unternehmen oder im zukünftigen Team halten das Interesse aufrecht und fördern die Vorfreude (Brenner, 2020, S. 10).
- **Technische und organisatorische Vorbereitung**: Arbeitgeber können durch organisatorische Maßnahmen Professionalität demonstrieren. Dazu gehören die Einrichtung technischer Zugänge (z. B. E-Mail-Konten, Intranet) sowie die frühzeitige Bereitstellung von Informationen, wie Arbeitspläne oder Einarbeitungsleitfäden (Tewes & Matzke, 2021, S. 296).
- **Einbindung in die Unternehmenskultur**: Einladungen zu Teamevents oder virtuelle Begrüßungstreffen bieten die Möglichkeit, erste soziale Kontakte zu knüpfen. Ein „Buddy-System", bei dem ein erfahrener Mitarbeitender als Ansprechpartner fungiert, kann dabei helfen, die emotionale Bindung zu stärken und offene Fragen zu klären.
- **Individuelle Willkommensgesten**: Persönliche Gesten wie ein Willkommenspaket oder ein Begrüßungsvideo mit Botschaften des Teams hinterlassen einen positiven Eindruck und steigern die Identifikation mit der neuen Arbeitsstelle (Schafmeister, 2019, S. 33).
- Das Preboarding trägt dazu bei, Unsicherheiten abzubauen und eine positive Beziehung zwischen Arbeitgeber und Mitarbeitenden zu etablieren. Gleichzeitig können durch eine strukturierte Vorbereitung erste Weichen für eine erfolgreiche Integration gestellt werden.

2. **Onboarding: Der Schlüssel zur erfolgreichen Integration**

   Das Onboarding umfasst die Einarbeitung und Integration neuer Mitarbeitender in das Unternehmen. Diese Phase ist besonders wichtig, da sie den Übergang in die neue Rolle erleichtert und die Grundlage für eine langfristige Zusammenarbeit schafft. Im Gesundheits- und Pflegebereich, der durch hohe emotionale und physische Anforderungen geprägt ist, kommt dem Onboarding eine noch zentralere Rolle zu.

Phasen des Onboarding

1. **Der erste Arbeitstag: Positive Erfahrungen schaffen**

   Der erste Arbeitstag ist entscheidend, um eine Verbindung zum Unternehmen aufzubauen. Eine sorgfältige Planung und Begrüßung sorgen dafür, dass sich neue Mitarbeitende willkommen und wertgeschätzt fühlen.

   - **Ein gut vorbereiteter Arbeitsplatz**: Ein vollständig eingerichteter Arbeitsplatz signalisiert, dass das Unternehmen vorbereitet ist. Dies umfasst Arbeitsmaterialien, technische Geräte und Zugangsdaten zu relevanten Systemen (Nicolai, 2021, S. 185 f.).
   - **Willkommensrituale**: Persönliche Begrüßungen durch die Führungskraft, kleine Geschenke wie ein Notizbuch oder ein Kaffeebecher mit Firmenlogo schaffen eine einladende Atmosphäre.

- **Klare Struktur für den ersten Tag**: Ein strukturierter Tagesplan mit einer Einführung in das Team, die Arbeitsabläufe und die Unternehmenskultur gibt Sicherheit und Orientierung.

2. **Die ersten Wochen: Orientierung und soziale Integration**
   In den ersten Wochen nach dem Arbeitsbeginn liegt der Fokus auf der Einführung in die Arbeitsprozesse und die Unternehmenskultur. Regelmäßige Feedbackgespräche mit der Führungskraft fördern den Austausch und ermöglichen es, Erwartungen frühzeitig abzustimmen.
   - **Mentoring-Programme**: Ein erfahrener Kollege oder eine Kollegin kann als Mentor fungieren und den neuen Mitarbeitenden sowohl fachlich als auch sozial unterstützen. Diese Rolle ist besonders wichtig, um das Zugehörigkeitsgefühl zu stärken (Brenner, 2020, S. 10).
   - **Teamaktivitäten**: Gemeinsame Mittagessen, Teamevents oder informelle Treffen fördern das „Wir-Gefühl" und erleichtern die Integration in das Team (Schafmeister, 2019, S. 34).
   - **Einführung in die Unternehmenskultur**: Workshops oder Präsentationen zu den Werten und Zielen der Organisation helfen neuen Mitarbeitenden, die Kultur zu verstehen und sich mit den Unternehmenswerten zu identifizieren.
3. **Die ersten Monate: Fachliche Integration und persönliche Entwicklung**
   In den ersten Monaten steht die Einarbeitung in die fachlichen Aufgaben im Vordergrund. Dies umfasst Schulungen, Workshops und die Teilnahme an interdisziplinären Projekten, um die Fähigkeiten der neuen Mitarbeitenden zu fördern und Vertrauen in die eigene Arbeit aufzubauen (Nicolai, 2021, S. 185).
   - **Regelmäßige Reflexion und Feedback**: Führungskräfte sollten in dieser Phase regelmäßig Feedback geben und Gespräche führen, um Fortschritte zu bewerten und Herausforderungen anzusprechen. Dies schafft ein Klima des Vertrauens und fördert die Weiterentwicklung.
   - **Einbindung in Weiterbildungsprogramme**: Die Möglichkeit, an Schulungen oder Fortbildungen teilzunehmen, steigert die fachliche Kompetenz und motiviert die Mitarbeitenden langfristig (Tewes & Matzke, 2021, S. 300).
4. **Nach der Probezeit: Konsolidierung und Perspektiven**
   Nach Abschluss der Probezeit sollte ein abschließendes Feedbackgespräch stattfinden, in dem langfristige Ziele und individuelle Entwicklungspläne besprochen werden. Maßnahmen wie die Einbindung in Mentoring-Programme, die Planung individueller Karrierewege oder die Beteiligung an Projekten fördern die Bindung und Motivation (Brenner, 2020, S. 10).

Die Rolle der Führungskraft im Onboarding-Prozess

Die Führungskraft übernimmt eine zentrale Rolle im Onboarding-Prozess, da sie nicht nur für die fachliche Einarbeitung, sondern auch für die soziale und kulturelle Integration der neuen Mitarbeitenden verantwortlich ist. Eine erfolgreiche Führungskraft sorgt für klare Zielvereinbarungen und stellt sicher, dass die Erwartungen sowohl des Unternehmens als auch der neuen Mitarbeitenden realistisch und transparent kommuniziert werden (Brenner, 2020, S. 7). Zielvereinbarungen sind entscheidend, um den Mitarbeitenden Orientierung zu geben und die Grundlage für messbare Fortschritte zu schaffen. Diese Ziele sollten nach der SMART-Methode (spezifisch, messbar, akzeptiert, realistisch, terminiert) formuliert werden, um eine klare Ausrichtung zu ermöglichen und Erfolgserlebnisse zu fördern (Brenner, 2020, S. 9).

Neben der Festlegung von Zielen ist das Coaching ein weiteres fundamentales Element der Führungsaufgabe. Führungskräfte sollten regelmäßig Gespräche führen, um den Fortschritt zu überwachen, Fragen zu klären und Unterstützung zu bieten. Solche Gespräche fördern nicht nur die fachliche Entwicklung, sondern tragen auch zur Motivation bei, da sie den Mitarbeitenden das Gefühl vermitteln, dass ihre Anliegen ernst genommen werden. Darüber hinaus stärken diese Interaktionen die Bindung zum Unternehmen, was insbesondere in der Pflege-branche wichtig ist, da hier oft eine hohe emotionale Belastung und stressige Arbeitsbedingungen vorherrschen (Brenner, 2020, S. 7).

Ein weiterer wichtiger Aspekt der Rolle der Führungskraft ist der Umgang mit der Generation Z. Diese Generation, die in eine digitale Welt hineingeboren wurde und sehr hohe Erwartungen an die Vereinbarkeit von Arbeits- und Privatleben stellt, erfordert besonders viel Einfühlungsvermögen und Unterstützung. Es ist entscheidend, dass Führungskräfte die Bedürfnisse dieser Generation verstehen und flexibel darauf eingehen. Kommunikation und Feedback müssen auf die Vorlieben und Anforderungen dieser jüngeren Mitarbeitergeneration abgestimmt werden, um sie langfristig zu binden und zu motivieren. Führungskräfte sollten dabei nicht nur als Vorgesetzte agieren, sondern auch als Mentoren und Coaches, die ihre Mitarbeitenden nicht nur führen, sondern sie auch auf ihrem beruflichen und persönlichen Weg unterstützen (Brenner, 2020, S. 9).

Die Führungskraft sollte zudem die sozialen Aspekte der Integration aktiv fördern. Eine unterstützende Atmosphäre und regelmäßige Feedback-Gespräche sind essenziell, um die sozialen Bindungen zu stärken und Konflikte frühzeitig zu identifizieren. In der Pflegebranche, in der Teamarbeit und kollegiale Unterstützung von zentraler Bedeutung sind, sollte die Führungskraft besonders darauf achten, dass neue Mitarbeitende in das bestehende Team integriert werden und die Unternehmenskultur verinnerlichen.

Es lässt sich sagen, dass Führungskräfte durch ihre aktive Rolle als Mentoren, Coaches und Feedbackgeber einen wesentlichen Beitrag zu einem erfolgreichen Onboarding-Prozess leisten. Ihr Engagement und ihre Fähigkeit, die Erwartungen der Mitarbeitenden zu managen und ihre Entwicklung zu fördern, sind entscheidend für die langfristige Zufriedenheit und Bindung der neuen Teammitglieder.

3. **Offboarding: Den Lebenszyklus abschließen**
   Das Offboarding ist ein zentraler, jedoch oft vernachlässigter Teil des Personalmanagements. Ein strukturierter und wertschätzender Abschiedsprozess kann die Bindung zum Unternehmen auch über das Arbeitsverhältnis hinaus stärken und Wissensverluste minimieren (Brenner, 2020, S. 22).

Elemente des Offboarding

- **Offene und wertschätzende Kommunikation**: Ein persönliches Gespräch, in dem die Gründe für den Austritt reflektiert werden, bietet wertvolle Einblicke in mögliche Schwachstellen und Verbesserungspotenziale im Unternehmen (Tewes & Matzke, 2021, S. 299).
- **Exit-Interviews**: Diese systematischen Gespräche sind eine Gelegenheit, Feedback zu sammeln, um interne Prozesse zu optimieren. Themen wie Arbeitsbedingungen, Teamkultur oder Führungsverhalten können hier angesprochen werden (Merk et al., 2018, S. 57).
- **Wissenstransfer**: Eine strukturierte Übergabe der Aufgaben und Dokumentation des Fachwissens verhindert Wissensverluste und erleichtert die Einarbeitung der Nachfolge (Reimold & Knappich, 2021, S. 19).
- **Wertschätzender Abschied**: Abschiedsrituale, wie eine Verabschiedung im Team, gemeinsame Essen oder persönliche Dankesreden, schaffen einen positiven Eindruck und fördern das Employer Branding (von Reibnitz & Sonntag, 2018, S. 24).
- **Alumni-Netzwerke und langfristige Bindung**: Ehemalige Mitarbeitende können durch Alumni-Programme oder Einladungen zu Firmenevents weiterhin eingebunden werden. Dies bietet die Möglichkeit, sie später erneut zu rekrutieren oder Empfehlungen zu erhalten (Tewes & Matzke, 2021, S. 300).

Ein erfolgreiches Personalmanagement berücksichtigt den gesamten Lebenszyklus von Mitarbeitenden, von der Phase des Preboarding über ein strukturiertes Onboarding bis hin zu einem wertschätzenden Offboarding. Insbesondere im Pflegebereich, der von Fachkräftemangel und hohen Anforderungen geprägt ist, sind diese Maßnahmen entscheidend, um Talente zu gewinnen, langfristig zu binden und das Employer Branding zu stärken. Durch eine ganzheitliche Betrachtung können Gesundheits- und Pflegeeinrichtungen nicht nur ihre Attraktivität als Arbeitgeber steigern, sondern auch die Qualität der Versorgung nachhaltig sichern.

Checkliste für Führungskräfte: Erfolgreiches Pre- und Onboarding neuer Mitarbeitenden

1. **Preboarding (Vor dem ersten Arbeitstag)**
   - Kontaktaufnahme: Halten Sie bereits vor dem ersten Arbeitstag Kontakt mit neuen Mitarbeitenden, um Unsicherheiten zu reduzieren und eine frühe Bindung zu fördern.
   - Bereitstellung von Informationen: Stellen Sie den neuen Mitarbeitenden wichtigen Informationen zur Verfügung (z. B. Zugang zu Onboarding-Portalen, Unternehmens-richtlinien, Vorstellung des Teams).
   - Team-Einbindung: Informieren Sie das Team im Voraus über die neuen Mitarbeitenden und fördern Sie erste informelle Kontakte (z. B. Einladung zu Teamevents).

- Klarheit und Orientierung: Geben Sie neuen Mitarbeitenden eine klare Vorstellung davon, was sie im Onboarding-Prozess erwartet und was sie vor dem ersten Arbeitstag erledigen müssen.

2. **Erster Arbeitstag: Ein positiver Start**
   - Arbeitsplatzvorbereitung: Stellen Sie sicher, dass der Arbeitsplatz vollständig eingerichtet ist, inklusive aller technischen und organisatorischen Mittel, die die Mitarbeitenden benötigen (z. B. PC, Zugänge, Arbeitsmaterialien).
   - Begrüßung und Einführung: Begrüßen Sie die neuen Mitarbeitenden persönlich und nehmen Sie sich Zeit für ein erstes Gespräch. Zeigen Sie Wertschätzung durch kleine Gesten (z. B. Willkommensgeschenk, Blumen).
   - Teamvorstellung: Stellen Sie die neuen Mitarbeitenden dem Team vor und sorgen Sie dafür, dass er sich sofort als Teil der Gruppe fühlt.
   - Einarbeitungsplan: Geben Sie den neuen Mitarbeitenden einen ersten Überblick über die Einarbeitungsphase und erklären Sie die wichtigsten Aufgaben und Ziele für den Tag.
3. **Die ersten Wochen: Orientierungsphase**
   - Unterstützung bei der Einarbeitung: Begleiten Sie die neuen Mitarbeitenden bei der ersten Orientierung und vermitteln Sie ihm ein gutes Verständnis von Unternehmensstrukturen, Abläufen und Prozessen.
   - Förderung der sozialen Integration: Weisen Sie einen Paten oder Mentor zu, der die neuen Mitarbeitenden unterstützt, Fragen beantwortet und bei der Integration ins Team hilft.
   - Regelmäßige Feedbackgespräche: Führen Sie regelmäßige Feedbackgespräche, um den Fortschritt zu überwachen, Fragen zu klären und Erwartungen zu besprechen (Brenner, 2020, S. 9 f.). Fördern Sie offene Kommunikation und bieten Sie konstruktive Rückmeldungen.
   - Zielvereinbarungen: Definieren Sie klare Ziele für die ersten Wochen, damit die Mitarbeitenden wissen, was von ihnen erwartet wird und wie sie ihren Beitrag leisten können.
4. **Die ersten Monate: Lern- und Integrationsphase**
   - Fachliche Integration: Stellen Sie sicher, dass die Mitarbeitenden an relevanten Schulungen und Projekten teilnehmen, um ihre fachlichen Fähigkeiten weiterzuentwickeln.
   - Soziale und kulturelle Integration: Fördern Sie das „Wir-Gefühl“ im Team und vermitteln Sie die Unternehmenswerte durch praktische Beispiele.
   - Reflexion und Unterstützung: Geben Sie den Mitarbeitenden ausreichend Gelegenheit, ihre Fortschritte zu reflektieren. Bieten Sie ihnen Unterstützung und Feedback, besonders, wenn Herausforderungen auftreten.
   - Mentoring: Der „Pate“ oder „Mentor“ sollte weiterhin eine unterstützende Rolle spielen, insbesondere bei der Lösung von Problemen und der weiteren Integration der Mitarbeitenden in die Unternehmenskultur.

- Teambildung: Nutzen Sie Rituale wie Einstandsfeiern oder Teamevents, um die Integration der neuen Mitarbeitenden zu fördern und die Teamzugehörigkeit zu stärken.
- Evaluierung des Onboarding-Prozesses: Sammeln Sie Rückmeldungen von den Mitarbeitenden, um den Onboarding-Prozess kontinuierlich zu verbessern. Passen Sie die Einarbeitung an, wenn Schwächen oder Verbesserungsmöglichkeiten identifiziert werden.

5. **Nach der Probezeit: Weiterführende Integration und Entwicklung**
   - Langfristige Zielvereinbarungen: Nach Abschluss der Probezeit sollten Sie gemeinsam mit den Mitarbeitenden langfristige Ziele und Entwicklungsmöglichkeiten definieren.
   - Weiterführendes Coaching und Unterstützung: Bieten Sie regelmäßige Coaching- und Entwicklungsgespräche an, um die Mitarbeitenden langfristig zu fördern und zu motivieren.
   - Förderung der beruflichen Entwicklung: Berücksichtigen Sie Weiterbildungs- und Karriereentwicklungsmöglichkeiten, um die Mitarbeitenden im Unternehmen langfristig zu halten und zu fördern.

2.2.3 Förderung von Diversität und interkulturellen Kompetenzen

Diversity Management als strategischer Ansatz

Diversity Management ist ein systematischer Ansatz, um Vielfalt in Organisationen aktiv zu gestalten und zu nutzen. Ursprünglich in den USA entwickelt, ging es zunächst darum, Diskriminierung zu reduzieren und Chancengleichheit zu fördern. Heute zielt Diversity Management darauf ab, Vielfalt als strategische Ressource zu nutzen, die zur Zielerreichung und Wettbewerbsfähigkeit beiträgt (Herrmann & Kätker, 2007, S. 569 ff.).

Im Gesundheitswesen gewinnt Diversity Management an Bedeutung, da die Belegschaft zunehmend international und heterogen wird. Dies zeigt sich beispielsweise in der Rekrutierung ausländischer Pflegekräfte oder in der Etablierung geschlechtergerechter Strukturen (Dreas, 2022, S. 394 f.). Um Diversity Management effektiv umzusetzen, sollten folgende Handlungsfelder in die Personalstrategie integriert werden:

1. **Personalplanung:** Stellenbeschreibungen und Anforderungsprofile sollten so gestaltet werden, dass sie Vielfalt fördern. Beispielsweise könnten Sprachanforderungen flexibilisiert werden, um Fachkräfte mit Deutsch als Zweitsprache nicht auszuschließen (Dreas, 2022, S. 395).
2. **Personalmarketing:** Zielgruppenspezifische Kampagnen und Employer Branding können Vielfalt als Stärke kommunizieren. Authentische Darstellungen der Unternehmenskultur und flexible Arbeitsbedingungen wirken besonders attraktiv auf diverse Zielgruppen (Dreas, 2022, S. 395)

3. **Personalauswahl:** Standardisierte Verfahren können unbewusste Vorurteile minimieren und sicherstellen, dass die Auswahl nach Kompetenz und nicht nach Herkunft oder anderen Merkmalen erfolgt (Dreas, 2022, S. 395 f.).
4. **Personalführung:** Führungskräfte sollten durch Schulungen auf die Herausforderungen und Potenziale von Diversität vorbereitet werden. Ein transformationaler Führungsstil, der auf Vertrauen und Teamarbeit setzt, kann die Integration und Wertschätzung fördern (Dreas, 2022, S. 396 f.).
5. **Personalentwicklung:** Trainings und Workshops zur Förderung von Diversity-Kompetenzen sowie generationsübergreifende Entwicklungsprogramme tragen dazu bei, die Belegschaft zu stärken (Dreas, 2022, S. 397).

Förderung interkultureller Kompetenzen

Ein zentraler Bestandteil des Diversity Managements ist die Förderung interkultureller Kompetenzen. Diese befähigen Mitarbeitende, kulturelle Unterschiede zu erkennen, zu respektieren und produktiv in den Arbeitsalltag einzubringen. Interkulturelle Kompetenz ist insbesondere im Gesundheitswesen essenziell, da Patient*innen häufig aus unterschiedlichen kulturellen Kontexten stammen (Dimitrova & Sehouli, 2023, S. 1127).

- **Schulungsprogramme:**
  Fortbildungen wie das IPIKA-Projekt der Charité in Berlin bieten praxisnahe Schulungen, die interkulturelle Kompetenzen fördern. Sie umfassen Module zu Migration, kulturellen Unterschieden in der Krankheitswahrnehmung und dem Umgang mit Sprachbarrieren. Diese Programme stärken die interprofessionelle Zusammenarbeit und tragen zur Verbesserung der Patientenversorgung bei (Dimitrova & Sehouli, 2023, S. 1127).
- **Entwicklungsmodelle:**
  Das 4-Phasen-Modell von Irena Papadopoulos ist ein bewährter Ansatz zur Förderung interkultureller Kompetenz. Es beschreibt die Entwicklung von einem allgemeinen Bewusstsein für kulturelle Unterschiede hin zur Fähigkeit, kulturelles Wissen und Sensibilität in der Praxis anzuwenden (Kupplent, 2014, S. 27 f.). Dieses Modell bietet eine fundierte Grundlage, um Mitarbeitende systematisch auf die Herausforderungen einer multikulturellen Belegschaft vorzubereiten.

Inklusion und Anti-Diskriminierung

Neben der Förderung von Vielfalt ist die Schaffung einer inklusiven Unternehmenskultur entscheidend. Eine inklusive Kultur stellt sicher, dass alle Mitarbeitenden unabhängig von ihren persönlichen Merkmalen gleichberechtigt einbezogen werden. Anti-Diskriminierungskonzepte und interdisziplinäre Zusammenarbeit fördern ein Arbeitsklima, in dem Vielfalt nicht nur toleriert, sondern als Bereicherung wahrgenommen wird (Kupplent, 2014, S. 27).

Beispiele erfolgreicher Maßnahmen umfassen die Einführung von Anti-Diskriminierungsrichtlinien, regelmäßige Reflexionsrunden und gezielte Teamentwicklungsmaßnahmen. Diese Ansätze tragen dazu bei, die Zusammenarbeit zu stärken und Barrieren zwischen Mitarbeitenden abzubauen.

Offboarding und Diversität

Ein häufig vernachlässigter Aspekt im Diversity Management ist das Offboarding. Dieser Prozess bietet eine wertvolle Gelegenheit, Erkenntnisse aus den Erfahrungen der Mitarbeitenden zu gewinnen und für die Weiterentwicklung der Organisation zu nutzen. Exit-Interviews können dabei helfen, spezifische Herausforderungen im Umgang mit Diversität zu identifizieren und Verbesserungen einzuleiten (Schafmeister, 2019, S. 33).

Alumni-Netzwerke stellen eine weitere Möglichkeit dar, ehemalige Mitarbeitende weiterhin einzubinden. Besonders Fachkräfte mit interkultureller Expertise können als Botschafter*innen für die Organisation fungieren und bei internationalen Rekrutierungsmaßnahmen unterstützen (Dreas, 2022, S. 300).

Die Förderung von Diversität und interkulturellen Kompetenzen ist für Gesundheits- und Pflegeeinrichtungen ein zentraler Erfolgsfaktor. Durch gezielte Maßnahmen wie Diversity Management, Schulungsprogramme und die Schaffung einer inklusiven Unternehmenskultur können die Potenziale von Vielfalt voll ausgeschöpft werden.

Gleichzeitig ermöglicht ein strukturierter Offboarding-Prozess, wertvolle Erkenntnisse zu gewinnen und die Organisation kontinuierlich zu verbessern. Gesundheits- und Pflegeeinrichtungen, die Diversität als strategischen Vorteil begreifen, sind besser in der Lage, den Herausforderungen einer multikulturellen Gesellschaft zu begegnen und ihre Attraktivität als Arbeitgeber zu steigern.

2.2.4 Maßnahmen zur Bindung und Reduzierung von Fluktuation

Der demografische Wandel und der zunehmende Fachkräftemangel im Pflegebereich stellen Pflegeeinrichtungen vor immense Herausforderungen. Pflegekräfte sehen sich oft mit hohen Arbeitsbelastungen, unzureichenden Arbeitsbedingungen und mangelnden Entwicklungsperspektiven konfrontiert. Dies führt zu einer erhöhten Fluktuation und häufig dazu, dass Pflegekräfte den Beruf frühzeitig verlassen (von Reibnitz & Sonntag, 2018, S. 20).

Angesichts dieser Entwicklungen wird es für Pflegeeinrichtungen immer wichtiger, gezielte Strategien zur Mitarbeiterbindung umzusetzen, um das vorhandene Fachpersonal langfristig zu halten und gleichzeitig ein attraktives Arbeitsumfeld zu schaffen. Dieses Kapitel beleuchtet verschiedene Maßnahmen, die sich in der Praxis bewährt haben, und zeigt, wie Pflegeeinrichtungen auf die individuellen Bedürfnisse der Mitarbeitenden eingehen können.

Flexible Arbeitszeiten und Arbeitszeitmodelle

Flexibilität in der Arbeitszeitgestaltung gehört zu den wichtigsten Aspekten, um Pflegekräfte langfristig zu binden. Modelle wie Teilzeit, Jobsharing und individuell gestaltbare Arbeitszeiten helfen Mitarbeitenden, ihre beruflichen und privaten Verpflichtungen besser zu vereinbaren (Reimold & Knappich, 2021, S. 18).

Besonders für Pflegekräfte mit familiären Verpflichtungen oder gesundheitlichen Einschränkungen bieten diese Modelle eine Möglichkeit, ihre Arbeitsbelastung anzupassen, ohne dass dies zu Lasten der Pflegequalität geht. Einrichtungen, die flexible Modelle anbieten, verzeichnen nachweislich eine höhere Zufriedenheit und eine geringere Fluktuationsrate (Merk et al., 2018, S. 55 f.).

Ein besonderer Schwerpunkt liegt auf der Reduzierung von Nachtschichten und der Einführung regenerationssicherer Arbeitszeitmodelle. Kürzere Schichten, längere Erholungspausen und die Möglichkeit, Schichtpläne aktiv mitzugestalten, tragen erheblich zur Entlastung bei. Vor allem ältere Pflegekräfte profitieren von solchen Modellen, da sie den Erholungsbedarf berücksichtigen und so langfristig die Gesundheit fördern (von Reibnitz & Sonntag, 2018, S. 20 f.).

Ein Praxisbeispiel zeigt, wie eine Pflegeeinrichtung flexible Schichtmodelle erfolgreich einsetzte:

Beispiel: Flexible Schichtmodelle erfolgreich einsetzen

Mitarbeitende konnten zwischen verschiedenen Optionen wählen, darunter eine Vier-Tage-Woche oder kürzere Schichten bei gleichbleibender Wochenarbeitszeit. Um den Bedürfnissen der Belegschaft gerecht zu werden, wurde ein Feedbacksystem implementiert, das den Mitarbeitenden erlaubte, Rückmeldungen zu den Arbeitszeitmodellen zu geben.

Die Ergebnisse waren eindeutig:

Die Zufriedenheit der Mitarbeitenden stieg, und die Fluktuationsrate sank deutlich.

Führungskräfte spielen hierbei eine Schlüsselrolle, indem sie regelmäßig den Dialog mit den Mitarbeitenden suchen und deren Wünsche bei der Arbeitszeitgestaltung berücksichtigen (Tewes & Matzke, 2021, S. 329 f.). ◄

Fort- und Weiterbildung, Mitarbeitergespräche und individuelle Laufbahngestaltung

Ein zentraler Aspekt der Mitarbeiterbindung ist die Möglichkeit zur beruflichen Weiterentwicklung. Pflegekräfte schätzen Fort- und Weiterbildungsangebote, da sie ihre fachlichen Kompetenzen stärken und ihnen Perspektiven für die persönliche Karriereplanung bieten (Reimold & Knappich, 2021, S. 19). Einrichtungen, die bedarfsgerechte Weiterbildungsprogramme anbieten, fördern nicht nur die Zufriedenheit ihrer Mitarbeitenden, sondern stärken auch deren Bindung an die Einrichtung.

Einrichtungen können beispielsweise Spezialisierungen in Bereichen wie Palliativpflege, Wundmanagement oder Demenzbetreuung anbieten. Solche Maßnahmen stärken die Fachkompetenz der Mitarbeitenden und steigern gleichzeitig deren berufliches Selbstwertgefühl (Merk et al., 2018, S. 55 f.) Darüber hinaus erhöhen sie die Attraktivität der Einrichtung als Arbeitgeber, da sie zeigen, dass in die Entwicklung der Mitarbeitenden investiert wird.

Regelmäßige Mitarbeitergespräche sind ein unverzichtbares Instrument, um die individuellen Wünsche und Ziele der Mitarbeitenden zu ermitteln. Führungskräfte sollten diese Gespräche nutzen, um maßgeschneiderte Entwicklungspläne zu erstellen und die spezifischen Bedürfnisse der Mitarbeitenden in verschiedenen Lebensphasen zu berücksichtigen – von der Einstiegsphase bis zur späteren Karriere. Junge Mitarbeitende profitieren beispielsweise von strukturierten Einarbeitungsprogrammen, während ältere Mitarbeitende von gesundheitsfördernden Maßnahmen und flexiblen Arbeitszeitmodellen unterstützt werden können (Schäfer, 2021, S. 55).

Beispiel: Transparente Karrieremodelle

Mitarbeitende hatten die Wahl zwischen verschiedenen Karrierewegen, darunter die Spezialisierung in Fachbereichen, die Übernahme von Führungsaufgaben, Mitarbeit in befristeten Projekten oder die Weiterbildung als Praxisanleiter*in.

In halbjährlichen Gesprächen wurden die Entwicklungsziele individuell angepasst, und passende Maßnahmen wie Fortbildungen, Mentoring-Programme oder Hospitationen geplant.

Diese systematischen Ansätze steigerten nicht nur die Motivation der Mitarbeitenden, sondern reduzierten auch die Fluktuationsrate signifikant (Tewes & Matzke, 2021, S. 296). ◄

Teamentwicklung und kollegiale Unterstützung

Ein starkes Teamgefüge und ein positives Arbeitsklima sind essenziell, um Pflegekräfte langfristig an eine Einrichtung zu binden. Besonders altersgemischte Teams bieten Vorteile, da sie den Austausch zwischen erfahrenen und jüngeren Mitarbeitenden fördern. Ältere Pflegekräfte können ihr Wissen und ihre Erfahrung einbringen, während jüngere Mitarbeitende moderne Ansätze und technologische Kompetenzen mitbringen (Schäfer, 2021, S. 55 f.).

Um die Zusammenarbeit im Team zu stärken, sollten Pflegeeinrichtungen regelmäßige Teamentwicklungsmaßnahmen durchführen. Workshops, Teamtage oder Supervisionen bieten Gelegenheiten, um Konflikte zu lösen, Herausforderungen gemeinsam zu bewältigen und das Vertrauen innerhalb des Teams zu stärken.

Beispiel: Einführung eines Mentoring-Programms

Ein erfolgreiches Beispiel ist die Einführung eines Mentoring-Programms, bei dem erfahrene Pflegekräfte neue Kolleg*innen oder junge Mitarbeitende unterstützen. Solche Programme fördern nicht nur den Wissensaustausch, sondern stärken auch den Zusammenhalt und die Bindung an die Einrichtung. Führungskräfte sollten zudem regelmäßig Reflexionsrunden und Teammeetings einführen, in denen Herausforderungen und Verbesserungsvorschläge in einer offenen und respektvollen Atmosphäre diskutiert werden (von Reibnitz & Sonntag, 2018, S. 22 f.). ◄

Wertschätzung und Anerkennung

Regelmäßige Anerkennung und Wertschätzung der Leistungen sind entscheidend, um die Zufriedenheit der Mitarbeitenden zu erhöhen und die Fluktuation zu reduzieren. Pflegekräfte wünschen sich direkte Rückmeldungen, Lob und auch kleine Gesten, die zeigen, dass ihre Arbeit geschätzt wird (Reimold & Knappich, 2021, S. 18).

Ein Praxisbeispiel zeigt, wie eine Pflegeeinrichtung durch ein Anerkennungssystem die Zufriedenheit der Mitarbeitenden erhöhte.

Beispiel: Wertschätzung

Mitarbeitende konnten sich gegenseitig Lob aussprechen, das über eine digitale Plattform sichtbar gemacht wurde. Führungskräfte sollten außerdem darauf achten, regelmäßige Feedbackgespräche zu führen und individuelle Wünsche zu berücksichtigen.

Kleine Gesten wie Geburtstagsgrüße oder persönliche Dankesnoten tragen ebenfalls dazu bei, eine wertschätzende Unternehmenskultur zu schaffen (Merk et al., 2018, S. 56 f.). ◄

Betriebliches Gesundheitsmanagement und Stressbewältigung

Die physischen und psychischen Belastungen im Pflegebereich erfordern umfassende Maßnahmen zur Gesundheitsförderung. Ergonomische Arbeitsplätze, Stressbewältigungskurse und Gesundheitschecks sind nur einige Beispiele, die zur Entlastung der Mitarbeitenden beitragen können (von Reibnitz & Sonntag, 2018, S. 22). Besonders für ältere Pflegekräfte sollten individuell angepasste Maßnahmen angeboten werden, um deren physische und psychische Gesundheit zu unterstützen (Tewes & Matzke, 2021, S. 295).

Beispiel: Gesundheitsförderung

Ein erfolgreiches Beispiel ist die Einführung von Pausenräumen mit Entspannungsmöglichkeiten wie Massagesesseln und Yoga-Kursen. Zusätzlich können Führungskräfte durch einen gesundheitsfördernden Führungsansatz – etwa durch wertschätzende Kommunikation und die Förderung eines positiven Arbeitsklimas – die psychische Gesundheit ihrer Teams stärken. Diese Maßnahmen tragen langfristig dazu bei, die Zufriedenheit der Mitarbeitenden zu steigern und die Fluktuation zu reduzieren. ◄

Offboarding: Den Abschied professionell gestalten

Ein professionell gestalteter Offboarding-Prozess bietet die Möglichkeit, wertvolles Feedback von scheidenden Mitarbeitenden zu erhalten und gleichzeitig ein positives Arbeitgeberimage zu bewahren. Exit-Gespräche ermöglichen es, Gründe für den Austritt zu analysieren und Verbesserungspotenziale zu identifizieren.

Ein Praxisbeispiel zeigt, wie eine Einrichtung durch eine strukturierte Wissensübergabe sicherstellte, dass wichtiges Know-how erhalten blieb. Alumni-Netzwerke wurden genutzt, um Kontakt zu ehemaligen Mitarbeitenden zu halten, die so als potenzielle Rückkehrer*innen gewonnen werden konnten.

Fazit

Die langfristige Bindung von Pflegekräften erfordert ein ganzheitliches Konzept, das individuelle Bedürfnisse berücksichtigt. Flexible Arbeitszeitmodelle, Karrieremöglichkeiten, Wertschätzung, Gesundheitsförderung und ein professioneller Offboarding-Prozess bilden die Basis für eine nachhaltige Mitarbeiterbindung. Einrichtungen, die diese Maßnahmen systematisch umsetzen und regelmäßig evaluieren, können nicht nur ihre Fluktuation verringern, sondern auch ein attraktives Arbeitsumfeld schaffen und sich als Vorreiter im Wettbewerb um Fachkräfte positionieren.

2.3 Personalmanagement in einem Umfeld ständiger Veränderungen am Beispiel der PPR 2.0

Die Pflegebranche befindet sich in einem stetigen Wandel, der durch demografische Entwicklungen, den Fachkräftemangel und steigende Anforderungen an die Versorgungsqualität geprägt ist. In diesem dynamischen Umfeld nimmt das Personalmanagement eine zentrale Rolle ein, um sowohl den Bedürfnissen der Mitarbeitenden als auch den Anforderungen der Patient*innen gerecht zu werden. Ein besonders aktuelles Beispiel für diese Veränderungen ist die Einführung der Pflegepersonalregelung 2.0 (PPR 2.0), die als Instrument zur bedarfsgerechten Personalbemessung wesentliche Impulse für das moderne Personalmanagement liefert.

PPR 2.0: Ein Instrument für zukunftsfähiges Personalmanagement
Die Pflegepersonalregelung 2.0 (PPR 2.0) stellt ein zentrales Instrument zur Bedarfsbemessung von Pflegepersonal in deutschen Krankenhäusern dar. Sie wurde entwickelt, um den Pflegebedarf systematisch und transparent zu erfassen, sodass Krankenhäuser ihre personellen Ressourcen effizient und bedarfsgerecht einplanen können.

Die PPR 2.0 baut auf den Grundlagen der ursprünglichen Pflegepersonalregelung (PPR) aus den 1990er-Jahren auf, wurde jedoch angepasst und erweitert, um den heutigen Anforderungen der Pflegebranche gerecht zu werden. Sie wurde in Zusammenarbeit zwischen der Deutschen Krankenhausgesellschaft (DKG), dem Deutschen Pflegerat (DPR) und der Gewerkschaft ver.di entwickelt, um den akuten Mangel an Pflegepersonal und die damit verbundenen Herausforderungen in der Krankenpflege anzugehen (ver.di, 2024; Deutsche Krankenhaus Gesellschaft (DKG), 2024).

Ziel der PPR 2.0 ist es, den Pflegepersonalbedarf auf der Basis des tatsächlichen Pflegebedarfs der Patientinnen und Patienten zu ermitteln. Patient*innen werden in verschiedene Pflegeaufwandsgruppen eingeteilt, die jeweils mit einem Minutenwert für die notwendige Pflegezeit versehen sind. Diese Einstufung erfolgt täglich und berücksichtigt sowohl die allgemeine Grundpflege als auch spezielle Pflegebedarfe, wie beispielsweise bei intensiver oder spezialisierter Behandlungspflege. Auf dieser Grundlage kann der Gesamtpflegebedarf für das gesamte Krankenhaus ermittelt und die benötigte Anzahl an Pflegekräften kalkuliert werden. Die PPR 2.0 trägt somit dazu bei, Pflegepersonal gezielt einzusetzen und eine qualitativ hochwertige Versorgung sicherzustellen (Schmedders et al., 2023, S. 226 f.).

Die Einführung der PPR 2.0 stellt eine bedeutende Veränderung im Personalmanagement von Krankenhäusern dar. In der Vergangenheit wurden Pflegepersonalvorgaben oft von externen Instanzen, wie den Kostenträgern, festgelegt. Dies führte häufig zu einer Diskrepanz zwischen den tatsächlich benötigten und den zur Verfügung stehenden Ressourcen. Mit der PPR 2.0 wird die Verantwortung für die Personalplanung verstärkt in die Hände der Krankenhausleitungen gelegt, die nun auf eine fundierte Datenbasis zugreifen können (ver.di, 2024).

Durch diese systematische Erfassung und Planung wird nicht nur eine gleichmäßige und faire Verteilung von Personalressourcen innerhalb der Einrichtungen sichergestellt, sondern auch eine bessere Arbeitsbelastungskontrolle für das Pflegepersonal geschaffen. In der Praxis bedeutet dies, dass die Pflegekräfte entsprechend ihrer Qualifikation und Kapazität eingesetzt werden, wodurch Über- oder Unterforderung vermieden wird. Dies fördert die Attraktivität des Pflegeberufs und trägt langfristig dazu bei, den Fachkräftemangel in der Pflege zu bekämpfen (Schmedders et al., 2023, S. 227).

Herausforderungen bei der Umsetzung der PPR 2.0

Die Implementierung der PPR 2.0 bringt jedoch auch Herausforderungen mit sich. Ein wesentlicher Aspekt ist der Schulungsbedarf für das Pflegepersonal und die Führungskräfte. Um das Instrument effektiv nutzen zu können, bedarf es umfassender Schulungen, die sowohl die technische Anwendung als auch die korrekte Einstufung der Patient*innen vermitteln.

Zudem sind organisatorische Anpassungen erforderlich, da die Einführung der PPR 2.0 häufig mit einem hohen administrativen Aufwand verbunden ist. Die tägliche Einstufung der Patient*innen und die Erfassung des Pflegebedarfs erfordern nicht nur zusätzliche Zeit, sondern auch eine enge Abstimmung zwischen den verschiedenen Abteilungen. Ohne eine entsprechende organisatorische Struktur könnte die Umsetzung scheitern.

Strategische Vorteile der PPR 2.0

Die Einführung der PPR 2.0 bedingt umfassende Adaptierungen auf Organisationsebene, insbesondere im Hinblick auf die Personalplanung und -entwicklung. Die Führungskräfte sind gefordert, den Bedarf an Pflegepersonal nicht nur in quantitativer, sondern auch in qualitativer Hinsicht zu decken (Schmedders et al., 2023, S. 226 f.).

Im Rahmen der Personalentwicklung stellt die Fort- und Weiterbildung einen wesentlichen Faktor dar. Die Implementierung der PPR 2.0 erfordert die Entwicklung neuer Kompetenzen im Pflegebereich. Führungskräfte sind gefordert, Konzepte zu entwickeln, welche das Personal auf die neuen Anforderungen vorbereiten. Dies kann beispielsweise durch Schulungen zur korrekten Einstufung von Patient*innen oder zur effizienten Nutzung der PPR-Daten erfolgen (Schmedders et al., 2023, S. 226 f)

Die Vermittlung dieser Kompetenzen fördert nicht nur die fachliche Qualifikation, sondern stärkt auch das Selbstbewusstsein der Pflegekräfte im Umgang mit den neuen Prozessen. Zielgerichtete Weiterbildungen tragen dazu bei, die Pflegequalität zu erhöhen und gleichzeitig die Attraktivität des Berufs zu steigern, indem Mitarbeitende aktiv in die Gestaltung der Veränderungsprozesse eingebunden werden (Schmedders et al., 2023, S. 227).

Karrierewege: Die PPR 2.0 eröffnet die Möglichkeit, den Pflegeberuf attraktiver zu gestalten, indem Karrierewege besser definiert und gefördert werden. So können spezialisierte Weiterbildungen und der verstärkte Einsatz von akademisch ausgebildeten Pflegekräften dazu beitragen, den Pflegeberuf vielseitiger und langfristig interessanter zu machen. Beispiele hierfür sind Spezialisierungen in der Intensivpflege, Palliativversorgung oder im Bereich des Qualitätsmanagements.

Darüber hinaus ermöglicht die PPR 2.0 eine klarere Definition von Rollen innerhalb des Pflegeteams. Die Integration von Pflegehilfskräften, Pflegefachkräften und akademisch qualifiziertem Personal in interdisziplinäre Teams fördert eine zielgerichtete und effiziente Patientenversorgung. Dieser Ansatz hilft, Arbeitsüberlastung zu reduzieren und Kompetenzlücken zu schließen. Diesbezüglich kann ein verringertes Risiko für das Auftreten von Burnout sowie eine Erhöhung der Arbeitszufriedenheit konstatiert werden (Schmedders et al., 2023, S. 227)

Des Weiteren führt die PPR 2.0 nicht nur zu einer Reduktion der Arbeitsbelastung, sondern auch zu einer Verbesserung der Transparenz im Berufsalltag (ver.di, 2024). Dies kann dazu beitragen, dass Pflegekräfte wieder mehr Zeit für persönliche Zuwendung aufwenden und somit die individuellen Patientenbedürfnisse besser berücksichtigen können (Schmedders et al., 2023, S. 227)

Notwendig wird dafür eine strukturierte Planung von Weiterbildungsangeboten und die Förderung der interdisziplinären Zusammenarbeit. Die Entwicklung klarer Karrieremodelle und eine transparente Kommunikation dieser Möglichkeiten tragen dazu bei, die Bindung der Mitarbeitenden zu stärken und eine langfristige Personalentwicklung zu sichern (Deutsche Krankenhaus Gesellschaft (DKG), 2024).

Die PPR 2.0 bietet darüber hinaus die Chance, die Zusammenarbeit zwischen verschiedenen Berufsgruppen zu fördern. Eine enge Kooperation zwischen Pflegekräften, Ärzt*innen und anderen Fachbereichen ermöglicht es, den Pflegebedarf effizient zu decken und die Versorgung der Patient*innen zu optimieren. Krankenhäuser sollten gezielt auf Maßnahmen setzen, die den Austausch zwischen den Berufsgruppen stärken, etwa durch gemeinsame Schulungen oder interdisziplinäre Projekte.

Die Einführung der PPR 2.0 erfordert zudem eine Neugestaltung interner Prozesse und Strukturen (Schmedders et al., 2023, S. 227). Im Rahmen der Dienstplangestaltung besteht die Möglichkeit, auf Basis der ermittelten Pflegebedarfe eine Optimierung der Dienstpläne vorzunehmen. Die Berücksichtigung von Ausfallzeiten, Springerbedarfen und Nachtschichten impliziert jedoch eine präzise Abstimmung. Die Nutzung digitaler Systeme zur Datenerfassung und -auswertung ist von essenzieller Bedeutung, um den Dokumentationsaufwand zu minimieren und den Pflegebedarf in Echtzeit abzubilden. Dies bedingt Investitionen in die IT-Infrastruktur sowie entsprechende Schulungen des Personals (Schmedders et al., 2023, S. 227)

Festzuhalten bleibt, dass eine gelungene Umsetzung der PPR 2.0 eine umfassende Vorbereitung und ein hohes Maß an Flexibilität erfordert. Nur durch eine sorgfältige Planung, gezielte Schulungen und die Schaffung geeigneter Strukturen können die Potenziale dieses Instruments vollständig ausgeschöpft werden. In einem Umfeld ständiger Veränderungen stellt die PPR 2.0 somit eine zentrale Säule für ein zukunftsorientiertes Personalmanagement dar.

2.4 Fazit

Strategisches Personalmanagement als Schlüssel zum Erfolg

Ein modernes und strategisches Personalmanagement ist entscheidend, um den vielschichtigen Herausforderungen in der Pflegebranche effektiv zu begegnen. Angesichts von Fachkräftemangel, steigenden Anforderungen an die Versorgungsqualität und einer diverser werdenden Belegschaft benötigen Pflegeeinrichtungen innovative und nachhaltige Strategien, um Personal zu gewinnen, zu binden und langfristig zu motivieren.

Die vorherigen Abschnitte verdeutlichen, dass ein ganzheitliches Personalmanagement mehrere Dimensionen umfasst:

1. **Strukturiertes Preboarding, Onboarding und Offboarding:** Der Beginn und das Ende eines Arbeitsverhältnisses sind entscheidende Phasen für die Beziehung zwischen Mitarbeitenden und Arbeitgeber. Während das Pre- und Onboarding neue Mitarbeitende willkommen heißen und unterstützen, sorgt ein strukturiertes Offboarding für einen respektvollen Abschluss und wertvolles Feedback. Klare Einarbeitungspläne und gezielte Feedbackmechanismen stärken die Bindung von Anfang an, während ein durchdachtes Offboarding die Grundlage für langfristige Netzwerke und potenzielle Rückkehrer schafft.
2. **Innovative Ansätze im Recruiting:** Digitale Technologien, soziale Medien und internationale Anwerbeinitiativen sind heute unverzichtbar, um ein breites Bewerberfeld zu erreichen. Dabei sollten Pflegeeinrichtungen strategisch vorgehen und die Wirkung von Employer Branding und zielgerichteten Kampagnen maximieren.
3. **Förderung von Diversität und interkulturellen Kompetenzen:** Eine vielfältige Belegschaft bereichert nicht nur das Team, sondern verbessert auch die Patientenversorgung. Interkulturelle Schulungen und ein bewusster Umgang mit Vielfalt schaffen ein inklusives Arbeitsumfeld, das zur Zufriedenheit aller beiträgt.
4. **Attraktive Arbeitgebermarke:** Eine starke Positionierung als Arbeitgeber ist im Wettbewerb um Talente unverzichtbar. Pflegeeinrichtungen, die ihre Werte authentisch kommunizieren und konkrete Vorteile wie flexible Arbeitszeiten oder Weiterbildungsmöglichkeiten hervorheben, sichern sich langfristig einen Wettbewerbsvorteil.
5. **Maßnahmen zur Mitarbeiterbindung:** Zufriedene Mitarbeitende bleiben länger im Unternehmen. Ein effektives Bindungsmanagement umfasst flexible Arbeitszeitmodelle, kontinuierliche Fortbildungsangebote, Gesundheitsförderung und eine wertschätzende Unternehmenskultur.
6. **Effiziente Ressourcennutzung durch PPR 2.0:** Die PPR 2.0 bietet Krankenhäusern ein Werkzeug, um den tatsächlichen Pflegebedarf zu ermitteln und Personal ressourcenschonend einzusetzen. Eine strategische Umsetzung dieser Regelung trägt zur Entlastung der Mitarbeitenden und zur Verbesserung der Versorgungsqualität bei.

Reflexionsfragen für die Praxis

Um die Erkenntnisse dieses Kapitels in die Praxis Ihres Alltags zu übertragen, helfen folgende Reflexionsfragen:

1. **Wie können Sie den Einstieg und den Austritt von Mitarbeitenden optimieren?** Welche Maßnahmen fördern eine fachliche und soziale Integration bereits vor dem ersten Arbeitstag? Wie können Sie den Übergang durch Preboarding und Onboarding verbessern? Gleichzeitig: Gibt es standardisierte Prozesse für das Offboarding, die sicherstellen, dass Wissen bewahrt und Beziehungen gestärkt werden?
2. **Welche Kanäle und Methoden im Recruiting nutzen Sie bisher?** Sind Ihre Recruiting-Strategien divers genug? Wie könnten Kooperationen mit Bildungseinrichtungen oder die verstärkte Nutzung sozialer Medien Ihr Bewerberfeld erweitern?
3. **Wie fördern Sie die Zusammenarbeit in einem vielfältigen Team?** Gibt es konkrete Programme zur interkulturellen Sensibilisierung oder Teamtrainings? Wie könnten Sie das Potenzial von Diversität gezielt nutzen?
4. **Wie vermitteln Sie Ihre Werte als Arbeitgeber?** Reflektieren Sie, ob Ihre Kommunikation – sei es online, in Stellenausschreibungen oder bei Bewerbungsverfahren – tatsächlich Ihre Stärken als Arbeitgeber widerspiegelt.
5. **Welche Ansätze zur Bindung Ihrer Mitarbeitenden sind besonders wirksam?** Haben Sie innovative Maßnahmen zur Wertschätzung, wie personalisierte Weiterbildungen oder flexible Arbeitszeitmodelle, bereits implementiert? Wie könnten Sie bestehende Angebote weiterentwickeln?
6. **Nutzen Sie die PPR 2.0 optimal?** Prüfen Sie, ob die Daten zur Pflegepersonalbemessung in Ihrer Einrichtung konsequent genutzt werden. Wie könnten Sie diese Informationen noch gezielter einsetzen, um die Arbeitsbelastung fair zu verteilen und die Versorgungsqualität zu verbessern?

Literatur

Bartscher, T., & Nissen, R. (2022). *Personalmanagement*. https://wirtschaftslexikon.gabler.de/definition/personalmanagement-44033/version-331806. Zugegriffen am 22.01.2022.

Brenner, D. (2020). *Onboarding: Als Führungskraft neue Mitarbeitende erfolgreich einarbeiten und integrieren*. In D. Brenner (Hrsg.), *Onboarding: Als Führungskraft neue Mitarbeitende erfolgreich einarbeiten und integrieren* (S. 7–10). Springer Fachmedien. https://doi.org/10.1007/978-3-658-30674-8_3

Bühner, R. (2005). *Personalmanagement* (3. Aufl.). De Gruyter.

Dannhäuser, R. (2024). Social-Media-Recruiting. In C. Z. (Hrsg.), *Handbuch Social-Media-Marketing* (S. 2–22). Springer Fachmedien Wiesbaden GmbH. https://doi.org/10.1007/978-3-658-42282-0_17

Deutsche Krankenhaus Gesellschaft (DKG). (2024). *PPR 2.0 – Was ist das?* https://www.dkgev.de/themen/personal-weiterbildung/ppr-20/. Zugegriffen am 12.12.2024.

Dimitrova, D., & Sehouli, J. (2023). Interkulturelle Kompetenzen im Gesundheitswesen durch Fort- und Weiterbildungen fördern. *Bundesgesundheitsblatt, 66*, 1126–1129. https://doi.org/10.1007/s00103-023-03768-3

Dreas, S. (2022). Diversity-Kompetenz in Organisationen der Sozialen Arbeit. In P. Genkova (Hrsg.), *Handbuch Globale Kompetenz* (S. 1–15). Springer. https://doi.org/10.1007/978-3-658-30684-7_85-1

Frodl, A. (2023). *Personalmanagement im Gesundheitswesen: Instrumente wertschätzender Personalführung* (2. Aufl.). Springer Gabler. https://doi.org/10.1007/978-3-658-40563-2

Herrmann, E., & Kätker, S. (2007). *Diversity Management: Organisationale Vielfalt im Pflege- und Gesundheitsbereich erkennen und nutzen*. Verlag Hans Huber.

Jansen, L., Diercks, J., & Kupka, K. (2023). Die Zukunft des Recruitings. In L. Jansen, J. Diercks, & K. Kupka (Hrsg.), *Recrutainment: Gamification in Employer Branding, Personalmarketing und Personalauswahl* (2. Aufl., S. 405–426). Springer Gabler. https://doi.org/10.1007/978-3-658-38749-5_9

Kupplent, G. (2014). *Diversity und interkulturelle Kommunikation in der Pflege*. Bachelorarbeit, Medizinische Universität Graz: Medizinische Universität Graz. https://online.medunigraz.at/mug_online/wbAbs.showThesis?pThesisNr=43828&pOrgNr=1&pPersNr=51165. Zugegriffen am 28.02.2025.

Luger, V. (2023). Digital Recruiting Strategien und Social Media im Personalmanagement (Diplomarbeit, Johannes Kepler Universität Linz). https://epub.jku.at/download/pdf/9209875.pdf. Zugegriffen am 05.12.2024.

Merk, J., Fortunato, E., & Bareiß, A. (2018). Lebenszyklusorientierte Personalentwicklung als Teil eines strategischen Personalbindungsmanagements im Krankenhaus. In I. S. Fernhochschule & D. Wandel (Hrsg.), *Weiterbildung und Forschung der SRH Fernhochschule – The Mobile University* (S. 49–68). Springer. https://doi.org/10.1007/978-3-658-20384-9_4

Nicolai, C. (2021). *Personalmanagement* (7. überarb. Ausg.). Narr Francke Attempto: UVK. https://doi.org/10.36198/9783838587806

Oswald, J., Neumeyer, H., & Visarius, M. (2023). Rahmenbedingungen und Herausforderungen im Personalmanagement. In J. Klauber, J. Wasem, A. Beivers, & C. Mostert (Hrsg.), *Krankenhaus-Report 2023* (S. 85–106). Springer. https://doi.org/10.1007/978-3-662-66881-8_6

von Reibnitz, C., & Sonntag, K. (2018). Strategien für ein zukunftsorientiertes Personalmanagement: Ältere und jüngere Mitarbeiter – der Mix macht's. *Pflegezeitschrift, 71*(3), 20–23.

Reimold, S., & Knappich, T. (2021). Gute Arbeit – eine Frage der Generation? *Pflegezeitschrift, 74*(1/2), 17–19. https://doi.org/10.1007/s41906-020-0939-9

Rippler, S., & Luck, N. (2023). Interview mit Moritz Rachner: Praktika in der Gesundheitsbranche. In *Praktikumsknigge* (S. 43–45). Springer Gabler. https://doi.org/10.1007/978-3-658-42319-3_5

Schäfer, J. (2021). Wissensmanagement – Kompetenzen erhalten, ausbauen und transferieren. In *J. Schäfer, Altersgemischte Teams in der Pflege: Miteinander arbeiten – voneinander lernen* (S. 171–189). Springer Verlag GmbH Deutschland. https://doi.org/10.1007/978-3-662-62062-5

Schafmeister, S. (2019). Einführung. In S. Schafmeister (Hrsg.), *Personalmanagement im Gesundheitswesen* (S. 13–56). UVK.

Schmedders, M., Trewendt, C., & Egerer, J. (2023). Pflegepersonalvorgaben im Krankenhaus. In J. Klauber (Hrsg.), *Krankenhaus-Report 2023* (S. 214–230). https://doi.org/10.1007/978-3-662-66881-8_14

Söllner, S. (2022). Recruiting auf Augenhöhe: Den High Care Bereich stärken. *Pflege Zeitschrift, 6*(2022), 20–21. https://doi.org/10.1007/s41906-022-1272-2

Tewes, R., & Fischer, T. (2017). Too busy to lead? Current challenges for German nurse. *Journal of Nursing Management, 25*(1), 1–3.

Tewes, R., & Matzke, U. (2021). *Innovative Personalentwicklung im In- und Ausland*. Springer. https://doi.org/10.1007/978-3-662-62977-2

ver.di. (2024). *PPR 2.0 – was Du zur Pflegepersonalregelung wissen musst*. https://www.verdi.de/themen/gesundheit/++co++1beb381c-4665-11ed-ace9-001a4a160129. Zugegriffen am 12.12.2024.

Verhoeven, T. (2019). *Digitalisierung im Recruiting: Wie sich Recruiting durch künstliche Intelligenz, Algorithmen und Bots verändert*. Springer Gabler. https://doi.org/10.1007/978-3-658-25885-6

Führung und Führungskraft 3

▶ **Kühlen Kopf bewahren**

Es ist Donnerstagnachmittag in einem Pflegeheim. Die Bewohner*innen genießen gerade ihren Nachmittagskaffee, und das Team bereitet sich auf den Wechsel zur Spätschicht vor. Plötzlich fällt der Aufzug aus und ein Großteil der Station ist nur schwer zugänglich – ein gravierendes Problem, da mehrere bettlägerige Bewohner*innen auf der oberen Etage versorgt werden müssen. Die Pflegekräfte blicken unsicher auf die Stationsleitung, Herrn Schmidt, der gerade von einer kurzen Besprechung zurückkommt.

In dieser Situation zeigt sich, wie Führung den Verlauf von Krisen beeinflussen kann. Herr Schmidt reagiert prompt: Er informiert umgehend den technischen Dienst und stellt sicher, dass die Reparaturpriorität erhöht wird. Gleichzeitig organisiert er alternative Abläufe, um sicherzustellen, dass die Bewohner*innen trotz der Einschränkungen pünktlich versorgt werden. Dabei kommuniziert er nicht nur klar und lösungsorientiert, sondern hört auch den Vorschlägen und Bedenken seiner Mitarbeitenden zu. Indem er einen ruhigen, aber entschlossenen Ton vorgibt, schafft er es, die Situation zu deeskalieren und das Team zu motivieren.

Führung ist mehr als nur eine Aufgabe! Das Beispiel zeigt, wie anspruchsvoll die Rolle von Führungskräften insbesondere in der Pflege sein kann. Führung bedeutet weit mehr, als nur Entscheidungen zu treffen oder Aufgaben zu verteilen. Es erfordert die Fähigkeit, in herausfordernden Momenten Orientierung zu bieten, Vertrauen zu schaffen und Teams zu motivieren, gemeinsam Lösungen zu finden. Eine gute Führungskraft vermittelt Sicherheit und Klarheit, ohne die Realität der Herausforderungen zu verharmlosen.

P. Rudolph, *Neue Leadership-Ansätze in der Pflege*,
https://doi.org/10.1007/978-3-658-48360-9_3

Dieses Kapitel widmet sich den zentralen Fragen erfolgreicher Führung. Es definiert grundlegende Begriffe, beschreibt die Rolle und notwendigen Kompetenzen von Führungskräften und stellt verschiedene Theorien und Ansätze vor. Von klassischen Führungsmodellen bis hin zu modernen Konzepten wie agiler oder gesunder Führung werden Perspektiven aufgezeigt, die in dynamischen Arbeitsfeldern wie der Pflege Relevanz besitzen.

Führung ist nicht nur eine zentrale organisatorische Funktion, sondern auch ein entscheidender Erfolgsfaktor, um Mitarbeitende zu motivieren, Arbeitsprozesse effizient zu gestalten und Herausforderungen wie Fachkräftemangel oder hohe Arbeitsbelastungen zu bewältigen. Dieses Kapitel bietet theoretische Grundlagen und praxisnahe Werkzeuge, die Führungskräfte dabei unterstützen, ihre Teams effektiv zu leiten und in einem komplexen Arbeitsumfeld erfolgreich zu agieren.

3.1 Begriffsabgrenzung

In der Literatur gibt es vielfältige Theorien und Modelle zur Ausübung von Management- und Führungsaufgaben und ebenso viele Definitionen der Begriffe Management, Führung und Leadership. Trotz dieser Vielfalt verbindet sie alle die Frage nach der Wirksamkeit und Erlernbarkeit von erfolgreichem Management und effektiver Führung. Gleichwohl bestehen grundlegende Unterschiede zwischen Management, Führung und Leadership, weshalb im Folgenden eine kurze Abgrenzung der Begriffe erfolgt.

Management deckt den sachlich-technisch-betriebswirtschaftlichen Pol ab und orientiert sich überwiegend an den Geschäftszielen. Es hat demzufolge vor allem das Budgetieren, Bewerten und Kontrollieren zur Aufgabe (Rohrhirsch & Häußer, 2007, S. 68).

Führung bezieht sich hingegen auf die Gesamtheit aller Entscheidungen, die zur Erreichung der angestrebten Unternehmensziele erforderlich sind (Koreimann, 1999). Nach Birker (1997, S. 15) hat Führung einerseits einen Sach- und Aufgabenaspekt (initiieren, organisieren, anweisen) und andererseits einen Personen- und Beziehungsaspekt (zuhören, vertrauen, ermutigen). Wegge und von Rosenstiel (2007, S. 476) betonen aus ihrem eher organisationspsychologischen Blickwinkel besonders die Interaktionsprozesse und die soziale Einflussnahme im Rahmen der Führung.

Leadership bedeutet übersetzt ebenfalls Führung und wurde von John P. Kotter anfangs der 1990er-Jahre eingeführt. Er hebt ebenfalls den Unterschied zwischen Management und Führung hervor, insbesondere in Bezug auf deren Aufgaben und erforderliche persönliche Kompetenzen. Manager sind seiner Ansicht nach eher Verwalter, während Führungskräfte (Leader) als Visionäre agieren (Kotter, 1990, S. 3). Der Leadership-Gedanke betont in sehr viel stärkerem Maß, dass es die Aufgabe von Leadern ist, die Geführten mit Visionen zu inspirieren und dadurch Kreativität, Innovation, Sinnerfüllung und Wandel zu schaffen (Hegele-Raih, 2004, S. 37).

Insgesamt betonen alle drei Begriffe die Bedeutung von Führung für den Erfolg einer Organisation, jedoch mit unterschiedlichen Schwerpunkten und Ansätzen. Rohrhirsch und

Häußer (2007, S. 69) stellen fest, dass Management und Führung in einem lebendigen Austausch miteinander stehen, was in Pflegeeinrichtungen besonders relevant ist, da beide Dimensionen eng miteinander verknüpft sind und sich gegenseitig beeinflussen.

3.1.1 Definitionen und Aufgaben von Führung

Führung ist in der Fachliteratur ein zentraler Bestandteil des organisatorischen Handelns und wird aus unterschiedlichen Blickwinkeln betrachtet. Nach Pircher-Friedrich (2001, S. 55) lässt sich Führung als der „weise Einsatz von Macht" definieren, bei dem insbesondere zwischenmenschliche Aspekte im Vordergrund stehen. Beziehungen zu Mitarbeitenden, deren Werte und Reaktionen spielen hierbei eine zentrale Rolle (Rohrhirsch & Häußer, 2007, S. 68). Führung bedeutet somit nicht nur das Delegieren von Aufgaben, sondern erfordert auch eine aktive Gestaltung der zwischenmenschlichen Interaktion. In der Praxis ist ein respektvolles und vertrauensvolles Arbeitsklima entscheidend, um ein engagiertes Team zu fördern.

Funktionale und institutionelle Führungsansätze
Unterschieden wird in der Literatur zwischen einem funktionalen und einem institutionellen Führungsbegriff. Der funktionale Ansatz beschreibt Führung als zielgerichtetes Gestalten und Lenken eines sozio-technischen Systems, bei dem organisatorische und personenspezifische Perspektiven ineinandergreifen (Wagner, 2007, S. 76). Für Führungskräfte in Pflegeeinrichtungen bedeutet dies, sowohl organisatorische Aufgaben wie Personaleinsatzplanung und Ressourcenkontrolle zu bewältigen als auch das Wohlbefinden der Mitarbeitenden im Auge zu behalten.

Im Gegensatz dazu beschreibt der institutionelle Ansatz Führung als „[...] Verhaltensmuster eines Vorgesetzten gegenüber weisungsgebundenen Mitarbeitern" (Wöhe, 2005, S. 185). Dieses Konzept ist besonders in hierarchischen Strukturen, wie sie in Pflegeeinrichtungen häufig vorkommen, von Bedeutung. Hier geht es um klare Weisungsbefugnisse und die Umsetzung von Vorgaben, bei denen Führungskräfte eine verbindende und richtungsweisende Rolle einnehmen.

Führung als Kommunikationsprozess
Eine weitere Perspektive auf Führung sieht diese als spezifischen Kommunikationsprozess, der auf die Verfolgung gemeinsamer Ziele ausgerichtet ist. Nach Oppermann-Weber (2001) ist dieser Prozess geprägt durch Ziel-, Ergebnis- und Aufgabenorientierung, soziale Interaktion, Konfliktmanagement sowie die Entwicklung von Werten und Normen. In der Pflege bedeutet dies, dass Führungskräfte kontinuierlich mit ihrem Team kommunizieren müssen, um die Umsetzung von Pflegeplänen, die Einhaltung von Qualitätsstandards oder die Einführung neuer Abläufe sicherzustellen. Dabei sind nicht nur klare Anweisungen wichtig, sondern auch aktives Zuhören, die Einholung von Feedback und eine frühzeitige Konfliktbewältigung.

Aufgaben von Führungskräften in der Pflege

Die Aufgaben von Führungskräften umfassen sowohl organisatorische als auch zwischenmenschliche Aspekte. In Pflegeeinrichtungen zählen dazu die Planung und Organisation der Pflegeabläufe, die Motivation und Unterstützung des Teams, die Koordination von Ressourcen und die Sicherung der Pflegequalität. Führungskräfte müssen in der Lage sein, Ziele klar zu definieren und diese effektiv zu kommunizieren. Gleichzeitig müssen sie Mitarbeitende einbeziehen, um eine hohe Identifikation mit den Zielen der Organisation zu erreichen. Dabei kommt den sozialen und kommunikativen Fähigkeiten eine besondere Bedeutung zu. Diese fördern nicht nur ein positives Arbeitsklima, sondern tragen auch zur Mitarbeiterzufriedenheit und -bindung bei.

Führung ist eine Schlüsselrolle in jeder Organisation, insbesondere in komplexen Bereichen wie der Pflege. Ihre Wirksamkeit basiert auf der Fähigkeit, organisatorische Anforderungen mit zwischenmenschlichen Bedürfnissen zu verbinden.

3.1.2 Rolle der Führungskraft

Die Rolle der Führungskraft beschreibt die übergeordnete Funktion und Position, die eine Führungskraft innerhalb einer Organisation einnimmt. Sie umfasst nicht nur die konkreten Aufgaben, die eine Führungskraft erfüllt, sondern auch die Art und Weise, wie sie diese Aufgaben wahrnimmt und ausführt. Die Rolle einer Führungskraft ist dabei eng mit der Wahrnehmung der Mitarbeitenden verbunden und wird durch die Werte, die Verhaltensweisen und die sozialen Interaktionen der Führungskraft geprägt. Führungskräfte sind nicht nur „Macher", sondern auch **Gestalter von Beziehungen** und **Vorbilder** (Friedel-Howe, 1993, S. 142).

Führungskräfte in Pflegeeinrichtungen stehen vor der Herausforderung, einer Vielzahl von Erwartungen gerecht zu werden. Ihre Rolle wird oft von den Mitarbeitenden und der Organisation unterschiedlich wahrgenommen und ist stark von den jeweiligen Anforderungen und der Unternehmenskultur abhängig. Eine Führungskraft muss in der Lage sein, eine Balance zwischen fachlicher Kompetenz und sozialen Fähigkeiten zu finden, um in ihrer Rolle erfolgreich zu agieren.

Die Rolle einer Führungskraft lässt sich durch mehrere Schlüsselfunktionen und Erwartungen beschreiben:

- **Vorbildfunktion**: Führungskräfte sollten stets Vorbilder für ihre Mitarbeitenden sein. Sie repräsentieren die Werte und Normen der Organisation und leben ethische Werte, Integrität und Verlässlichkeit vor. In der Pflege ist dies besonders wichtig, da Mitarbeitende in einem anspruchsvollen Umfeld arbeiten und eine Führungskraft durch ihr Verhalten Vertrauen und Respekt aufbauen muss (Pircher-Friedrich, 2001).
- **Visionär**: Eine Führungskraft muss in der Lage sein, eine langfristige Vision für die Organisation zu entwickeln und diese Vision klar und inspirierend zu kommunizieren. Sie sollte ihre Mitarbeitenden motivieren, diese Vision zu verfolgen und ein gemeinsames Ziel zu erreichen. In Pflegeeinrichtungen kann dies bedeuten, dass die Führungskraft

eine klare Vorstellung von der zukünftigen Ausrichtung der Pflegequalität und der Teamkultur hat und diese aktiv mitgestaltet (Kotter, 1990, S. 3; Wagner, 2007, S. 76).

- **Koordinator und Moderator**: Führungskräfte übernehmen die Rolle des Moderators, insbesondere in komplexen und oft stressigen Arbeitsumfeldern wie in Pflegeeinrichtungen. Sie sind dafür verantwortlich, Konflikte zu lösen, Teamarbeit zu fördern und eine konstruktive Zusammenarbeit sicherzustellen. Dies erfordert nicht nur organisatorische Fähigkeiten, sondern auch eine hohe soziale Kompetenz, um die verschiedenen Interessen und Perspektiven der Mitarbeitenden zu (Wöhe, 2005, S. 185).
- **Mentor und Coach**: Eine Führungskraft nimmt auch eine unterstützende Rolle ein, indem sie ihre Mitarbeitenden individuell fördert und ihre Potenziale entfaltet. In der Pflege bedeutet dies, dass Führungskräfte ihre Mitarbeitenden nicht nur bei der fachlichen Entwicklung unterstützen, sondern auch als Coaches in persönlichen und beruflichen Fragen zur Seite stehen. Sie tragen dazu bei, dass Mitarbeitende sich weiterentwickeln und ihre beruflichen Ziele erreichen können (Jung, 2017, S. 441).

Die Rolle der Führungskraft ist somit nicht nur auf die Erfüllung von Aufgaben beschränkt, sondern umfasst auch die Art und Weise, wie diese Aufgaben erfüllt werden. Sie ist geprägt von der Fähigkeit, sowohl **aufgabenorientiert** als auch **personenorientiert** zu führen. Führungskräfte in Pflegeeinrichtungen müssen ihre Rolle kontinuierlich reflektieren und an die jeweiligen Anforderungen der Organisation und ihrer Mitarbeitenden anpassen (Wagner, 2007, S. 76).

Zur Erfüllung ihrer Aufgaben stehen Führungskräften drei zentrale Säulen der Macht zur Verfügung: **Positionsmacht**, **Fachautorität und Persönlichkeitsautorität**. Diese drei Machtkomponenten beeinflussen maßgeblich das Führungsverhalten und den Führungsstil einer Führungskraft. Die **Positionsmacht** ergibt sich aus der formalen Autorität, die mit der Position verbunden ist. **Fachautorität** basiert auf der fachlichen Kompetenz und Erfahrung der Führungskraft, während **Persönlichkeitsautorität** sich aus den persönlichen Eigenschaften und der Vorbildwirkung der Führungskraft ableitet (Pircher-Friedrich, 2001). In der Praxis bedeutet dies, dass Führungskräfte ihre verschiedenen Machtressourcen geschickt kombinieren sollten, um ihre Mitarbeitenden effektiv zu führen und zu motivieren.

Besonders in der Pflege ist die **Verknüpfung von prozessual-technischen Fähigkeiten und sozialen Kompetenzen** entscheidend. Führungskräfte müssen nicht nur die fachlichen Anforderungen der Pflege erfüllen, sondern auch die sozialen Bedürfnisse und das Wohlbefinden ihrer Mitarbeitenden im Blick haben. Diese Doppelrolle erfordert eine hohe **Anpassungsfähigkeit** und die Fähigkeit, das Führungsverhalten je nach Situation und den Bedürfnissen des Teams flexibel zu gestalten (Jung, 2017, S. 441).

► Die Führungsrolle in der Pflege geht also weit über die reine Aufgabenerfüllung hinaus. Sie umfasst die Fähigkeit, als Vorbild zu agieren, eine klare Vision zu entwickeln, das Team zu koordinieren und die Mitarbeitenden als Mentor und Coach zu unterstützen. Führungskräfte sollten ihre Rolle kontinuierlich reflektieren und an die spezifischen Anforderungen ihrer Organisation und ihrer Mitarbeitenden anpassen.

3.1.3 Führungskompetenzen

Führungskompetenzen sind eine essenzielle Voraussetzung für den Erfolg von Führungskräften in Pflegeeinrichtungen, da sie eine effektive Steuerung komplexer Arbeitsprozesse, die Motivation der Mitarbeitenden sowie eine nachhaltige Organisationsentwicklung ermöglichen. Die Anforderungen an Führungskräfte in der Pflege haben sich in den letzten Jahrzehnten erheblich gewandelt, sodass neben fachlicher Expertise zunehmend soziale, kommunikative und strategische Fähigkeiten in den Fokus rücken. Die fortschreitende Ökonomisierung, der Fachkräftemangel und die hohe soziale Komplexität der Arbeitsumgebung erfordern eine Weiterentwicklung traditioneller Führungskonzepte.

Herausforderungen und Anforderungen an Führungskompetenzen in der Pflege
Laut den Ergebnissen der Forschungsarbeit von de la Barré, Sorge & Schöner (2023) lassen sich zentrale Herausforderungen für Führungskräfte in der Pflege in vier Bereichen identifizieren:

1. **Hohe Anforderungskomplexität**: Die Kombination von Management-, Führungs- und fachlichen Aufgaben stellt hohe Anforderungen an Führungskräfte. Die gezielte Qualifizierung für diese Aufgaben ist daher essenziell.
2. **Soziale Komplexität**: Der hohe Grad an zwischenmenschlichen Interaktionen, die unterschiedlichen Erwartungshaltungen von Mitarbeitenden, Patientinnen und Angehörigen sowie die Rahmenbedingungen des Schichtbetriebs erfordern ausgeprägte kommunikative und empathische Fähigkeiten.
3. **Unvorhersehbarkeit**: Plötzliche Krisen und Notfälle sind in der Pflege allgegenwärtig. Führungskräfte müssen in der Lage sein, flexibel zu reagieren und handlungsfähige Teams zu koordinieren.
4. **Selbstfürsorge und Resilienz**: Die psychischen und physischen Belastungen in der Führung erfordern eine bewusste Auseinandersetzung mit Selbstfürsorge und Strategien zur Stressbewältigung.

Komponenten erfolgreicher Führung
Aufbauend auf diesen Herausforderungen wurden im Rahmen der Forschung fünf zentrale Führungskompetenzen für Führungskräfte in der Pflege identifiziert:

1. **Werteorientierung**: Führungskräfte sollten eine klare Wertehaltung haben und diese authentisch vorleben. Dazu gehören Authentizität, Transparenz, Gerechtigkeit und Wertschätzung gegenüber den Mitarbeitenden.
2. **Motivation & Begeisterung**: Die Fähigkeit, Sinnhaftigkeit in der Arbeit zu vermitteln, fördert die intrinsische Motivation der Mitarbeitenden und stärkt ihre Identifikation mit der Organisation.
3. **Individuelle Berücksichtigung**: Eine gute Führungskraft erkennt die individuellen Stärken und Bedürfnisse der Mitarbeitenden und schafft Bedingungen, die eigenverantwortliches Handeln und selbstbestimmte Arbeitsgestaltung ermöglichen.

4. **Persönliche Widerstandsfähigkeit**: Um eine langfristig nachhaltige Führungsrolle zu erfüllen, müssen Führungskräfte in der Lage sein, ihre eigene physische und psychische Gesundheit zu schützen und dadurch auch als Vorbild für ihr Team zu agieren.
5. **Soziale & empathische Kompetenz**: Eine offene, empathische Kommunikation und Konfliktlösungsfähigkeit sind essenziell, um eine kooperative und lösungsorientierte Teamkultur zu etablieren.

Entwicklung von Führungskompetenzen

Die Identifikation dieser Kernkompetenzen zeigt, dass die Rolle von Führung sich im Laufe der Zeit weiterentwickelt hat – von einem traditionellen, managementorientierten Ansatz hin zu einem modernen Leadership-Paradigma. In diesem Kontext wird die Führungskraft nicht mehr nur als Vorgesetzte, sondern als Vorbild, Coach, Visionär und Koordinator gesehen. Dieser Wandel erfordert eine Erweiterung des Kompetenzspektrums und eine stärkere Fokussierung auf zwischenmenschliche und strategische Fähigkeiten.

Das Führungskompetenzmodell nach Rudolph und de la Barré

Das Führungskompetenzmodell nach Rudolph und de la Barré (s. Abb. 3.1) bietet in Anknüpfung an die identifizierten Kompetenzanforderungen eine systematische Übersicht

Abb. 3.1 Führungskompetenzmodell. (Eigene Darstellung)

über die vielfältigen Fähigkeiten, die eine Führungskraft auszeichnen. Es verdeutlicht, dass fachliche und personale Kompetenzen allein nicht mehr ausreichen, um eine effektive Führung sicherzustellen. Vielmehr sind zusätzlich sozial-kommunikative, Veränderungs- und Gesundheitskompetenzen erforderlich.

Diese erweiterten Fähigkeiten ermöglichen es, Herausforderungen wie Fachkräftemangel, hohe Arbeitsbelastung und anspruchsvolle Arbeitsbedingungen erfolgreich zu bewältigen.

Das Modell umfasst mehrere Schlüsselkompetenzen, die im Folgenden näher erläutert werden:

1. **Soziale Kompetenz** beschreibt die Fähigkeit einer Führungskraft, positive und vertrauensvolle Beziehungen zu Mitarbeitenden und anderen Beteiligten aufzubauen und zu pflegen. Eine sozial kompetente Führungskraft agiert konstruktiv in Konflikten, indem sie deren Ursachen analysiert, Kompromisse sucht und tragfähige Lösungen entwickelt, die für alle Beteiligten von Vorteil sind.

   Ein wesentlicher Bestandteil sozialer Kompetenz ist die emotionale Intelligenz. Sie zeigt sich in der Fähigkeit, die eigenen Emotionen bewusst wahrzunehmen und zu regulieren – insbesondere in stressigen oder herausfordernden Situationen. Dadurch bleibt die Führungskraft auch unter Druck handlungsfähig und besonnen. Emotional intelligente Führungskräfte motivieren sich selbst, bleiben zielorientiert trotz Rückschlägen und behalten stets den Fokus. Gleichzeitig gelingt es ihnen, die Emotionen anderer wahrzunehmen und angemessen darauf zu reagieren. Durch Empathie – also die Fähigkeit, sich in die Gedanken und Gefühle anderer hineinzuversetzen – stärken sie Vertrauen und schaffen eine wertschätzende Kommunikationsbasis.

   Darüber hinaus zeichnet sich soziale Kompetenz durch aktives Zuhören aus. Dies ermöglicht ein tiefes gegenseitiges Verständnis und schafft Raum für offene, konstruktive Dialoge. Eine Führungskraft, die aufmerksam zuhört und respektvoll agiert, trägt dazu bei, ein Klima der Kooperation und Zusammenarbeit zu fördern. So gelingt es, unterschiedliche Perspektiven zu integrieren und Teams zu motivieren, gemeinsam an einem Ziel zu arbeiten.
2. **Fachkompetenz** beschreibt das fundierte Wissen, die Qualifikationen und die praktische Erfahrung einer Führungskraft in ihrem jeweiligen Fachgebiet. Diese Grundlage ist entscheidend, um die anstehenden Aufgaben sicher und kompetent zu bewältigen. Eine Führungskraft zeichnet sich in diesem Bereich durch umfassendes Fachwissen aus, das es ihr ermöglicht, fundierte Entscheidungen zu treffen und klare Handlungsanweisungen zu geben.

   Darüber hinaus verfügt sie über umfangreiche praktische Erfahrungen, die es ihr erlauben, theoretis\ches Wissen erfolgreich in die Praxis zu übertragen. Sie agiert eigenständig und verantwortungsbewusst, indem sie berufliche Anforderungen strukturiert angeht und zielorientierte Lösungen entwickelt. Die Fähigkeit, Herausforderungen analytisch zu durchdringen und situationsgerecht zu reagieren, stärkt nicht nur die Glaubwürdigkeit der Führungskraft, sondern schafft auch Vertrauen im Team und bei anderen Stakeholdern.

3. **Kommunikationskompetenz** einer Führungskraft zeigt sich in ihrer Fähigkeit, effektiv zu kommunizieren und gleichzeitig starke zwischenmenschliche Beziehungen aufzubauen. Dies umfasst insbesondere die Fähigkeit, flexibel und strategisch in Verhandlungen zu agieren, um für alle Beteiligten vorteilhafte Ergebnisse zu erzielen.

   Eine kompetente Führungskraft versteht es, Inhalte und Ideen klar, strukturiert und überzeugend darzustellen und dabei verschiedene Präsentationstechniken wirkungsvoll einzusetzen. Ebenso zeichnet sie sich durch ihre rhetorische Stärke aus, mit der sie durch den geschickten Einsatz von Sprache und Emotionen überzeugen und Einfluss nehmen kann. Darüber hinaus ist sie in der Lage, konstruktives Feedback zu geben und anzunehmen, wodurch sie die Kommunikation innerhalb des Teams stärkt und die Zusammenarbeit fördert.

   Insgesamt trägt diese umfassende Kommunikationskompetenz wesentlich dazu bei, eine vertrauensvolle und produktive Arbeitsatmosphäre zu schaffen und die Zielerreichung der Organisation zu unterstützen.
4. **Gesundheitskompetenz** einer Führungskraft umfasst das Verständnis und die Fähigkeit, die Gesundheit und das Wohlbefinden der Mitarbeitenden aktiv zu fördern und zu unterstützen.

   Eine kompetente Führungskraft lebt selbst einen gesunden Lebensstil vor und motiviert ihre Beschäftigten dazu, ebenfalls auf eine ausgewogene Ernährung, regelmäßige Bewegung und ausreichende Erholungsphasen zu achten. Sie erkennt Stressoren am Arbeitsplatz und leitet gezielt Maßnahmen ein, um diese zu reduzieren und die Belastung ihrer Mitarbeitenden zu minimieren. Dabei stärkt sie die Ressourcen ihres Teams, indem sie individuelle Stärken erkennt und fördert sowie ein unterstützendes und wertschätzendes Arbeitsumfeld schafft. Darüber hinaus zeigt sich Gesundheitskompetenz in der Fähigkeit, Selbst- und Stressmanagement erfolgreich anzuwenden, Herausforderungen effektiv zu bewältigen und gesunde Arbeitsgewohnheiten zu etablieren.

   Eine resiliente Führungskraft entwickelt mentale Stärke, betrachtet Rückschläge als Chancen zur Weiterentwicklung und unterstützt ihr Team dabei, ebenfalls resilient zu handeln. Indem sie Selbstfürsorge bewusst vorlebt – durch die Pflege der eigenen physischen und psychischen Gesundheit, die Einhaltung von Pausen und die Vermeidung von Überlastung – vermittelt sie, wie wichtig die Balance zwischen beruflichen Anforderungen und persönlichem Wohlbefinden für eine nachhaltige Leistungsfähigkeit ist.
5. **Problemlösungskompetenz** einer Führungskraft beinhaltet die Fähigkeit, komplexe Probleme systematisch zu identifizieren, gründlich zu analysieren und zielgerichtete Lösungen zu entwickeln.

   Eine Führungskraft zeigt Kompetenz in diesem Bereich, wenn sie analytisches, logisches und zielorientiertes Denken einsetzt. Dabei sammelt sie relevante Informationen, erkennt Zusammenhänge und identifiziert die Ursachen von Problemen, um sachliche und strukturierte Lösungswege zu erarbeiten.

Sie ist in der Lage, Prioritäten zu setzen, indem sie die verschiedenen Aspekte eines Problems koordiniert und deren Dringlichkeit und Bedeutung einschätzt. Diese Einschätzungen nutzt sie, um Ressourcen effektiv zuzuteilen und sicherzustellen, dass Probleme zeitnah und effizient gelöst werden. Zudem zeigt sie Kreativität in der Lösungsfindung, indem sie innovative Ansätze verfolgt und diese in praktikable Strategien umsetzt. Dabei bezieht sie unterschiedliche Perspektiven ein, um praxisorientierte und nachhaltige Lösungen zu entwickeln, die den spezifischen Herausforderungen gerecht werden.

6. **Personale Kompetenz** einer Führungskraft beschreibt die Fähigkeit, Mitarbeitende zu motivieren, Entscheidungen durchzusetzen, Eigenverantwortung zu übernehmen und Aufgaben effektiv zu organisieren.

   Eine kompetente Führungskraft inspiriert ihre Mitarbeitenden dazu, ihre Leistung zu steigern und gesteckte Ziele zu erreichen, indem sie individuelle Bedürfnisse erkennt und gezielt Anreize setzt, um Engagement und Zufriedenheit zu fördern. Sie zeigt Durchsetzungsvermögen, trifft klare Entscheidungen und setzt diese konsequent um, auch in herausfordernden Situationen, wobei sie ihre Überzeugungen und Interessen entschieden vertritt.

   Zugleich übernimmt eine kompetente Führungskraft Verantwortung für ihr eigenes Handeln, reflektiert ihre Entscheidungen und erledigt ihre Aufgaben eigenständig und zuverlässig. Sie agiert mit Initiative und Engagement, um die definierten Ziele zu erreichen. Ihre Organisationsfähigkeit zeigt sich darin, dass sie ihre Zeit effizient einteilt, klare Prioritäten setzt und Aufgaben strukturiert angeht. Dabei behält sie den Überblick über komplexe Arbeitsabläufe und sorgt für eine effektive Koordination innerhalb des Teams sowie eine optimale Nutzung der verfügbaren Ressourcen.

7. **Veränderungskompetenz** einer Führungskraft zeigt sich in ihrer Fähigkeit, Veränderungen in der Arbeitsumgebung oder im Marktumfeld frühzeitig zu erkennen, anzunehmen und aktiv zu gestalten.

   Eine kompetente Führungskraft zeigt dabei eine ausgeprägte Bereitschaft zu lebenslangem Lernen, indem sie offen für neue Ideen, Konzepte und Technologien ist. Sie erweitert kontinuierlich ihr Wissen und ihre Fähigkeiten, um den sich wandelnden Anforderungen gerecht zu werden und diese erfolgreich zu bewältigen.

   Flexibilität ist ein zentrales Merkmal, das es ihr ermöglicht, anpassungsfähig zu bleiben und agil auf Veränderungen zu reagieren. Sie ist bereit, ihre Denkweisen, Arbeitsmethoden und Strategien zu hinterfragen und anzupassen, um innovative Lösungen zu finden und auf neue Anforderungen effektiv einzugehen. Dabei beweist sie auch eine hohe Anpassungsfähigkeit, die es ihr erlaubt, sich rasch auf neue Situationen einzustellen und unvorhergesehene Herausforderungen erfolgreich zu meistern. In diesem Zusammenhang fließt die Revidierbarkeitskompetenz einer Führungskraft ein, die es ihr ermöglicht, getroffene Entscheidungen und Strategien kritisch zu reflektieren und bei Bedarf anzupassen. Sie ist offen für Feedback und nutzt dies, um kontinuierlich Verbesserungspotenziale zu erkennen und umzusetzen, wodurch sie eine nachhaltige und zukunftsorientierte Arbeitsweise sicherstellt.

▶ Zusammenfassend bietet das Führungskompetenzmodell einen umfassenden Überblick über die verschiedenen Führungskompetenzen, die für die Leitung von Gesundheits- und Pflegeeinrichtungen unerlässlich sind. Es zeigt auf, dass erfolgreiche Führung weit über fachliche Kenntnisse hinausgeht und ein breites Spektrum an Fähigkeiten erfordert, um den sich ständig wandelnden Anforderungen des Gesundheitswesens gerecht zu werden.

3.2 Die verschiedenen Führungstheorien

Das Verständnis von Führung hat sich im Laufe der Zeit kontinuierlich weiterentwickelt und wird maßgeblich durch den Zeitgeist, technische Fortschritte und gesellschaftliche Wertvorstellungen geprägt. Im Kern der Führungsforschung steht die Frage: Was macht gute Führung aus, und welche Faktoren sind dafür entscheidend?

Die ersten Führungstheorien entstanden während der maschinellen Massenproduktion im 20. Jahrhundert. Sie richteten den Fokus vor allem auf Eigenschaften, Verhaltensweisen und Führungsstile von Führungskräften. Traditionelle Führungskonzepte lassen sich dabei in Eigenschafts-, Verhaltens- und Situationstheorien unterteilen (Franken, 2022).

Dieses Kapitel zeichnet die Entwicklung von den traditionellen hin zu modernen Führungskonzepten nach. Im Fokus stehen die Eigenschaftstheorie und die Skills-Theorie als Ausgangspunkte sowie die transformationale und beziehungsorientierte Führung, die ein vertieftes Verständnis guter Führung im Gesundheitswesen ermöglichen. Darüber hinaus werden aktuelle Ansätze wie die digitale transformationale Führung, gesunde Führung, Servant Leadership und agile Führungsansätze untersucht, um den Facettenreichtum moderner Führungstheorien zu verdeutlichen.

3.2.1 Eigenschaftstheorie

Die wissenschaftliche Auseinandersetzung mit Führung begann historisch mit der Frage, welche persönlichen Eigenschaften charakteristisch für erfolgreiche Führungspersönlichkeiten sind. Die sogenannte Great-Man-Theory postulierte, dass Führungserfolg ausschließlich von angeborenen Eigenschaften abhängt, die nur einer begrenzten Anzahl von Menschen vorbehalten sind (Hentze, 1994, S. 179 ff.). Diese Theorie nahm an, dass Führungsqualitäten nicht erlernbar, sondern allein durch Geburt bestimmt seien.

Auf der Grundlage der Great-Man-Theory entwickelte sich die Trait-Theory (Eigenschaftstheorie), die die Betrachtung erweiterte. Zwar ging sie weiterhin davon aus, dass erfolgreiche Führungskräfte über spezifische physische oder psychologische Merkmale verfügen, erkannte jedoch, dass viele dieser Eigenschaften auch erlernt oder entwickelt werden können. Empirische Untersuchungen identifizierten eine Vielzahl von Persönlichkeitsmerkmalen, die mit Führungserfolg korrelieren. Zu diesen zählen Intelligenz, Energie, sozialer Status, Leistungsmotivation, Dominanz, Selbstvertrauen, soziale Fähigkeiten und Verantwortungsbewusstsein (Hentze, 1994, S. 182 f.).

Weitere Eigenschaften, die allgemein als förderlich für die Ausübung von Führung gelten, umfassen Durchsetzungsfähigkeit, Dynamik, Risikobereitschaft, Selbstbeherrschung und Entscheidungsfähigkeit. Diese Merkmale werden jedoch häufig stereotypisch eher Männern zugeschrieben, was die Diskussion um Geschlechterrollen und Führungsstile beeinflusst. Moderne Ansätze der Eigenschaftstheorie betonen daher zunehmend die Bedeutung der Kontextabhängigkeit. Persönliche Eigenschaften allein genügen nicht, um Führungserfolg zu garantieren. Vielmehr müssen sie in einem passenden organisatorischen und sozialen Umfeld wirksam eingesetzt werden.

3.2.2 Skills Theory

Mit der Entwicklung der Skills Theory (Fähigkeitstheorie) in der Mitte des 20. Jahrhunderts verlagerte sich der Fokus der Führungsforschung von angeborenen Eigenschaften hin zu Fähigkeiten, die erlernt und weiterentwickelt werden können. Yukl (2012, S. 44) identifizierte drei zentrale Kategorien von Führungskompetenzen:

Technical Skills: Fachliche Kompetenzen, die für die Ausführung spezifischer Aufgaben erforderlich sind.

1. **Interpersonal Skills:** Soziale und kommunikative Fähigkeiten, die den Aufbau und die Pflege zwischenmenschlicher Beziehungen unterstützen.
2. **Conceptual Skills:** Analytische und strategische Kompetenzen, die erforderlich sind, um komplexe Zusammenhänge zu verstehen und Entscheidungen zu treffen.

Rudolph und de la Barré verfolgen einen ähnlichen Ansatz und heben in ihrem Führungskompetenzmodell hervor, dass effektive Führung mehr als **fachliche** und **personale Kompetenzen** umfasst. Ergänzend zu diesen Fähigkeiten betonen sie die Bedeutung von:

- **Sozial-kommunikativen Kompetenzen,**
- **Gesundheitskompetenz,**
- **Problemlösungskompetenz,**
- **Veränderungskompetenz.**

Im Kontext des Pflegebereichs spielen diese Kompetenzen eine besondere Rolle. Angesichts hoher Arbeitsbelastung, anspruchsvoller Arbeitsbedingungen und Fachkräftemangels gewinnt insbesondere die **Förderung der Gesundheitskompetenz** zunehmend an Bedeutung. Führungskräfte in der Pflege müssen in der Lage sein, nicht nur die organisatorischen Herausforderungen zu bewältigen, sondern auch ein Arbeitsumfeld zu schaffen, dass die Gesundheit und das Wohlbefinden ihrer Mitarbeitenden fördert.

Moderne Führungskonzepte:
Die traditionellen Führungsansätze basierten vor allem auf den Anforderungen der mechanisierten Arbeitswelt, in der Führungskräfte in hierarchischen Strukturen tätig waren und vor allem auf Gehorsam sowie materielle Anreize setzten. Diese Ansätze führten häufig zu asymmetrischen Machtverhältnissen und einem autoritären Führungsstil (Franken, 2022, S. 46).

Mit dem Wandel der Arbeitswelt hin zur Automatisierung und Wissensarbeit veränderten sich jedoch die Anforderungen an Führungsstile grundlegend. Mitarbeitende verfügen heute oft über höhere Qualifikationen und arbeiten zunehmend eigenverantwortlich. Dadurch gewinnen unterstützende Rahmenbedingungen und die Förderung von Kreativität sowie Eigeninitiative an Bedeutung.

Neuere Führungskonzepte, die in den 1990er- und 2000er-Jahren entstanden, setzen weniger auf rein rationale Argumente. Stattdessen integrieren sie Erkenntnisse aus den Neurowissenschaften und legen Wert auf emotionale und unbewusste Prozesse. Als Ergebnis dieser Entwicklungen sind die neueren Führungskonzepte entstanden, zu denen vor allem symbolische, transaktionale/transformationale und emotionale Führung zählen (Franken, 2022, S. 46).

Im Folgenden wird die transformationale Führung näher beschrieben, da sie bis heute, als das verbreitetste und wissenschaftlich am häufigsten erforschte Führungsmodell und damit als Führungsstil der Moderne gilt (Winkler et al., 2020, S. 197).

3.2.3 Transformationale Führung

Konzept und Entwicklung
Die transformationale Führung wurde von Burns 1978 eingeführt, um einen Führungsstil zu beschreiben, der über die Erfüllung von Aufgaben und Zielen hinausgeht. Der zentrale Gedanke ist, dass Führungskräfte eine inspirierende Vision schaffen, die Mitarbeitende motiviert und langfristig auf eine gemeinsame Mission ausrichtet. Diese Vision dient als Orientierungspunkt für alle Handlungen innerhalb der Organisation und fördert ein kollektives Engagement (Yukl, 2012, S. 48).

Im Gegensatz zur transaktionalen Führung, die auf einem rationalen Austausch von Leistung und Belohnung basiert, zielt die transformationale Führung darauf ab, Grundeinstellungen und Werte der Mitarbeitenden nachhaltig zu verändern. Sie ermutigt diese, über ihre eigenen Interessen hinauszudenken und sich aktiv an der Umsetzung der Vision zu beteiligen (Stippler et al., 2011, S. 8).

Bass (1985) erweiterte das Konzept und hob hervor, dass die transformationale Führung besonders in dynamischen und komplexen Umfeldern effektiv ist. Sie ermöglicht es Organisationen, sich anzupassen und Wandel zu fördern, indem sie Mitarbeitende befähigt und inspiriert.

Kernelemente der transformationalen Führung

Die transformationale Führung basiert auf vier zentralen Dimensionen, die das Verhalten von Führungskräften und ihre Wirkung auf die Organisation prägen (Bass & Riggio, 2006):

1. **Idealisierter Einfluss (Charisma):** Führungskräfte wirken als Vorbilder, indem sie Vertrauen aufbauen und respektiert werden. Ihr Verhalten ist durch Authentizität und Integrität geprägt.
2. **Inspiration:** Visionen und klare Zielsetzungen schaffen Orientierung und motivieren die Mitarbeitenden, über sich hinauszuwachsen.
3. **Intellektuelle Stimulierung:** Führungskräfte fördern Kreativität und Innovation, indem sie Mitarbeitende dazu ermutigen, bestehende Prozesse kritisch zu hinterfragen und neue Lösungsansätze zu entwickeln.
4. **Individuelle Beachtung:** Die Bedürfnisse und Potenziale jedes Einzelnen werden berücksichtigt. Führungskräfte bieten gezielte Unterstützung und schaffen Möglichkeiten für persönliches Wachstum (Bass & Riggio, 2006).

Diese Dimensionen arbeiten zusammen, um eine Atmosphäre des Vertrauens und der Zusammenarbeit zu schaffen, in der sich Mitarbeitende als integraler Bestandteil der Organisation fühlen.

Transformationale Führung in der Pflegepraxis

Im Gesundheitswesen ist die transformationale Führung besonders relevant. Pflegekräfte arbeiten häufig unter hohem Druck und in anspruchsvollen Umfeldern, die starke Führungsqualitäten erfordern. Transformationale Führungskräfte können durch ihre Vision und ihr unterstützendes Verhalten das Wohlbefinden ihrer Teams fördern und die Qualität der Patientenversorgung steigern.

Pfaff und Braithwaite (2020, S. 3989) zeigten, dass transformational geführte Teams eine höhere Arbeitszufriedenheit und bessere Teamdynamik aufweisen. Mitarbeitende, die sich in Veränderungsprozesse eingebunden fühlen, entwickeln innovative Lösungen, die sowohl die Effizienz als auch die Qualität der Versorgung verbessern (Wagner et al., 2019). Zudem unterstützt diese Führungsform die Einführung neuer Technologien, da Mitarbeitende motivierter sind, Veränderungen zu akzeptieren und aktiv zu gestalten (Wackernagel & Haner, 2019, S. 25).

Kompetenzen für transformationale Führungskräfte

Um transformational zu führen, benötigen Führungskräfte spezifische Kompetenzen (Bass & Riggio, 2006; Franken, 2022):

- **Emotionale Intelligenz:** Die Fähigkeit, Emotionen bei sich selbst und anderen zu erkennen, zu verstehen und positiv zu beeinflussen, ist zentral für den Aufbau von Vertrauen und die Förderung von Zusammenarbeit.
- **Veränderungskompetenz:** Führungskräfte müssen flexibel und kreativ auf neue Herausforderungen reagieren und Veränderungsprozesse aktiv gestalten können.

- **Kommunikationsfähigkeit:** Eine klare und überzeugende Kommunikation ist entscheidend, um Visionen zu vermitteln und das Engagement der Mitarbeitenden zu stärken.
- **Selbstreflexion:** Regelmäßige Reflexion des eigenen Führungsverhaltens ermöglicht es, Schwächen zu erkennen und gezielt an der Weiterentwicklung zu arbeiten (Bass & Riggio, 2006; Franken, 2022).

Beispiele: Transformationale Führung in der Pflege

Eine Studie von Sorge et al. (2022) betont, dass transformational geführte Teams besser mit den Herausforderungen des Pflegealltags umgehen können. Führungskräfte, die nah an ihren Mitarbeitenden arbeiten, fördern eine Kultur der Wertschätzung und Motivation. Dies zeigt sich insbesondere in der Bereitschaft der Teams, innovative Ansätze und Technologien zu integrieren, was die Effizienz und Zufriedenheit steigert.

Im Kontext der digitalen Transformation wird die transformationale Führung ebenfalls als besonders wirkungsvoll angesehen. Führungskräfte, die Mitarbeitende inspirieren und ein klares Ziel vorgeben, fördern die Akzeptanz neuer Technologien und Methoden, was im Gesundheitswesen von zentraler Bedeutung ist (Wackernagel & Haner, 2019, S. 25).

Sollte dieser Führungsansatz auf Interesse stoßen, könnten die folgenden Podcast-Folgen für eine vertiefte Auseinandersetzung mit dem Thema hilfreich sein:

In der Folge **„Transformationale Führung in der Pflege“** von **pflegen-online – Der Podcast für die Pflege** geht es um die Anwendung der transformationalen Führung im Pflegebereich. Kirsten Gaede und ihre Gäste erläutern, wie dieser Führungsstil die Zusammenarbeit und Motivation der Pflegekräfte fördern kann und welche praktischen Herausforderungen dabei auftreten können. Mit dem QR-Code gelangen Sie direkt zum Podcast.

In der Folge **„Transformationale Führung & Pflegewissenschaft in der Praxis“** von **ÜG049** geht es um die Anwendung der transformationalen Führung in der pflegerischen Praxis. Sabine Brase erläutert, welche Herausforderungen dabei im Krankenhaus auftreten können und welchen Einfluss dieser Führungsstil auf Mitarbeitende und die Organisation hat. Im zweiten Teil der Folge spricht Rebekka Stetzenbach darüber, wie Pflegewissenschaft konkret in der praktischen Pflege eingesetzt werden kann. Scannen Sie den QR-Code, um den Podcast anzuhören. ◄

3.2.4 Digitale transformationale Führung

Die Digitalisierung betrifft auch die Führungsebene in Unternehmen und hat durch die Corona-Pandemie verstärkt Aufmerksamkeit erlangt, insbesondere im Zusammenhang mit dem Übergang vieler Beschäftigter ins Homeoffice. Es ist jedoch wichtig zu erkennen, dass digitale Führung mehr als nur die Anwendung von Technologien bedeutet. Eine erfolgreiche digitale Führung erfordert eine angepasste Arbeitsweise und authentische „Digital Leader", die den neuen Anforderungen gerecht werden und als Vorbilder agieren (Winkler et al., 2020, S. 191 ff.).

Digitale Führung geht über rein technisches Wissen hinaus. Sie beinhaltet das Führen von Teams auf Distanz und erfordert ein Verständnis für die Potenziale der Digitalisierung sowie die aktive Gestaltung des digitalen Wandels im Unternehmen (Winkler et al., 2020, S. 191 ff.).

In Anlehnung an die nach Dörr et al. (2013, S. 249) bestehende Definition der Führung kann Digital Leadership so beschrieben werden, dass Führungskräfte ihre Mitarbeitenden gezielt beeinflussen, motivieren und in die Lage versetzen, die gemeinsamen Ziele der Organisation im Kontext der Digitalisierung zu erreichen. Charakteristika für die Arbeit in digitalen Teams sind:

- Geringerer persönlicher Kontakt,
- Isolierte Arbeitsumgebungen der Teammitglieder,
- Vorherrschende virtuelle Kommunikation (z. B. per E-Mail, Telefon, Videokonferenzen, Slack & Co.),
- Schwierigkeiten für Führungskräfte bei der Leistungsbeurteilung der Mitarbeitenden,
- Mangel an informellem Informationsaustausch,
- Erhöhte Wahrscheinlichkeit für Missverständnisse,
- Ort- und zeitunabhängige Zusammenarbeit,
- Aufeinandertreffen verschiedener kultureller Hintergründe.

Nach Winkler, Heim und Heinz (2020, S. 199 ff.) basiert die digitale transformationale Führung auf den Prinzipien der transformationalen Führung, welches an die Anforderungen der digitalen Arbeitswelt angepasst wurde. Das digitale Führungskonzept konzentriert sich auf Menschenorientierung, Kommunikationsfähigkeit, Vernetzungsfähigkeit, Vertrauensbildung und Transparenz. Kommunikation ist dabei entscheidend, um Mitarbeitende zu motivieren und zu inspirieren. Transparenz spielt eine wichtige Rolle, um Ziele und Visionen des Unternehmens zu vermitteln.

Ein neuer Aspekt ist die Vernetzungsfähigkeit, die durch ein „digitales Mindset" ermöglicht wird und die Distanz zwischen Führungskräften und Mitarbeitenden verringert (s. Abb. 3.2).

Darüber hinaus beinhaltet die digitale transformationale Führung integrative Unterstützung, um den Mitarbeitenden bei der Arbeit in der digitalen Netzwerkökonomie zu unterstützen. Dies umfasst die Förderung von Selbstkompetenz und die Schaffung einer Vertrauenskultur, die auf Empowerment basiert (Winkler et al., 2020, S. 199 ff.).

Abb. 3.2 Digitale transformationale Führung (5 I's). (Eigene Darstellung)

Relevanz digitaler Führung im Gesundheits- und Pflegebereich:
Die digitale Führung spielt eine zunehmend wichtige Rolle in Gesundheits- und Pflegeeinrichtungen, insbesondere angesichts der technologischen Entwicklungen und der steigenden Komplexität im Gesundheitswesen. Folgende Aspekte zeigen die Bedeutung digitaler Führung in diesen Einrichtungen:

- Effiziente Kommunikation zwischen den verschiedenen Abteilungen und Beschäftigten, unabhängig von räumlichen Distanzen.
- Einführung und Nutzung innovativer Technologien wie elektronische Patientenakten und Telemedizin, um die Qualität der Pflege zu verbessern.
- Schulung und Unterstützung der Mitarbeitenden, dass diese die erforderlichen (digitalen) Kompetenzen besitzen, um digitale Tools effektiv einzusetzen und Hindernisse zu überwinden.
- Führungskräfte müssen sicherstellen, dass alle digitalen Systeme den Datenschutzbestimmungen entsprechen und die Vertraulichkeit von Patientendaten gewährleistet ist.
- Strategische Ausrichtung einer klaren digitalen Strategie, um langfristige Ziele der Einrichtung zu erreichen und sich den sich ändernden Anforderungen im Gesundheitswesen anzupassen.

Diese Aspekte zusammen unterstützen Gesundheits- und Pflegeeinrichtungen dabei, sich den Herausforderungen der Digitalisierung anzupassen und innovative Lösungen für die Patientenversorgung zu entwickeln.

3.2.5 Beziehungsorientierte Führung

Die Theorie der beziehungsorientierten Führung wurde erstmals in den 1970er-Jahren populär und hat seitdem eine gewisse Kontinuität bewahrt. Sie wird jedoch ständig weiterentwickelt und an sich verändernde Arbeitsumgebungen und Organisationsstrukturen angepasst. Neue Forschungsergebnisse und Erkenntnisse führen zu einer kontinuierlichen Weiterentwicklung dieses Führungsansatzes, wobei moderne Interpretationen häufig Aspekte wie Empathie, offene Kommunikation, Vertrauen und Teamarbeit betonen.

In Cummings et al. (2018) wird der beziehungsorientierte Führungsansatz als ein entscheidender Bestandteil erfolgreicher Führungskräfte betrachtet. Die Autoren betonen die Bedeutung von zwischenmenschlichen Beziehungen am Arbeitsplatz und argumentieren, dass Führungskräfte, die in der Lage sind, positive Beziehungen zu ihren Mitarbeitenden aufzubauen und zu pflegen, bessere Ergebnisse erzielen können. Sie weisen ferner darauf hin, dass beziehungsorientierte Führungskräfte in der Lage sind, Vertrauen und Engagement unter den Teammitgliedern zu fördern, was wiederum zu einer verbesserten Leistung und Zufriedenheit führt. Sie betonen auch die Rolle der Empathie und des Einfühlungsvermögens bei der Schaffung einer unterstützenden Arbeitsumgebung, in der die Mitarbeitenden sich wertgeschätzt und gehört fühlen.

Darüber hinaus unterstreichen die Autoren die Bedeutung offener Kommunikation und transparenter Interaktionen zwischen Führungskräften und Mitarbeitenden im Rahmen des beziehungsorientierten Führungsansatzes. Sie argumentieren, dass eine klare und respektvolle Kommunikation das Vertrauen stärkt und die Zusammenarbeit fördert, was letztendlich zu einer positiven Organisationskultur beiträgt (Cummings et al., 2018).

Yukl (2012), S. 66 ff.) betonen die zentrale Rolle der zwischenmenschlichen Beziehungen und der emotionalen Intelligenz bei der Umsetzung des beziehungsorientierten Führungsansatzes. Sie argumentieren, dass eine starke Betonung auf die Pflege und Entwicklung von Beziehungen zu den Teammitgliedern und anderen Stakeholdern wesentlich für den langfristigen Erfolg einer Führungskraft ist.

Folgende Führungsverhaltensweisen lassen sich anhand der Führungstaxonomie nach Yukl (2012, S. 66 ff.) beschreiben:

Unterstützung:
- Zeigt Empathie für die Bedürfnisse und Gefühle der einzelnen Mitglieder
- Bietet Unterstützung an und ermutigt bei schwierigen oder stressigen Aufgaben
- Vermittelt Zuversicht, dass die Teammitglieder schwierige Aufgaben erfolgreich bewältigen können.

Weiterentwicklung:
- Gibt hilfreiches Feedback
- Bietet hilfreiche Karriere-Ratschläge
- Bestärkt Teammitglieder Möglichkeiten zur Weiterentwicklung der eigenen Kompetenzen zu nutzen

Anerkennung:
- Lobt effektive Leistung
- Erkennt Erfolge und Beiträge zur Organisation an
- Empfiehlt angemessene Belohnungen

Ermächtigung:
- Bezieht Mitglieder in wichtige arbeitsbezogene Entscheidungen mit ein und berücksichtigt ihre Vorschläge und Bedenken
- Überträgt Verantwortungen und Entscheidungsbefugnisse an Teammitglieder und erlaubt arbeitsbezogene Probleme ohne vorherige Abstimmung zu lösen (Yukl, 2012, S. 66 ff.).

Im Pflegekontext ist die Führung entscheidend für die Schaffung eines möglichst positiven Arbeitsumfelds für das häufig überlastete Pflegepersonal. Inwieweit Führung jedoch das Pflegepersonal positiv unterstützt, hängt von der Wahl des Führungsstils und der richtigen Ausführung ab.

Basierend auf den vorgestellten Führungsansätzen zeigen sich Parallelen zwischen der transformationalen und der beziehungsorientierten Führung. Beide Ansätze legen einen starken Schwerpunkt auf zwischenmenschliche Beziehungen und die Entwicklung einer positiven Arbeitsumgebung. Sowohl transformationale als auch beziehungsorientierte Führungskräfte streben danach, Vertrauen aufzubauen, ihre Teammitglieder zu motivieren und zu inspirieren sowie eine unterstützende Atmosphäre zu schaffen, in der Mitarbeitende ihr volles Potenzial entfalten können. Beide Ansätze betonen die Bedeutung des Empowerments von Mitarbeitenden und die Förderung einer offenen Kommunikation.

Studien zur Führung im Gesundheitswesen haben gezeigt, dass Führungsverhaltensweisen, die darauf ausgerichtet sind, die individuellen Bedürfnisse und Voraussetzungen stärker zu berücksichtigen und vertrauensvolle Beziehungen zwischen den Beteiligten aufzubauen, zu besseren Ergebnissen für das Pflegepersonal führen; und zwar sowohl in Bezug auf ihr Arbeitsumfeld, ihre Zufriedenheit und Leistung als auch für ihre persönliche Gesundheit und ihr Wohlbefinden (Cummings et al., 2018).

Die Arbeitszufriedenheit der Pflegekräfte wirkt sich wiederum auf die Absicht der Pflegekräfte aus, zu bleiben oder zu gehen. Zeigen Pflegekräfte eine hohe Bindung, beeinflusst dies die Sicherstellung der Pflege positiv, deren Qualität und somit auch das gesundheitliche Wohlergehen der gepflegten Personen (Aiken et al., 2002).

Somit ist es insbesondere die beziehungsorientierte Führung, welche einen positiven Einfluss auf die Arbeitszufriedenheit der Pflegekräfte hat (Cummings et al., 2018).

3.2.6 Gesunde Führung

Die moderne Arbeitswelt ist von demografischem Wandel, zunehmender Digitalisierung, Globalisierung und erhöhter Komplexität geprägt. Dies führt zu steigenden Arbeitsanforderungen, die Auswirkungen auf die Gesundheit haben können. Neben den physischen Belastungen nehmen zudem die psychischen Belastungen wie ständige Konzentration, Zeit- und Leistungsdruck, Multitasking und Unterbrechungen während der Arbeit an Bedeutung zu (Zok, 2016). Empirische Studien wie bspw. die von Magnusson Hanson et al. (2009) oder Rau et al. (2010) belegen den Zusammenhang zwischen verschiedenartigen psychischen Belastungen und psychischen Erkrankungen. Vor diesem Hintergrund ist es für Gesundheits- und Pflegeeinrichtungen von hoher Bedeutung die Gesundheit der Mitarbeitenden zu erhalten.

Neben den Arbeitsbedingungen wird zudem das individuelle Verhalten der einzelnen Führungskraft als maßgeblicher Einflussfaktor für die psychische Gesundheit der Mitarbeitenden beschrieben, wie verschiedene Studien zeigen. So hat die wissenschaftliche Studie von Kanste et al. (2007) gezeigt, dass die Arbeitszufriedenheit der Mitarbeitenden zu etwa 50 % durch das Verhalten der Führungskraft beeinflusst wird.

Eine weithin anerkannte Studie belegt, dass i. d. R. das Verhalten der Führungskräfte hauptverantwortlich für hohe Fehlzeiten ist. Führungskräfte nehmen ihre Fehlzeiten mit, wenn sie den Arbeitsplatz wechseln (Nieder, 2000). Im Gegensatz dazu lässt sich zeigen, wie positiv sich die Unterstützung durch Vorgesetzte auf die Gesundheit der Beschäftigten auswirkt. Beschäftigte, die angeben, häufig Unterstützung durch ihre Führungskraft zu erfahren, berichten gleichzeitig über deutlich weniger gesundheitliche Beschwerden (Lohmann-Haislah, 2012, S. 124).

Somit rückt das Führungsverhalten als maßgeblicher Faktor verstärkt in den Mittelpunkt der Diskussion über den Schutz und die Förderung der Gesundheit von Arbeitnehmern, sowohl in der Praxis als auch in der Forschung. Entsprechend nimmt das Thema "Gesunde Führung" kontinuierlich an Relevanz zu.

▶ **Definition** Gesunde Führung (Healthy Leadership) – Unter gesundheitsförderlichem Führen wird „[…] die Gesamtheit von Führungstechniken, -stilen und -verhaltensweisen verstanden, die sich am Wohlbefinden und der Gesundheit der Mitarbeiter orientieren und damit die zentrale Voraussetzung für leistungsfähige und leistungsbereite Mitarbeiter bilden." (Spieß & Stadler, 2007)

Modell der gesundheitsorientierten Führung:

Innerhalb der letzten zehn Jahre wurden verschiedene Konzepte zur gesunden Führung entwickelt, um die Gesundheit der Mitarbeitenden stärker in den Fokus zu rücken. Das Modell der gesundheitsorientierten Führung (Health-oriented Leadership = HoL) nach Franke et al. (2014) ist eines dieser Konzepte, welches theoretisch fundiert ist und sich in zahlreichen empirischen Überprüfungen bewährt hat (Arnold & Haun, 2023).

Abb. 3.3 zeigt das Modell der gesundheitsorientierten Führung (HoL), das im Fokus die Gesundheit sowohl der Führungskräfte, als auch der Mitarbeitenden hat, und dessen Herz die angestrebten Ergebnisse symbolisiert, nämlich die Gesundheit und das Wohlbefinden sowohl der Führungskräfte als auch der Mitarbeitenden.

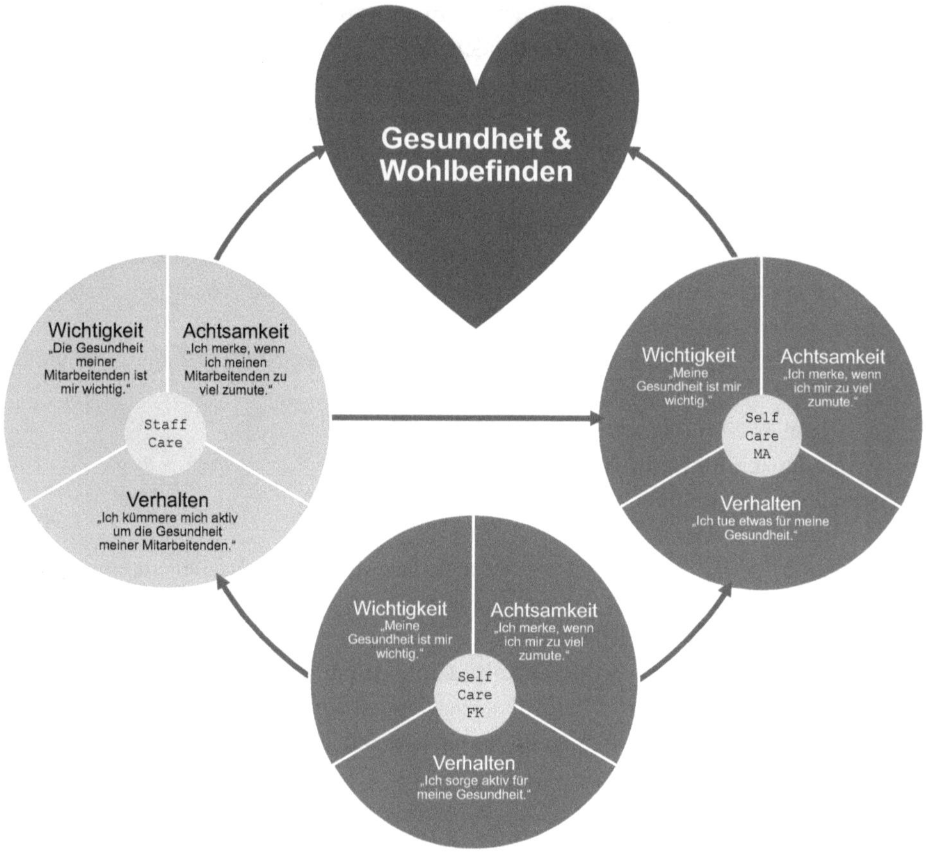

Abb. 3.3 Modell der gesundheitsorientierten Führung. (Eigene Darstellung)

Die Basis dieses Modells bildet die gesundheitsorientierte Selbstführung (Self Care) der Führungskräfte, welche die Aufmerksamkeit auf das Ausmaß lenkt, in dem Führungskräfte sich um ihre eigene Gesundheit kümmern. Diese Selbstführung ist von essenzieller Bedeutung, da Führungskräfte als Vorbilder für ihre Mitarbeitenden dienen und gesundheitsförderndes Verhalten am Arbeitsplatz vorleben können. Dies kann Mitarbeitende dazu anregen, vermehrt auf ihre Selbstfürsorge zu achten (Arnold & Haun, 2023).

In der Praxis manifestiert sich dieser Einfluss bspw. in der Frage der Work-Life-Balance. Wenn eine Führungskraft während ihres Urlaubs ständig erreichbar ist und sich um berufliche Angelegenheiten kümmert, kann dies bei den Mitarbeitenden den Eindruck erwecken, dass Ähnliches von ihnen erwartet wird. Selbst wenn die Führungskraft eigentlich möchte, dass ihre Mitarbeitenden sich im Urlaub erholen und wichtige Aufgaben delegieren, könnten sie dennoch dazu neigen, ihre Arbeit zu überwachen, inspiriert durch das Verhalten ihrer Führungskraft (Arnold & Haun, 2023).

Weiterhin bildet die Selbstfürsorge der Führungskraft die Grundlage für eine gesundheitsorientierte Führung der Mitarbeitenden, auch bekannt als Staff Care. Neueste Forschungsergebnisse bestätigen, dass die Gesundheit und das Wohlbefinden der Führungskräfte entscheidend dafür sind, wie sie ihre Mitarbeitenden führen können. Gemäß dem HoL-Modell beeinflusst die Selbstfürsorge der Führungskraft sowohl positiv ihre Staff Care als auch die Selbstfürsorge der Mitarbeitenden, ein Zusammenhang, der bereits durch diverse Studien gestützt wurde. Insbesondere der Zusammenhang zwischen der Staff Care und versch. Aspekten der körperlichen und psychischen Gesundheit der Mitarbeitenden, wie etwa einer verbesserten Work-Life-Balance, konnte in zahlreichen Studien belegt werden (Arnold & Haun, 2023).

Wichtige Bestandteile von Self Care und Staff Care umfassen drei Schlüsselpunkte:

- die Bedeutung der Gesundheit,
- die Achtsamkeit für Gesundheitssignale,
- Gesundheitsförderndes Verhalten (Arnold & Haun, 2023).

Im Rahmen der Selbstfürsorge bedeutet dies, dass die eigene Gesundheit einen hohen Stellenwert beimessen muss (Wichtigkeit), man achtsam für die Signale des eigenen Körpers sowie für Situationen und Rahmenbedingungen sein muss, die ein Risiko für die eigene Gesundheit darstellen (Achtsamkeit), und dass das Verhalten entsprechend angepasst werden sollte, z. B. durch bewusste Pausengestaltung, Veränderung der Arbeitsorganisation und Nutzung von Angeboten der Gesundheitsförderung im Unternehmen (gesundheitsbezogenes Verhalten) (Arnold & Haun, 2023).

Insgesamt bietet das Modell der gesundheitsorientierten Führung einen ganzheitlichen Ansatz zur Förderung von Gesundheit und Wohlbefinden am Arbeitsplatz. Durch die Stärkung der eigenen Selbstfürsorge schaffen Führungskräfte nicht nur ein unterstützendes Umfeld für ihre Mitarbeitenden, sondern fungieren auch als Vorbilder für gesundheitsförderliches Verhalten. Dies trägt zur Verbesserung der Gesundheit und des Wohlbefindens der gesamten Belegschaft bei und fördert langfristig den Erfolg des Unternehmens.

Kritisch anzumerken an diesem Modell ist, dass zusätzliche Einflussfaktoren auf die Gesundheit, wie Umweltbedingungen (z. B. Klima und Hitze), genetische Anlagen und soziale Einflussfaktoren (z. B. Bildungsstand) unberücksichtigt bleiben.

Relevanz für die Pflegepraxis

Gesunde Führung hat eine bedeutende Relevanz für die Pflegepraxis, da sie eine entscheidende Rolle im Umgang mit den Herausforderungen der modernen Arbeitswelt spielt. Besonders im Gesundheitswesen, das durch hohe Arbeitsbelastung, emotionale Anforderungen und komplexe Arbeitsbedingungen geprägt ist, kommt der Förderung der physischen und psychischen Gesundheit der Mitarbeitenden eine zentrale Bedeutung zu. Führungskräfte in der Pflege sind in diesem Kontext nicht nur für die fachliche und organisatorische Leitung verantwortlich, sondern auch für das Wohlbefinden ihrer Mitarbeitenden. Das Modell der gesundheitsorientierten Führung (HoL) zeigt, dass Führungskräfte durch gesundheitsförderliches Verhalten einen positiven Einfluss auf ihre Mitarbeitenden ausüben können.

In der Praxis bedeutet dies, dass Führungskräfte in der Pflege ein Arbeitsumfeld schaffen, dass die Gesundheit fördert, etwa durch flexible Arbeitszeiten, ausreichend Pausen und die Möglichkeit zur Erholung. Gleichzeitig sollten sie auf die psychischen Belastungen der Mitarbeitenden achten und Unterstützung anbieten, wenn nötig. Führungskräfte, die auf die Bedürfnisse ihrer Mitarbeitenden eingehen und auf die Signale der Überlastung oder Stress reagieren, tragen dazu bei, das Risiko von Burnout und anderen stressbedingten Erkrankungen zu verringern.

Zusammenfassend lässt sich sagen, dass gesunde Führung in der Pflege weit mehr ist als die reine Leitung von Teams. Sie erfordert ein hohes Maß an Empathie, Achtsamkeit und Verantwortungsbewusstsein gegenüber der physischen und psychischen Gesundheit der Mitarbeitenden. Führungskräfte, die diese Verantwortung ernst nehmen und gesundheitsförderliche Maßnahmen aktiv unterstützen, können nicht nur die Gesundheit ihrer Mitarbeitenden langfristig sichern, sondern auch die Motivation und Zufriedenheit im Team steigern, was sich positiv auf die gesamte Arbeitsqualität und die Zufriedenheit der Patient*innen auswirkt.

3.2.7 Servant Leadership

Der Begriff „Servant Leadership“, zu Deutsch „dienende Führung“, wurde in den 1970er-Jahren von Robert K. Greenleaf geprägt und hat sich seither zu einem weltweit anerkannten Führungsansatz entwickelt. Im Gegensatz zu den klassischen Führungsstilen wird Servant Leadership nicht als spezifische Technik oder Methode begriffen, sondern als umfassende Lebensphilosophie, die auf alle Menschen anwendbar ist (Frehner, 2023, S. 283).

Im Vergleich zu anderen Führungsmodellen fokussiert sich Servant Leadership nicht primär auf die Erreichung von Organisationszielen, sondern stellt das Wohl und die Entwicklung der Mitarbeitenden in den Mittelpunkt. Die Einnahme einer dienenden Haltung impliziert die Übernahme von Verantwortung für die Mitarbeitenden, die Gesellschaft und die Umwelt. Das Konzept betont zudem die Nachhaltigkeit des eigenen Handelns sowie die kontinuierliche persönliche Weiterentwicklung als zentralen Wert, der die hohe Reife eines Servant Leaders widerspiegelt (Schirmer & Woydt, 2023, S. 215).

Das zentrale Element dieser Führungsphilosophie ist das Bestreben, sich in den Dienst der Mitarbeitenden zu stellen und deren persönliche und berufliche Entwicklung sowie die Förderung ihres Wohlbefindens zur eigenen Hauptaufgabe zu machen (Frehner, 2023, S. 283). Der Servant Leader agiert folglich nicht nur als Unterstützer, sondern auch als Wegbereiter, welcher seine Mitarbeitenden dabei unterstützt, ihre Stärken zu entfalten. Sein eigenes Wohl ordnet er konsequent dem der Mitarbeitenden unter, wodurch er auf Führungsebene eine von Bescheidenheit geprägte Haltung einnimmt (Frehner, 2023, S. 283).

Die Konzeption des Servant Leadership basiert auf einer werteorientierten Grundhaltung, die sich in konkreten Verhaltensweisen manifestiert. Van Dierendonck und Nuijten (van Dierendonck & Nuitjen, 2010, S. 251 f.) haben das Konzept des "Servant Leadership" innerhalb der "Servant Leadership Survey" spezifiziert und acht zentrale Dimensionen formuliert, die den Führungsstil prägen:

1. **Empowerment (Übertragen von Verantwortung)**: Mitarbeitende werden ermutigt, eigenständig Entscheidungen zu treffen und Verantwortung zu übernehmen. Dies stärkt ihre Autonomie und Eigeninitiative.
2. **Accountability (Verantwortungszuschreibung)**: Neben der Übertragung von Aufgaben sind Mitarbeitende und Teams auch für deren Ergebnisse verantwortlich. Dies impliziert ebenfalls, dass die Mitarbeitenden wissen, was von Ihnen erwartet wird.
3. **Standing Back (Bescheidenheit)**: Servant Leader treten in den Hintergrund, um die Interessen der Mitarbeitenden in den Vordergrund zu stellen und ihre Erfolge zu würdigen.
4. **Humility (Demut)**: Sie zeigen eine realistische Selbsteinschätzung, erkennen eigene Schwächen an und ersuchen aktiv die Expertise und Stärken anderer, um ihre eigenen auszugleichen. Sie sind offen für Kritik und unterschiedliche Perspektiven.
5. **Authenticity (Authentizität)**: Authentisches Verhalten bedeutet, seine Persönlichkeit zu zeigen. Die eigenen Überzeugungen, Werte und Handlungen stehen kontinuierlich im Einklang miteinander.
6. **Courage (Mut)**: Mut ist essenziell für Innovation und Kreativität. Ein Servant Leader hat außerdem den Mut, proaktiv zu handeln und Risiken einzugehen, wenn diese zu Innovation und neuen Lösungen führen.
7. **Forgiveness (Versöhnlichkeit)**: Fehler von Mitarbeitenden werden nicht nur toleriert, sondern als Chance zur Weiterentwicklung genutzt. Ein Servant Leader pflegt eine konstruktive Fehlerkultur und besitzt ein hohes Maß an Empathie.
8. **Stewardship (Verantwortung)**: Servant Leader stellen das Wohl des Teams und der Organisation als erste Priorität über ihre eigenen Interessen und handeln stets im Sinne des Gemeinwohls.

Van Dierendonck & Nuijten betonen außerdem, dass Servant Leadership nicht nur von den Absichten der Führungskraft abhängt, sondern besonders von dem konkreten Verhalten, das in der Interaktion der Führungskraft mit den Mitarbeitenden sichtbar wird. Dienende Führung zeigt sich demnach durch ein Auftreten, das sich durch Demut und Authentizität auszeichnet, einem ausgeprägten Verantwortungsbewusstsein, in der Wertschätzung anderer, sowie in der Kompetenz, Mitarbeitenden Orientierung zu bieten (Schirmer & Woydt, 2023, S. 216).

Durch diese Werte und Prinzipien schafft Servant Leadership ein Arbeitsumfeld, in dem Vertrauen, Engagement und Zusammenhalt im Team entstehen. Servant Leader tragen ebenfalls maßgeblich dazu bei, dass Mitarbeitende sich stärker mit dem Unternehmen identifizieren, was die Bindung und Motivation dieser stärkt und auf langfristige Sicht zu gesteigerter Leistung führt (Schirmer & Woydt, 2023, S. 216).

Darüber hinaus unterstützt Servant Leadership die Entstehung engagierter Mitarbeitenden, die motiviert sind, eigenständig Verantwortung zu übernehmen. Im Idealfall wachsen diese Mitarbeitenden selbst zu dienenden Führungspersönlichkeiten heran und werden zu Multiplikator*innen der Philosophie dieses Ansatzes (Schirmer & Woydt, 2023, S. 215).

Umsetzung von Servant Leadership in der Pflege
Die Umsetzung des Servant Leadership-Ansatzes in der Pflege erfordert spezifische Strategien, die auf die Besonderheiten dieses Arbeitsfeldes abgestimmt sind. Angesichts der hohen emotionalen und physischen Belastungen in der Pflege sowie der oft herausfordernden Arbeitsbedingungen ist es entscheidend, dass Führungskräfte diesen Ansatz mit klaren Maßnahmen und praxisnahen Methoden verankern. Ziel ist es, eine Atmosphäre zu schaffen, die sowohl die Gesundheit der Mitarbeitenden fördert als auch die Qualität der Versorgung sichert. Führungskräfte können diesen Ansatz wie folgt praktisch anwenden:

- **Empowerment fördern:** Pflegekräfte sollten aktiv in Entscheidungsprozesse eingebunden werden, etwa bei der Gestaltung von Arbeitsplänen oder der Entwicklung neuer Pflegekonzepte. Die Einbindung stärkt nicht nur die Autonomie, sondern fördert auch das Verantwortungsbewusstsein und die Kreativität der Mitarbeitenden. Ein Team-Workshop könnte beispielsweise dazu genutzt werden, gemeinsam Prioritäten für die Patientenversorgung zu setzen und innovative Ansätze zu entwickeln, die auf den Erfahrungen und dem Wissen der Pflegekräfte basieren. Dieser partizipative Ansatz ermöglicht es, nachhaltige und praxisnahe Lösungen zu finden, die die Zufriedenheit des Teams erhöhen und gleichzeitig die Versorgungsqualität verbessern.
- **Wertschätzende Kommunikation etablieren:** Regelmäßige Feedbackgespräche und der offene Austausch über Herausforderungen stärken das Vertrauen und die Motivation der Mitarbeitenden. Hierbei kann die Methode der gewaltfreien Kommunikation angewandt werden, um Missverständnisse zu vermeiden und eine respektvolle Gesprächskultur zu fördern. Die Methode der wertschätzenden Kommunikation besteht aus vier zentralen Elementen:
  1. **Beobachtung:** Führungskräfte beschreiben Situationen neutral und sachlich, ohne Interpretationen oder Bewertungen. Dies schafft eine klare Grundlage und verhindert Missverständnisse.
  2. **Gefühle:** Emotionen werden offen und ehrlich ausgedrückt, wobei die Verantwortung für die eigenen Gefühle übernommen wird. Dies fördert eine empathische Atmosphäre.
  3. **Bedürfnisse:** Es werden die zugrunde liegenden Bedürfnisse klar benannt, um die eigenen Erwartungen und Hintergründe zu verdeutlichen.
  4. **Wünsche oder Bitten:** Abschließend werden konkrete, lösungsorientierte Bitten formuliert, die positiv und handlungsorientiert sind.

Durch die Anwendung dieser Schritte können Konflikte konstruktiv gelöst und das Arbeitsklima nachhaltig verbessert werden. Eine respektvolle Gesprächskultur schafft zudem ein Umfeld, in dem sich Mitarbeitende sicher fühlen und ihre Perspektiven einbringen können.

- **Fehlerkultur entwickeln:** Fehler als Lernmöglichkeiten zu begreifen, ist ein zentraler Bestandteil einer offenen und konstruktiven Organisationskultur. Im Kontext des Servant Leadership wird der Fokus daraufgelegt, Fehler nicht als persönliches Versagen, sondern als Chance zur Weiterentwicklung zu betrachten. Führungskräfte spielen hierbei eine entscheidende Rolle, indem sie eine Umgebung schaffen, in der Fehler offen angesprochen und reflektiert werden können.

  Eine wirksame Fehlerkultur erfordert klare Prinzipien:

  1. **Offenheit und Transparenz:** Pflegekräfte müssen ermutigt werden, Fehler ohne Angst vor Sanktionen zu benennen. Dies schafft die Grundlage für eine kollektive Fehleranalyse und präventive Maßnahmen.
  2. **Lernorientierung:** Fehler werden systematisch analysiert, um Erkenntnisse für die Verbesserung von Prozessen und Strukturen zu gewinnen. Dies stärkt das Bewusstsein für Qualität und Sicherheit im Pflegealltag.
  3. **Verantwortung teilen:** Führungskräfte betonen, dass Fehler häufig im Kontext systemischer Herausforderungen auftreten, und fördern so ein kooperatives Problemlösungsverständnis.

  Diese Elemente tragen dazu bei, das Vertrauen zwischen Führungskräften und Mitarbeitenden zu stärken und die Resilienz des Teams zu fördern. Im Pflegebereich ist dies besonders wichtig, da Fehler direkte Auswirkungen auf die Patientenversorgung haben können. Eine konstruktive Fehlerkultur unterstützt die kontinuierliche Verbesserung von Arbeitsprozessen und trägt zur langfristigen Qualitätssicherung bei.

- **Resilienzförderung:** Die dienende Haltung gegenüber den Mitarbeitenden eröffnet Führungskräften die Möglichkeit, Maßnahmen zur Förderung von Resilienz und mentaler Gesundheit gezielt in den Fokus zu rücken. Dies erlangt insbesondere in einem Berufsfeld wie der Pflege, welches durch signifikante emotionale Belastungen, eine hohe Arbeitsintensität sowie das Risiko eines Burnouts geprägt ist, eine hohe Relevanz (Helmold & Dathe, 2023, S. 77).

  Die Förderung von Resilienz wird folglich zu einem integralen Bestandteil des Servant Leadership-Ansatzes, indem Führungskräfte ihre Mitarbeitenden aktiv dabei unterstützen, psychische Widerstandskraft aufzubauen und die Herausforderungen des Pflegealltags erfolgreich zu bewältigen.

  Wie Führungskräfte die Resilienz ihrer Mitarbeitenden fördern können, wird näher in Abschn. 4.9 erläutert. Es wird zudem empfohlen, dass Führungskräfte sowie ihre Teams und Mitarbeitenden an Fortbildungen und Workshops zur Förderung der Resilienz teilnehmen. Darüber hinaus sollte die Etablierung gesundheitsförderlicher Strukturen innerhalb der Pflegeeinrichtung angestrebt werden.

Stärken des Ansatzes im Pflegekontext

Die Grundprinzipien des Servant Leadership – Demut, Empathie und Authentizität – decken sich eng mit den ethischen und zwischenmenschlichen Anforderungen in der Pflege. Pflegekräfte arbeiten in einem Umfeld, das durch intensive emotionale Belastungen und hohen physischen Anforderungen geprägt ist. Daher erfordert es Führungskräfte, die nicht nur die organisatorischen Abläufe steuern, sondern auch Verständnis für die Herausforderungen ihrer Mitarbeitenden aufbringen und eine Kultur der Wertschätzung etablieren.

Der Servant Leadership-Ansatz legt seinen Fokus stark auf die Förderung von Empowerment und die Stärkung von Mitarbeitenden, was insbesondere im Kontext der Pflege von hoher Relevanz ist. Die Anerkennung und Förderung der Kompetenzen und Handlungsspielräume der Mitarbeitenden durch die Führungskräfte trägt maßgeblich zur Stärkung der Selbstwirksamkeit und zu einer Steigerung der Eigenverantwortlichkeit bei (Schirmer & Woydt, 2023, S. 216). Dies erweist sich insbesondere in hochkomplexen und dynamischen Arbeitsumfeldern, wie sie in der Pflege vorkommen, als vorteilhaft. Denn durch die Förderung der Selbstwirksamkeit können Mitarbeitende flexibler auf unvorhergesehene Herausforderungen reagieren.

Wenn dieser Führungsansatz Ihr Interesse geweckt hat und Sie mehr darüber erfahren möchten, hören Sie sich die Podcast-Episode #74 Servant Leadership von Recruitment an:

3.2.8 Agile Führungsansätze

Die Agile Führung bezeichnet eine moderne Herangehensweise, die auf Flexibilität, Anpassungsfähigkeit und Zusammenarbeit setzt. In einer sich ständig verändernden Arbeitswelt zielt sie darauf ab, Unternehmen und Teams zu befähigen, Veränderungen mit deren Potenzialen, aber auch Risiken wahrzunehmen und proaktiv auf diese zu reagieren (Schirmer & Woydt, 2023, S. 239). Agilität ist dabei weniger ein Führungsansatz, vielmehr eine Methode, die mithilfe verschiedenster Techniken ermöglicht, sich schnell und flexibel an veränderte Anforderungen anzupassen.

Die Einstellung von Führungskräften lässt sich durch ein grundlegendes Vertrauen sowie einen Fokus auf zwischenmenschliche Interaktionen kennzeichnen. Diesbezüglich ist eine Abkehr von rigiden Prozessen zu beobachten. Durch die Schaffung eines Rahmens, der als Orientierung dienen soll, wird den Mitarbeitenden ermöglicht, selbstständig zu handeln und eigenständig innovative Lösungen zu entwickeln (Schirmer & Woydt, 2023, S. 240).

Dies bedingt jedoch insbesondere eine positiv gelebte Lernkultur, in der Erfahrungen als Chance zur persönlichen Weiterentwicklung betrachtet werden. Des Weiteren sind ein wertschätzender Umgang miteinander sowie eine Kommunikation auf Augenhöhe essenzielle Elemente, welche einen intensiven Dialog anregen und die Selbstorganisation der Mitarbeitenden fördern (Sichart & Preußig, 2022, S. 39).

Selbstorganisation impliziert, dass die Mitarbeitenden in Eigenregie neue Strukturen und Verhaltensweisen etablieren, um zielführende und effiziente Lösungen für äußere Veränderungsprozesse zu entwickeln und Antworten auf Herausforderungen zu finden (Schirmer & Woydt, 2023, S. 239). Agile Führung stärkt so im Ergebnis nicht nur die Motivation und das Engagement der Mitarbeitenden, sondern fördert zugleich die Leistung des Teams sowie deren Zufriedenheit und Bindung an das Unternehmen (Schirmer & Woydt, 2023, S. 243).

Die Umsetzung agiler Ansätze und Methoden in der Pflege bietet große Chancen, um auf die stetig steigenden, vielfältigen Herausforderungen in diesem Bereich zu reagieren. Denn die Pflegebranche sieht sich mit einer Reihe von dynamischen Herausforderungen konfrontiert. Dazu zählen steigende Patientenzahlen, ein Mangel an Fachkräften, die fortschreitende Digitalisierung sowie sich wandelnde Rahmenbedingungen. Diese Entwicklungen erfordern von Pflegefachkräften und Führungskräften ein hohes Maß an Flexibilität und Anpassungsfähigkeit. Agilität kann hier einen entscheidenden Beitrag leisten, um sowohl die Qualität der pflegerischen Arbeit in Zukunft zu sichern als auch die Zufriedenheit der Mitarbeitenden nachhaltig zu steigern (Welter et al., 2022, S. 115).

Zentral für die Anwendung agiler Methoden in der Pflege ist ein Verständnis von Führung, das auf Flexibilität, Selbstorganisation und zwischenmenschlicher Zusammenarbeit basiert. Dies impliziert nicht nur grundlegende organisatorische Anpassungen, sondern gleichermaßen einen kulturellen Wandel, der eine verstärkte Übernahme von Eigenverantwortung sowie eine intensivierte Partizipation aller involvierten Akteure im Pflegebereich bedingt (Schirmer & Woydt, 2023, S. 240). Denn sowohl die enge Zusammenarbeit mit den Patient*innen und Angehörigen als auch die Kooperation mit den Pflegekräften eröffnen die Möglichkeit, deren Feedback unmittelbar in die Optimierung der Pflegeprozesse zu integrieren. Dabei wird vorausgesetzt, dass die relevanten Akteure über das beste Wissen bezüglich der von ihnen genutzten Standards und Abläufe verfügen. Sie sind in der Lage, entsprechende Defizite zu erkennen und eigenständig Ideen zur Optimierung zu entwickeln (Welter et al., 2022, S. 117). Die Nähe zur Praxis erlaubt die Generierung wertvoller Einsichten, welche die Lösung komplexer Probleme sowie die Gestaltung effizienter Prozesse ermöglichen. Dies resultiert in einem dynamischen Arbeitsfluss und bildet die Grundlage für Innovationen im Pflegealltag (Schirmer & Woydt, 2023, S. 239).

Die Integration agiler Methoden in den Pflegebereich eröffnet vielseitige Möglichkeiten, um sowohl kurzfristige Herausforderungen als auch langfristige Entwicklungen effizienter zu bewältigen. Dabei stehen praxiserprobte Methoden im Vordergrund, die auf die spezifischen Anforderungen des Pflegekontexts abgestimmt sind und die Arbeitsabläufe flexibel an veränderte Bedingungen anpassen können.

Iterative Sprints

Sprints stellen zeitlich begrenzte Arbeitszyklen dar, in denen typischerweise die einzelnen Projektphasen des klassischen Projektmanagements durchlaufen werden (Preußig, 2024, S. 71 ff.). Sie eignen sich besonders für die Umsetzung umfangreicher Projekte im Bereich der Pflege, wie beispielsweise die Optimierung von Pflegeprozessen oder die Einführung neuer Systeme.

Im Anschluss an jeden Sprint erfolgt eine retrospektive Analyse, in deren Rahmen sowohl die positiven als auch die negativen Aspekte des Projektverlaufs evaluiert werden. Es wird außerdem diskutiert, ob die Entwicklungen noch in die richtige Richtung laufen oder ob nachjustiert werden muss. Dies fördert nicht nur die kontinuierliche Verbesserung, sondern ermöglicht zudem die Umsetzung von Projekten in kleinen, kontrollierten Schritten sowie eine flexible Reaktion auf Feedback und kontinuierlich wechselnde Anforderungen. So muss beispielsweise zu Beginn des Projektes noch keine konkrete Zielvorgabe definiert werden (Preußig, 2024, S. 71 ff.).

Retrospektive

Regelmäßige Rückblick-Meetings, sogenannte Retrospektiven, sind ein zentrales Instrument in der agilen Zusammenarbeit. Sie bieten dem Team die Möglichkeit, die Arbeitsweise kontinuierlich zu analysieren und Verbesserungspotenziale zu identifizieren (Sichart & Preußig, 2022, S. 340). Anders als zum Beispiel klassische „Lessons Learned“, die i. d. R. erst nach Beendigung des Projektes durchgeführt werden, finden Retrospektiven regelmäßig während des laufenden Projektes statt.

Idealerweise werden sie am Ende eines Sprints durchgeführt, sodass Verbesserungsvorschläge unmittelbar umgesetzt und deren Wirkung direkt überprüft werden können. Wichtig dabei ist, dass die Retrospektive lediglich auf Ebene des Prozesses, nicht jedoch auf Ebene des Produktes, durchgeführt wird (Sichart & Preußig, 2022, S. 340). Hier sollte stets eine klare Trennung erfolgen, um eine effiziente und effektive Gestaltung der Meetings zu gewährleisten. In erster Linie zielt die Retrospektive darauf ab, dass die Teams gemeinsam reflektieren, wie gut ihre Zusammenarbeit bereits ist und welche konkreten Maßnahmen diese weiter optimieren könnten (Preußig, 2024, S. 95). Dabei stehen Fragen wie „Was lief gut, und wie können wir dies weiter ausbauen?“ und „Was lief weniger gut, und wie können wir das verbessern?“ im Vordergrund.

Solche Rückblick-Meetings können nicht nur das Teamgefühl stärken, sondern auch eine offene Feedbackkultur fördern und die kontinuierliche Optimierung von Pflegeprozessen unterstützen. Ihre erfolgreiche Durchführung erfordert jedoch eine gute Kommunikation sowie eine grundlegend positive Atmosphäre im Team bestehen (Preußig, 2024, S. 96).

Daily Stand-ups

Daily Stand-ups sind kurze tägliche Besprechungen, bei denen sich die relevanten Akteure über aktuelle Aufgaben, Herausforderungen und Prioritäten austauschen. Besonderheit dieser Besprechungen ist allerdings, dass sie im Stehen durchgeführt werden. Das sorgt für eine höhere Dynamik und einer zeitlichen Begrenzung. Die Kürze des Meetings ist essenziell, um sicherzustellen, dass sich die Mitarbeitenden nur auf die wesentlichen Themen konzentrieren. Des Weiteren kann die Effizienz und Produktivität der Besprechung gesteigert werden. Folglich ist die Wahrscheinlichkeit höher, dass die Mitarbeitenden das Meeting erneut besuchen (Preußig, 2024, S. 90 ff.).

Der ideale Zeitrahmen für eine derartige Besprechung beträgt etwa 15 min. Im Rahmen der Besprechung wird jedem Teilnehmenden, wobei die maximale Teilnehmeranzahl sieben Personen betragen sollte, eine begrenzte Berichtszeit zugewiesen, die nicht überschritten werden sollte. Nur so kann eine gute Gesamtdynamik gewahrt werden. Außerdem sollte ein Daily Stand-up klar strukturiert sein. In diesem Kontext könnte beispielsweise jedes Teammitglied Fragen beantworten wie (Preußig, 2024, S. 90 ff.):

- „Was habe ich seit dem letzten Meeting erreicht?"
- „Was plane ich heute zu tun?"
- „Gibt es Hindernisse, die meine Arbeit erschweren?"

Benennt ein Teilnehmender Hindernisse, so sollte der Moderator auf diese eingehen und gemeinsam nach einer Lösung suchen oder selbst eine vorschlagen (Preußig, 2024, S. 91). Die Schlussfolgerung lautet demnach, dass diese Meetings Transparenz fördern, die Kommunikation stärken und dazu beitragen, potenzielle Probleme frühzeitig zu erkennen sowie zu identifizieren, welche Mitarbeitenden derzeit Unterstützung benötigen.

Backlog-Management

Das Backlog-Management dient als Sammlung aller Anforderungen und Arbeitsabläufe, die bspw. für die tägliche Arbeit, die Organisation der Patientenversorgung oder die Optimierung von Prozessen erforderlich sind.

Die Priorisierung der Anforderungen erfolgt anhand ihrer Wertigkeit und Dringlichkeit, wodurch eine flexible Anpassung an sich ändernde Bedingungen, wie etwa Ausfälle oder unerwartete Veränderungen im Behandlungsplan, gewährleistet wird. Durch die Priorisierung werden Ressourcen gezielt eingesetzt, was folglich die Effizienz steigert und Überlastung vermeiden kann. Die praktische Umsetzung eines Backlogs kann in flexibeler Weise erfolgen. Ob über eine Software oder an einer Pinnwand, das bleibt dem jeweiligen Team selbst überlassen (Preußig, 2024, S. 68).

Ein wesentliches Merkmal des Backlogs ist dessen lebendige Struktur. Diese ist dadurch gekennzeichnet, dass das Backlog kontinuierlich mit neuen Anforderungen und Aufgaben ergänzt wird, während veraltete Einträge entfernt werden (Preußig, 2024, S. 69). Die Priorisierung sowie die detaillierte Beschreibung der Einträge erfolgt durch den jeweiligen "Auftraggeber".

Die wichtigsten Anforderungen befinden sich folglich ganz oben, während weniger dringliche weiter unten angeordnet sind. Anforderungen mit hoher Dringlichkeit werden darüber hinaus in detaillierterer Form beschrieben und hinsichtlich ihres Aufwandes geschätzt, da sie zeitnah in den nächsten Sprint integriert werden sollten. Einträge, die eine geringere Dringlichkeit aufweisen, werden in einer gröberen Beschreibung festgehalten und erst bei Bedarf detaillierter ausgearbeitet. I. d. R. erfolgt die Abarbeitung des Backlogs dann von oben nach unten (Preußig, 2024, S. 90 ff.).

Kanban Boards

Kanban-Boards haben ihren Ursprung in Japan und finden Anwendung in der Strukturierung von Arbeitsaufgaben sowie der optimierten Nutzung von Ressourcen (Herget & Strobl, 2024, S. 264 f.). Das grundlegende Prinzip dieser Methode basiert auf der Begrenzung der Anzahl an parallel abzuarbeitenden Aufgaben, um folglich ein konzentrierteres Arbeiten zu ermöglichen und die Durchlaufzeiten zu verkürzen.

Des Weiteren ermöglicht diese Methode eine Visualisierung aller Arbeitsaufgaben, sodass jedes Teammitglied einen Überblick darüber erhält, welche Aufgaben noch anstehen, gerade bearbeitet werden oder bereits erledigt sind. Dazu unterteilen derartige Boards, die Arbeiten zumeist in drei Spalten (Herget & Strobl, 2024, S. 264 f.):

- To-do – Aufgaben, die auf ihre Bearbeitung warten.
- Doing – Aufgaben, die aktuell bearbeitet werden („Work in Progress").
- Done – Abgeschlossene Aufgaben, die bereit für die nächste Phase sind.

Im Pflegekontext könnte diese Methode bspw. für die Organisation der Patientenversorgung oder administrative Tätigkeiten genutzt werden. Die Pflegekräfte nehmen sich dann eigenständig die Arbeitsaufgaben und verschieben sie in die jeweils nächste Spalte. Die Begrenzung der Anzahl der „Work in Progress"- Aufgaben gewährleistet, dass die Pflegekräfte sich lediglich auf eine überschaubare Anzahl an Aufgaben beschränken (Herget & Strobl, 2024, S. 264 f.). Auf diese Weise kann eine Überlastung verhindert und die Qualität der pflegerischen Leistung gesichert werden. Gleichzeitig fördert diese Methode die Transparenz im gesamten Team. Die erneute Priorisierung der Aufgaben erfolgt dann in regelmäßigen Abständen, täglich oder wöchentlich in Teamgesprächen.

Cross-funktionale Teams

Ein cross-funktionales Team setzt sich aus einer Vielzahl von Personen mit unterschiedlichen fachlichen Hintergründen, Fähigkeiten und Verantwortlichkeiten zusammen, die gemeinsam an einem Ziel oder Projekt arbeiten (Project Management Institute, 2023).

Diese Teams zeichnen sich dadurch aus, dass sie Expertise aus verschiedenen Bereichen oder Disziplinen bündeln, um komplexe Probleme effizienter und kreativer zu lösen. Im Pflegekontext bedeutet dies insbesondere die Intensivierung der Zusammenarbeit zwischen verschiedenen Akteuren wie Pflegekräften, Ärzt*innen und Therapeut*innen, aber auch zwischen unterschiedlichen Hierarchieebenen. Bspw. könnte ein cross-funktionales Team in einer geriatrischen Station aus Pflegekräften, einem Arzt oder Ärztin, einem Physiotherapeuten und einem Sozialarbeiter bestehen, die gemeinsam den Pflegeplan für Patient*innen entwickeln.

Durch diese Methode werden traditionelle Strukturen aufgebrochen und eine bessere Abstimmung sowie Transparenz und Akzeptanz von Entscheidungen geschaffen (Welter et al., 2022, S. 183). Auch die Entscheidungsfindung könnte sich folglich nicht nur beschleunigen, sondern auch signifikant verbessern.

Eine wesentliche Funktion kommt dabei der Bildung von Netzwerkstrukturen zu. Anstelle isolierter Fachbereiche, entstehen auf diese Weise flexible und vernetzte Einheiten, die sich gemeinsam auf konkrete Ziele fokussieren (Welter et al., 2022, S. 178). Eine wesentliche Voraussetzung dafür ist eine transparente und wertschätzende Kommunikation untereinander, welche die Partizipation aller Beteiligten fördert.

Die Einführung cross-funktionaler Teams in der Pflege von Patient*innen fördert eine dezentrale Entscheidungsfindung und die Übernahme von mehr Selbstverantwortung durch die Mitarbeitenden. Dies resultiert in einer Stärkung der Autonomie der Teams und motiviert sie, eigenständig Lösungen zu entwickeln. In diesem Kontext obliegt es den Führungskräften, die nötigen Freiräume zu schaffen, damit die Akteure ihre Expertise einbringen können (Welter et al., 2022, S. 178). Die Bündelung der Expertise aller Beteiligten eröffnet die Möglichkeit, die Pflege künftig nicht nur flexibler und effizienter, sondern auch zukunftsfähiger zu gestalten.

Abschließend erweisen sich in der Pflege Methoden als besonders effektiv, welche die Förderung von Transparenz, Kommunikation und Flexibilität zum Ziel haben. Kanban-Boards, Daily Stand-ups und cross-funktionale Teams bieten in diesem Kontext die größten Vorteile, während andere Ansätze wie Iterative Sprints oder Backlog-Management als komplementäre Methoden betrachtet werden können.

3.3 Führungsstile

In der Führungsliteratur existieren zahlreiche Definitionen des Begriffs "Führungsstil", die sich insbesondere darin unterscheiden, wer diesen prägt und welche Aspekte dabei im Fokus stehen. Jung (2017, S. 421) beschreibt den Führungsstil im personalwirtschaftlichen Kontext als die Art und Weise, wie Führungskräfte ihre Leitungsaufgaben in einer Organisation wahrnehmen.

Der Führungsstil manifestiert sich vor allem im Verhalten der Führungskräfte gegenüber ihren Mitarbeitenden und beeinflusst maßgeblich die Beziehung zwischen Führungskraft und Team. Verschiedene Führungsstile zeigen sich in unterschiedlichen Kooperationsbeziehungen und können die Arbeitsatmosphäre, Motivation sowie Leistung in einer Organisation erheblich beeinflussen (Jung H. , 2017, S. 421).

Einsatz von Führungsstilen

Dieses Kapitel bietet einen umfassenden Einblick in die Vielfalt der Führungsstile und deren Relevanz für die Pflegepraxis. Im ersten Teil (Abschn. 3.3.1) werden klassische Führungsstile vorgestellt, die eine Grundlage für das Verständnis moderner Ansätze bieten. Diese werden in Abschn. 3.3.2 durch Führungsstil-Typologien ergänzt, die auf die individuelle Prägung und Entwicklung von Führungspersönlichkeiten eingehen. Abschließend legt Abschn. 3.3.3 den Fokus auf spezifische Anforderungen und Erkenntnisse für das Führungsverhalten im Pflegekontext.

Ziel ist es, Führungskräften in der Pflege praxisorientierte und wissenschaftlich fundierte Impulse zu geben, die ihnen helfen, ihr eigenes Führungsverhalten zu reflektieren und weiterzuentwickeln. Dabei sollen sowohl strategische Managementaspekte als auch praktische Herausforderungen im Arbeitsalltag Berücksichtigung finden.

3.3.1 Klassische Führungsstile

Kurt Lewin (1890–1947), einer der einflussreichsten Pioniere der Psychologie, beschäftigte sich in seinen Studien mit dem Einfluss verschiedener Arten von Führungsverhalten auf Gruppenstrukturen und das Verhalten von Gruppenmitgliedern. Dabei untersuchte er folgende drei grundlegende Führungsstile (Glöckler & Maul, 2010, S. 28):

Der **autokratische Führungsstil** zeichnet sich durch ein stark direktives Vorgehen aus. Die Führungskraft entscheidet allein, trägt die volle Verantwortung und kontrolliert die Mitarbeitenden kontinuierlich. Diese setzen vorgegebene Maßnahmen ausführlich um, ohne eigene Verantwortung zu übernehmen. Die Initiative geht ausschließlich von der Führungskraft aus. Die Kommunikation ist instruktiv und monologisiert, Diskussionen oder Feedback werden nicht zugelassen (Glöckler & Maul, 2010, S. 29). Dieser Stil bietet klare Strukturen, fördert jedoch wenig Eigeninitiative und Motivation der Mitarbeitenden.

Der **demokratische Führungsstil** basiert auf einem teamorientierten Ansatz. Die Führungskraft bezieht die Mitarbeitenden aktiv in Entscheidungsprozesse ein, delegiert Aufgaben und überlässt die Verantwortung für deren Umsetzung den Mitarbeitenden. Kontrolle durch die Führungskraft wird durch Selbstkontrolle ersetzt, was die Eigenverantwortung fördert. Die Kommunikation erfolgt in Form eines Dialogs, wobei gegenseitiges Feedback und Respekt die Gruppenatmosphäre prägen (Glöckler & Maul, 2010, S. 30). Dieser Ansatz fördert Motivation und Kreativität, kann jedoch zu längeren Entscheidungsprozessen führen.

Der **Laissez-faire-Führungsstil** zeichnet sich durch einen nahezu völlig liberalen Ansatz aus. Die Führungskraft überträgt die Verantwortung für Aufgaben und Entscheidungen vollständig an die Mitarbeitenden und verzichtet auf jegliche Kontrolle. Die Mitarbeitenden agieren eigenständig, die Kommunikation innerhalb des Teams erfolgt weitgehend ohne die Beteiligung der Führungskraft, und Feedback fehlt nahezu vollständig (Glöckler & Maul, 2010, S. 31). Obwohl dieser Stil die Autonomie fördert, können mangelnde Struktur und fehlendes Feedback die Zielerreichung erschweren.

Neben diesen grundlegenden Ansätzen existieren weitere traditionelle Führungsstile, die heutzutage als veraltet gelten. Sie spiegeln soziologische und politische Ansichten vergangener Zeiten wider und haben durch den Wertewandel in der Arbeitswelt an Relevanz verloren. Dennoch finden sie in einigen Kontexten nach wie vor Anwendung, weshalb sie kurz vorgestellt werden (Jung, 2017, S. 422).

Der **patriarchalische Führungsstil** wird durch die Leitfigur eines Patriarchen mit Alleinherrschaftsanspruch definiert. Mitarbeitende haben direkten Zugang zur Führungskraft, werden jedoch nicht in Entscheidungen einbezogen. Aufgrund begrenzter Führungsspanne bleibt das Potenzial der Mitarbeitenden oft ungenutzt (Jung, 2017, S. 423).

Der **autokratische Führungsstil** erfordert eine Führungskraft mit nahezu unbegrenzter Machtfülle. Entscheidungen werden allein getroffen und strikt hierarchisch durchgesetzt. Obwohl dieser Ansatz klare Strukturen bietet, ist er in komplexen Organisationen oft ineffektiv, da er umfassende Fachkenntnisse und gehorsame Mitarbeitende voraussetzt (Jung, 2017, S. 423).

Der **bürokratische Führungsstil** entwickelte sich aus der autokratischen Führung und setzt auf ein System klar definierter Hierarchien und Kompetenzen. Kontrolle ist zentral, um Kompetenzüberschreitungen zu vermeiden. Kritisiert wird dieser Ansatz aufgrund seiner Starrheit und des entstehenden Formalismus, der Flexibilität behindert (Jung, 2017, S. 423).

Der **charismatische Führungsstil** basiert auf der Persönlichkeit der Führungskraft, die als übermenschlich oder unfehlbar angesehen wird. Trotz der Faszination, die solche Führungspersönlichkeiten hervorrufen, birgt dieser Ansatz Risiken, da er oft Kritikresistenz und mangelnde Verbindlichkeit gegenüber Mitarbeitenden mit sich bringt. Gleichzeitig können charismatische Führungspersönlichkeiten Krisensituationen erfolgreich bewältigen (Jung, 2017, S. 423).

Aus diesen traditionellen Ansätzen haben sich im Laufe der Zeit modernere Modelle entwickelt, die Aufgaben- und Beziehungsorientierung in den Mittelpunkt stellen. Diese Weiterentwicklungen reflektieren den Wandel der Arbeitswelt und die zunehmende Bedeutung von Flexibilität und Mitarbeiterorientierung (Jung, 2017, S. 422).

3.3.2 Führungsstil-Typologien

Führungsstil-Typologien werden von der Idee geleitet, dass sich bestimmte Führungsstile identifizieren lassen, die mit höherem Führungserfolg verbunden sind als andere.

Ein weit verbreiteter verhaltensorientierter Ansatz ist die von Tannenbaum und Schmidt (1958, S. 96) entwickelte Einteilung des Führungsverhaltens. Hierbei wird die Art der Entscheidungsfindung als zentrales Merkmal herangezogen. Dabei stehen der autoritäre ("autoritative") Führungsstil und der kooperative (demokratische, partizipative) Führungsstil als Extreme eines eindimensionalen Kontinuums. In dieser Typologie werden sieben Führungsstile differenziert.

Tannenbaum und Schmidt (1958, S. 96) sind der Auffassung, dass keiner der sieben Führungsstile grundsätzlich zu bevorzugen ist. Vielmehr nennen sie einige Faktoren, die bei der Wahl des „richtigen“ Führungsstils zu berücksichtigen sind:

- **Charakteristika der Führungskräfte**: Wertesystem, Vertrauen in die Mitarbeitenden, Führungsqualitäten, Sicherheitsempfindungen in einer bestimmten Situation.
- **Charakteristika der Mitarbeitenden**: Erfahrungen, fachliche Kompetenz, Problemengagement, Ansprüche im Hinblick auf die persönliche und berufliche Entwicklung.
- **Charakteristika der Situation**: Art der Organisation, Eigenschaften der Gruppe, Art des Problems, zeitlicher Abstand zur Handlung.

Je nach Konstellation der einzelnen Charakteristika ist demnach ein unterschiedlicher Führungsstil erforderlich (Jung, 2017, S. 424).

▶ Ein „richtiger" Führungsstil existiert nicht, da die Wahl von objektiven und subjektiven Gegebenheiten abhängig ist.

Zu den objektiven Gegebenheiten zählen die Art der zu lösenden Aufgaben sowie die Organisationsstruktur des Unternehmens. Subjektive Gegebenheiten sind das Temperament und die Charaktereigenschaften der Führungskraft sowie die Fähigkeit der Mitarbeitenden, Aufgaben selbstständig zu erledigen (Wöhe, 2005).Die moderne Managementlehre favorisiert daher den situationsorientierten Führungsansatz. Bei **diesem Stil wird in Abhängigkeit von bestimmten Situationsmerkmalen ein unterschiedliches Führungsverhalten als sinnvoll erachtet.**

Hersey und Blanchard entwickelten hierzu in den 1970er- und 1980er-Jahren das „Situative Reifegrad-Modell" (s. Abb. 3.4). Dieses Modell kombiniert die Dimensionen Beziehungs- und Aufgabenorientierung und unterscheidet vier grundlegende Führungsstile (Hersey & Blanchard, 1988, S. 169 ff.):

- autoritärer Führungsstil,
- integrierender Führungsstil,
- partizipativer Führungsstil und
- Delegationsstil.

Die Wahl des geeigneten Führungsstils bzw. die Effektivität der Führung hängt dabei von einer Situationsvariablen ab: dem Reifegrad der Mitarbeitenden. Der Reifegrad eines Mitarbeitenden ist abhängig von seiner Qualifikation und Motivation und wird in Abb. 3.4 dargestellt.

Insgesamt unterscheidet das Reifegradmodell vier Reifegrade:

- Reifegrad 1: geringe Kompetenz und geringes Engagement (geringe Reife),
- Reifegrad 2: geringe Kompetenz und hohes Engagement (geringe bis mäßige Reife),
- Reifegrad 3: hohe Kompetenz und geringes Engagement (mäßige bis hohe Reife),
- Reifegrad 4: hohe Kompetenz und hohes Engagement (hohe Reife).

Hersey und Blanchard stellen einen Zusammenhang zwischen dem Reifegrad der Mitarbeitenden, dem Führungsverhalten und der Effizienz der Führung her. Beispielsweise erfordern Mitarbeitende mit geringer Reife einen autoritären Führungsstil, während Mitarbeitende mit hoher Reife durch Delegation motiviert werden können (Jung, 2017, S. 432 ff.).

Dieses Modell lässt sich gut auf den Pflegebereich anwenden:

Reifegrad 1: Die Mitarbeitenden haben zu wenig Bereitschaft und zu wenig Qualifikation. Die Führungskraft gibt klare Vorgaben und überwacht deren Einhaltung genau. Sie dirigiert.

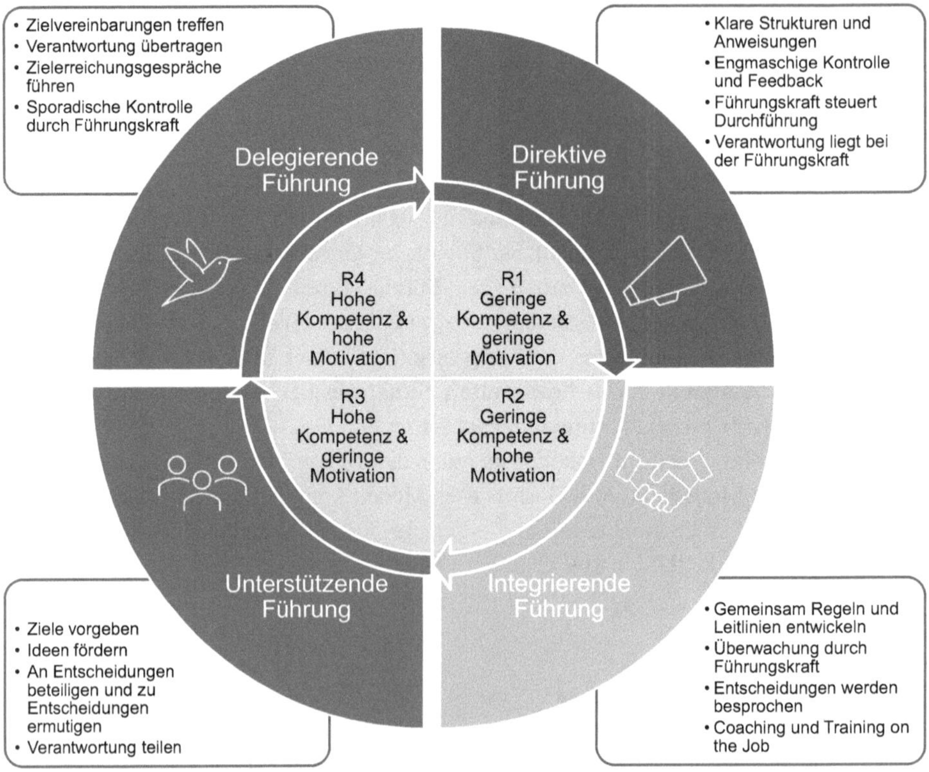

Abb. 3.4 Reifegradmodell. (Eigene Darstellung)

Reifegrad 2: Die Mitarbeitenden zeigen Motivation, jedoch fehlt es an ausreichender Qualifikation. Die Führungskraft äußert klare Vorgaben, nutzt jedoch Kommunikation zur Überzeugung. Sie argumentiert.

Reifegrad 3: Die Mitarbeitenden verfügen über hohe Kompetenzen, jedoch fehlt es an Motivation. Die Führungskraft integriert sie stärker in Entscheidungsprozesse, um die Motivation zu steigern. Sie lässt partizipieren.

Reifegrad 4: Die Mitarbeitenden zeigen sowohl hohe Kompetenz als auch Motivation. Die Führungskraft überträgt Aufgaben und Verantwortung. Sie delegiert.

Das Reifegradmodell verdeutlicht die Abhängigkeit des Führungsverhaltens von den Mitarbeitenden und dem situativen Kontext. Es erfordert Flexibilität und Menschenkenntnis von der Führungskraft. Die Kombination aus Management und situativer Führung liefert einen praxistauglichen Ansatz für effektives Verhalten.

An dieser Stelle möchten wir nicht näher auf diese oder weitere Modelle eingehen. Bei weitergehendem Interesse verweisen wir auf die einschlägige Literatur, wie etwa (Glöckler & Maul, 2010) und (Jung, 2017).

3.3.3 Erkenntnisse zum Führungsverhalten in der Pflege

Führungsstile sind nicht per se richtig oder falsch; ihr Erfolg hängt maßgeblich von der jeweiligen Situation ab, in der sie angewendet werden. Eine erfolgreiche Führungskraft passt ihr Verhalten flexibel an die spezifischen Gegebenheiten, die Aufgabenstellung und vor allem an die individuellen Bedürfnisse der Mitarbeitenden an.

Der situationsbezogene Führungsstil berücksichtigt dabei verschiedene Kriterien, die sich aus der jeweiligen Situation ergeben. Jede Führungskraft entwickelt dabei ihren eigenen Stil, der stark von persönlichen Präferenzen, der Teamdynamik und der Entwicklungsstufe des Teams oder der Gruppe geprägt wird. Das Führungsverhalten ist also so vielfältig wie die Menschen und Umstände, die es beeinflussen.

Ein weiterer zentraler Aspekt ist, dass es nicht den einen „richtigen" Führungsstil gibt, den alle Führungskräfte gleichermaßen anwenden sollten. Vielmehr sollte jede Führungskraft ihr eigenes Führungsverhalten regelmäßig reflektieren, um persönliche Präferenzen und Stärken zu erkennen. Auf dieser Grundlage können gezielt Kompetenzen weiterentwickelt werden, um die Vielfalt an Führungsansätzen zu verstehen und situativ sowie individuell angemessen einzusetzen.

Die zuvor beschriebenen klassischen Führungsstile und Führungstypologien bieten hierfür Orientierung, indem sie Führungskräften in der Pflege ein Verständnis für die Bandbreite an Ansätzen vermitteln. Besondere Bedeutung kommt dabei der Anpassungsfähigkeit zu, die im Pflegekontext aufgrund der hohen Belastungen und der Dynamik des Arbeitsumfelds essenziell ist.

Gleichzeitig ist es wichtig, die Persönlichkeit und Bedürfnisse der Mitarbeitenden zu berücksichtigen. Eine Führungskraft, die es nicht schafft, ihre Mitarbeitenden zu motivieren und auf deren Sorgen und Wünsche einzugehen, gefährdet langfristig den Erfolg des Teams und der Organisation. Mitarbeitende benötigen Entwicklungsmöglichkeiten, Zugang zu Weiterbildungsprogrammen und die Möglichkeit, Verantwortung zu übernehmen. Daher ist es unverzichtbar, klare Werte und Normen zu etablieren, langfristige Unternehmensziele transparent zu machen und die Mitarbeitenden aktiv einzubinden. Dies fördert nicht nur die Motivation, sondern auch die Bindung der Mitarbeitenden an die Organisation.

In der Forschungsarbeit des Projekts LUTZ wurde untersucht, welcher Führungsstil im Gesundheitswesen vorherrschend ist. Durch ein systematisches Literaturreview und qualitative Datenanalysen stellte sich heraus, dass vor allem der transformationale Führungsstil dominiert (Sorge et al., 2022, S. 53 f.). Dieser Führungsstil wird bevorzugt, da er positive Effekte auf die mentale Gesundheit, die Sicherheit und die kollektive Handlungsfähigkeit der Mitarbeitenden hat.

Transformationales Führen zielt darauf ab, die Mitarbeitenden zu inspirieren und zu motivieren, indem gemeinsame Werte und Ziele gestärkt werden, anstatt sie lediglich durch externe Anreize zu leiten. Zusätzlich werden im Gesundheitswesen Ansätze des health-oriented und supportive Leadership geschätzt. Diese Führungsansätze stellen das Wohlbefinden und die Unterstützung der Mitarbeitenden in den Vordergrund und berücksichtigen die spezifischen gesundheitlichen und sozialen Bedürfnisse im Arbeitsumfeld (Sorge et al., 2022,

S. 54). Der transaktionale Führungsstil, der stärker auf Belohnung und Leistung basiert, ist ebenfalls präsent, wird jedoch als weniger ideal angesehen, da er die intrinsische Motivation der Mitarbeitenden nicht ausreichend fördert (Sorge et al., 2022, S. 55).

Zusammenfassend lässt sich sagen: Eine erfolgreiche Führungskraft in der Pflege zeichnet sich nicht dadurch aus, einen bestimmten Führungsstil perfekt zu beherrschen, sondern vielmehr durch die Fähigkeit, die Vielfalt der Führungsansätze zu verstehen und situativ anzuwenden. Führungskräfte sollten ihr eigenes Verhalten kontinuierlich reflektieren, ihre Stärken erkennen und gezielt an den Bereichen arbeiten, in denen sie Verbesserungspotenzial sehen.

Letztendlich hängt der Erfolg einer Führungskraft davon ab, wie flexibel sie auf die individuellen Bedürfnisse der Mitarbeitenden und die situativen Anforderungen eingehen kann, um sowohl die Mitarbeitenden als auch die Organisation langfristig erfolgreich zu machen. Der Fokus auf empathisches Führen und die Förderung einer positiven Arbeitsumgebung ist dabei entscheidend, um den Herausforderungen des Pflegealltags gerecht zu werden.

3.4 Fazit

Führungsstil und Führungsverhalten im Pflegekontext]

Erfolgreiche Führung ist keine starre Methode, sondern erfordert ein hohes Maß an Flexibilität und Anpassungsfähigkeit. Führungskräfte sollten ihr Verhalten kontinuierlich reflektieren und auf die Anforderungen ihrer Organisation sowie die Bedürfnisse der Mitarbeitenden abstimmen. Drei zentrale Aspekte stehen dabei im Fokus:

1. **Flexibilität und situative Anpassung:** Führungskräfte sollten in der Lage sein, situative Herausforderungen zu erkennen und darauf angemessen zu reagieren, insbesondere im dynamischen und anspruchsvollen Pflegebereich.
2. **Reflexion des Führungsverhaltens:** Regelmäßige Selbstreflexion ermöglicht es, Stärken zu fördern, Schwächen zu adressieren und die eigenen Kompetenzen gezielt weiterzuentwickeln.
3. **Balance zwischen individuellen und organisationalen Zielen:** Der Erfolg einer Führungskraft zeigt sich in der Fähigkeit, die Bedürfnisse der Mitarbeitenden mit den strategischen Anforderungen der Organisation in Einklang zu bringen.

Im Pflegekontext erfordert dies nicht nur strategisches Geschick, sondern auch ein hohes Maß an Empathie und sozialer Kompetenz. Führungskräfte, die diese Fähigkeiten nutzen, schaffen eine positive Arbeitsumgebung, fördern die Mitarbeiterzufriedenheit und sichern langfristig die Qualität der Versorgung.

Reflexionsfragen für die Praxis

1. Wie flexibel passen Sie Ihren Führungsstil an unterschiedliche Situationen und Mitarbeitende an?
2. Welche Führungsansätze, die in diesem Kapitel beschrieben wurden, könnten Sie konkret in Ihrem Arbeitsalltag umsetzen?
3. Wie können Sie die Balance zwischen organisationalen Anforderungen und den Bedürfnissen Ihrer Mitarbeitenden stärker berücksichtigen?
4. Welche Maßnahmen ergreifen Sie, um Ihre Mitarbeitenden zu motivieren und deren Wohlbefinden zu fördern?
5. Welche Rolle spielt Reflexion in Ihrem Führungsverhalten? Wie könnten Sie diese gezielt nutzen, um Ihr Führungsverhalten weiterzuentwickeln?

Literatur

Aiken, L. H., Clarke, S. P., Sloane, D. M., Sochalski, J., & Silber, J. H. (2002). Hospital nurse staffing and patient mortality, nurse burnout, and job dissatisfaction. *JAMA, 288*(16), 1987–1993. https://doi.org/10.1001/jama.288.16.1987

Arnold, M., & Haun, S. (2023). *Gesundheitsorientierte Führung – Implikationen aus Wissenschaft und Praxis.* https://forum.dguv.de/ausgabe/10-2023/artikel/gesundheitsorientierte-fuehrung-implikationen-aus-wissenschaft-und-praxis. Zugegriffen am 10.05.2024.

de la Barré, J., Sorge, M., Kalayci, E., Mayer, C., Schirmer, M., Schöner, J., et al. (2023). Führung im Gesundheitswesen – Herausfordernde Führungssituationen in einer digitalen Lernwelt erproben und reflektieren. In V. B. Nitsch (Hrsg.), *Digitalisierung der Arbeitswelt im Mittelstand* (3. Aufl., S. 205–237). Springer Vieweg. https://doi.org/10.1007/978-3-662-67024-8_6

Bass, B., & Riggio, R. (2006). *Transformational leadership* (2. Aufl.). Psychologie Presse. https://doi.org/10.4324/9781410617095

Bass, B. M. (1985). *Leadership and performance beyond expectations* (S. 191). *Free Press.*

Birker, K. (1997). *Führungsstile und Entscheidungsmethoden.* Cornelson.

Cummings, G. G., Tate, K., Lee, S., Wong, C. A., Paananen, T., Micaroni, S. P., & Chatterjee, G. E. (2018). Leadership styles and outcome patterns for the nursing workforce and work environment: A systematic review. *International Journal of Nursing Studies, 85*, 19–60. https://doi.org/10.1016/j.ijnurstu.2018.04.016

van Dierendonck, D., & Nuitjen, I. (2010). The servant leadership survey: Development and validation of a multidimensional measure. *Journal of Business and Psychology, 26*, 249–267. https://doi.org/10.1007/s10869-010-9194-1

Dörr, S., Schmidt-Huber, M., Winkler, B., & Klebl, U. (2013). Führung. In M. Landes & E. Steiner (Hrsg.), *Psychologie der Wirtschaft* (S. 247–278). Springer.

Franke, F., Felfe, J., & Pundt, A. (2014). The impact of health-oriented leadership on follower health: Development and test of a new instrument measuring health-promoting leadership. *Zeitschrift für Personalforschung, 28*, 139–161. https://journals.sagepub.com/doi/10.1177/239700221402800108

Franken, S. (2022). *Führen in der Arbeitswelt der Zukunft: Instrumente, Techniken und Best-Practice-Beispiele* (2., vollst. überarb. u. akt. Aufl. Ausg.). Springer Fachmedien Wiesbaden GmbH. https://doi.org/10.1007/978-3-658-38372-5

Frehner, T. (2023). Führungsverhalten und Führungsstile. In T. Frehner (Hrsg.), *Führung heute* (S. 273–294). Springer Gabler. https://doi.org/10.1007/978-3-662-67780-3_8

Friedel-Howe, H. (1993). Arbeitszeitflexibilisierung bei Führungstätigkeiten. In R. Marr (Hrsg.), *Arbeitszeitmanagement – Grundlagen und Perspektiven der Gestaltung flexibler Arbeitszeitsysteme* (2. Aufl., S. 413–424). Schmidt.

Glöckler, U., & Maul, G. (2010). *Ressourcenorientierte Führung als Bildungsprozess: Systemisches Denken und Counselling-Methoden im Alltag humaner Mitarbeiterführung*. VS Verlag für Sozialwissenschaften/GWV Fachverlage GmbH.

Hegele-Raih, C. (2004). Was ist Leadership? *Harvard Business Manager, 4*(2004), 37.

Helmold, M., & Dathe, T. (2023). Empowerment als Schlüsselfaktor für New Work. In *New Work, Neues Arbeiten virtuell und in Präsenz* (S. 161–170). Springer Gabler. https://doi.org/10.1007/978-3-658-41289-0_15

Hentze, J. (1994). *Personalwirtschaftslehre: 1. Grundlagen, Personalbedarfsermittlung, -beschaffung, -entwicklung und -einsatz* (6. erw. Ausg.). Verlag Paul Haupt.

Herget, J., & Strobl, H. (2024). *Unternehmenskultur als Strategie: Eine Orientierung für Führungskräfte*. Springer Gabler Wiesbaden. https://doi.org/10.1007/978-3-658-42755-9

Hersey, P., & Blanchard, K. (1988). *Management of organizational behavior* (5. Aufl.). Prentice Hall.

Jung, H. (2017). *Personalwirtschaft* (10. aktual. Ausg.). De Gruyter.

Kanste, O., Kyngas, H., & Nikkila, J. (2007). The relationship between multidimensional leadership and burnout among nursing staff. *Journal of Nursing Management, 15*, 731–739.

Koreimann, D. S. (1999). *Management*. Oldenbourg Wissenschaftsverlag. https://doi.org/10.1515/9783486802184

Kotter, J. (1990). *A force for change: How leadership differs from management*. Simon & Schuster Inc.

Lohmann-Haislah, A. (2012). *Stressreport Deutschland 2012: Psychische Anforderungen, Ressourcen und Befinden*. Bundesanstalt für Arbeitsschutz und Arbeitsmedizin. ISBN 978-3-88261-725-2.

Magnusson Hanson, L. L., Theorell, T., Bech, P., Rugulies, R., Burr, H., & Hyde, M. (2009). Psychosocial working conditions and depressive symptoms among Swedish employees. *International Archives of Occupational and Environmental Health, 82*(8), 951–960.

Nieder, P. (2000). Führungen und Gesundheit: Die eine Rolle des Vorgesetzten im Gesundheitsmanagement. In U. Brandenburg, P. Nieder, & B. Susen (Hrsg.), *Gesundheitsmanagement im Unternehmen: Grundlagen, Konzepte und Evaluation* (S. 149–161). Juventa.

Oppermann-Weber, U. (2001). *Handbuch Führungspraxis – Führung, Führungskräfte, Führungskompetenzen – Organisation der Bereiche der Mitarbeiterführung – Zielvereinbarungen, Motivation und Delegation*. Cornelsen.

Pfaff, H., & Braithwaite, J. (2020). A parsonian approach to patient safety: Transformational leadership and social capital as preconditions for clinical risk management – the GI factor. *International Journal of Environmental Research and Public Health, 17*(11), S. 3989. https://doi.org/10.3390/ijerph17113989

Pircher-Friedrich, A. M. (2001). *Sinnorientierte Führung und Dienstleistungsunternehmen – ein ganzheitliches Führungskonzept*. ZIEL-Zentrum.

Preußig, J. (2024). *Agiles Projektmanagement: Agilität und Scrum im klassischen Projektumfeld* (3., akt. u. erw. Ausg.). Haufe Group.

Project Management Institute. (2023). *Achieving Cross-functional Teams*. pmi.org. https://www.pmi.org/disciplined-agile/achieving-cross-functional-teams. Zugegriffen am 27.02.2025.

Rau, R., Morling, K., & Rösler, U. (2010). Is there a relationship between major depression and both objectively assessed and perceived demands and control? *Work and Stress, 24*(1), 88–106.

Rohrhirsch, F., & Häußer, L. P. (2007). *Unternimm mit Anderen: Führung als Selbstführung im unternehmerischen Mitsein*. Universitätsverlag. https://doi.org/10.5445/KSP/1000006609

Schirmer, U., & Woydt, S. (2023). Führungstheorien und –modelle. In U. Schirmer & S. Woydt (Hrsg.), *Mitarbeiterführung* (S. 183–269). Springer Gabler. https://doi.org/10.1007/978-3-662-65650-1

Sichart, S., & Preußig, J. (2022). *Agil führen: Neue Methoden für moderne Führungskräfte. Haufe München*. https://doi.org/10.34157/9783648159842

Sorge, M., Willmer, K., & Maier, A. (2022). *Mit LUTZ Führung lernen. Pflegezeitschrift, 4*(2022), 53–56. https://doi.org/10.1007/s41906-022-1223-y

Spieß, E., & Stadler, P. (2007). Gesundheitsförderliches Führen: Defizite erkennen und Fehlbelastungen der Mitarbeiter reduzieren. In A. Weber & G. Hörmann (Hrsg.), *Psychosoziale Gesundheit im Beruf* (S. 255–274). Genter.

Stippler, M., Moore, S., Rosenthal, S., & Dörffer, T. (2011). *Führung – Überblick über Ansätze, Entwicklungen, Trends.* BertelsmannStiftung. https://www.bertelsmann-stiftung.de/fileadmin/files/BSt/Publikationen/imported/leseprobe/LP_978-3-86793-381-0_1.pdf. Zugegriffen am 28.02.2025.

Tannenbaum, R., & Schmidt, W.-H. (1958). *How to choose a leadership pattern.* Harvard Business Press.

Wackernagel, S., & Haner, U.-E. (2019). *Ergebnisbericht zur Studie „Transformation von Arbeitswelten".* Frauenhofer-Institut für Arbeitswirtschaft und Organisation IAO. https://publica-rest.fraunhofer.de/server/api/core/bitstreams/5c7118c8-a028-475c-8b2c-b67894c9ab38/content. Zugegriffen am 02.05.2014.

Wagner, A., Rieger, M. A., Manser, T., Sturm, H., Hardt, J., Martus, P., et al. (2019). Healthcare professionals' perspectives on working conditions, leadership, and safety climate: A cross-sectional study. *BMC Health Services Research, 19*(1), 53.

Wagner, D. (2007). *Skript zur Vorlesung Organisations- und Führungssysteme*. Universität Potsdam.

Wegge, J., & von Rosenstiel, L. (2007). Führung. In H. Schuler (Hrsg.), *Lehrbuch Organisationspsychologie* (S. 475–512). Huber.

Welter, M., Winter, C., & Lux, G. (2022). Agilität in der Krankenhauspflege. In I. G. Lux & D. Matusiewicz (Hrsg.), *Pflegemanagement und Innovation in der Pflege: Wie sich Mensch und Maschine sinnvoll ergänzen* (S. 113–126). Springer Gabler. https://doi.org/10.1007/978-3-658-35631-6

Winkler, K., Heim, N., & Heinz, T. (2020). Transformationale Führung im Zeitalter der Digitalisierung. In S. Wörwag (Hrsg.), *Human Digital Work – Eine Utopie?: Erkenntnisse aus Forschung und Praxis zur digitalen Transformation der Arbeit* (S. 189–206). Springer Fachmedien Wiesbaden GmbH. https://doi.org/10.1007/978-3-658-26798-8_10

Wöhe, G. (2005). *Einführung in die Allgemeine Betriebswirtschaftslehre* (22. neubearb. Ausg.). Verlag Franz Vahlen.

Yukl, G. (2012). Effective leadership behavior: What we know and what questions need more attention/by Gary Yukl. *Academy of Management perspectives: AMP* , S. 66–85.

Zok, K. (2016). Gesundheitliche Beschwerden und Belastungen am Arbeitsplatz: Ergebnisse aus Beschäftigtenbefragungen: WidO-Reihe. *WIdo Monitor, 13*(2), 1–12.

Führungsprozesse effektiv gestalten: Tools & Techniken

4

Der Generation-Gap

In einem Pflegeheim gibt es Spannungen im Team der Station 2. Laura, eine erfahrene Pflegekraft, die seit über 25 Jahren in der Einrichtung arbeitet, kritisiert immer wieder die jüngeren Mitarbeitenden. „Die haben keine Ausdauer und sind ständig am Handy. Früher hat man sich noch voll auf die Arbeit konzentriert", sagt sie bei einer Teamsitzung mit Nachdruck. Jonas, ein neuer Mitarbeiter aus der Generation Z, kontert genervt: „Vielleicht wäre es auch mal an der Zeit, neue Wege auszuprobieren, statt immer nur zu sagen, wie es früher war."

Die Diskussion wird zunehmend emotional. Die jüngeren Teammitglieder fühlen sich nicht respektiert, während die älteren das Gefühl haben, ihre Erfahrung werde nicht geschätzt. Die Stationsleitung, Frau Berger, greift ein. Sie bittet die Gruppe, innezuhalten, und moderiert eine offene Gesprächsrunde. Gemeinsam identifizieren sie die Ursachen des Konflikts: unterschiedliche Arbeitsweisen, Kommunikationsstile und Erwartungen an den Beruf.

Frau Berger schlägt vor, ein Mentoring-Programm einzuführen, bei dem die erfahrenen Mitarbeitenden ihre Fachkenntnisse weitergeben und gleichzeitig von den technologischen Fähigkeiten der jüngeren profitieren können. Sie organisiert auch einen Workshop, um gemeinsame Werte und Ziele im Team zu definieren. Bereits nach wenigen Wochen berichten beide Seiten von einer Verbesserung: Laura lobt Jonas für eine digitale Checkliste, die den Dokumentationsaufwand reduziert, und Jonas bedankt sich bei Laura für Tipps im Umgang mit Bewohner*innen mit Demenz.

P. Rudolph, *Neue Leadership-Ansätze in der Pflege*,
https://doi.org/10.1007/978-3-658-48360-9_4

Dieses Beispiel verdeutlicht, dass gelungene Kommunikation das Fundament erfolgreicher Führungsarbeit bildet. Ob aktives Zuhören, wertschätzendes Feedback oder die Anwendung von Kommunikationsmodellen – Führungskräfte können durch gezielte Kommunikationsstrategien nicht nur Konflikte entschärfen, sondern auch Teamzusammenhalt und gegenseitiges Verständnis fördern. Im Folgenden werden Werkzeuge und Techniken vorgestellt, die Führungskräfte dabei unterstützen, generationsübergreifende Zusammenarbeit und einen offenen Dialog im Team zu stärken.

4.1 Kommunikation als Grundlage erfolgreicher Führung

Führungskraft: „Warum ist Kommunikation eigentlich so entscheidend für meine Führungsarbeit? Ich rede doch ständig mit meinen Mitarbeitenden – reicht das nicht?"

Kommunikation bildet die Basis jeder erfolgreichen Führung, da sie der Schlüssel zu Interaktion, Motivation und Vertrauen ist. In der Pflege, wo die Arbeitsbelastung hoch und die Anforderungen komplex sind, spielt die Qualität der Kommunikation eine entscheidende Rolle. Führungskräfte sollten ihre Teams durch klare und wertschätzende Kommunikation leiten, Konflikte moderieren und ein produktives Arbeitsklima schaffen (Hoos-Leistner, 2019, S. 153 f.).

Die Kommunikation dient dabei nicht nur dem Austausch von Informationen, sondern ist ein wesentliches Führungsinstrument, um Ziele zu setzen, Aufgaben zu delegieren und Mitarbeitende zu motivieren. Ein bewusst eingesetzter Kommunikationsstil, der Empathie und Selbstwahrnehmung berücksichtigt, hilft, die Perspektiven und Bedürfnisse der Mitarbeitenden zu verstehen und darauf einzugehen (Hoos-Leistner, 2019, S. 159 f.)

Darüber hinaus trägt eine offene und transparente Kommunikation wesentlich zur Schaffung eines positiven Arbeitsklimas bei. Regelmäßige Feedbackgespräche, der Abgleich von Selbst- und Fremdwahrnehmung sowie eine wertschätzende Ansprache stärken die Bindung der Mitarbeitenden und reduzieren die Fluktuation (Hoos-Leistner, 2019, S. 155 f.)

Eine besondere Bedeutung wird der „transformierenden Führung" beigemessen. Diese Führungsform nutzt Kommunikation strategisch, um Mitarbeitende zu inspirieren und ihre Entwicklung zu fördern. Dabei werden sowohl rationale als auch emotionale Aspekte angesprochen, um eine nachhaltige Motivation und Leistungsbereitschaft zu erzeugen (Hoos-Leistner, 2019, S. 161 f.).

In Berufen wie der Pflege, in denen schnelle Entscheidungen und präzise Anweisungen lebenswichtig sein können, ist eine klare und wertschätzende Kommunikation nicht nur ein Erfolgsfaktor, sondern eine Grundvoraussetzung. Die Fähigkeit, Missverständnisse zu vermeiden und eine offene Feedbackkultur zu etablieren, ist essenziell für langfristige Zusammenarbeit und Erfolg (Hoos-Leistner, 2019, S. 161).

4.2 Störung und Missverständnisse im Kommunikationsprozess

Kommunikation ist ein zentraler Bestandteil erfolgreicher Führung, doch in der Praxis treten immer wieder Störungen und Missverständnisse auf, die den reibungslosen Austausch von Informationen behindern können. Diese Barrieren wirken sich nicht nur auf die Übermittlung von Botschaften aus, sondern beeinflussen auch das Arbeitsklima, die Teamdynamik und die Qualität der Zusammenarbeit.

	Was gemeint ist	≠	was verstanden wird
	Was gesagt wird	≠	was gehört wird
▶	Was gehört wird	≠	was interpretiert wird
	Was verstanden wird	≠	was zugestimmt wird
	Was zugestimmt wird	≠	was gehandelt wird

Missverständnisse entstehen häufig, weil das, was eine Person ausdrücken möchte, nicht in derselben Weise von anderen verstanden wird. Ein klassisches Beispiel ist die Schichtplanung: Eine Führungskraft teilt den neuen Plan per E-Mail mit, doch einige Mitarbeitende missverstehen die Zeiten oder fühlen sich übergangen, weil sie nicht persönlich informiert wurden. In anderen Fällen kann eine vage Anweisung, wie „Achten Sie darauf, dass die Dokumentation vollständig ist", bei unterschiedlichen Teammitgliedern zu völlig unterschiedlichen Interpretationen führen – von einer einfachen Überprüfung bis hin zu einer detaillierten Überarbeitung.

Diese Differenzen entstehen, weil Botschaften oft durch individuelle Erfahrungen, Erwartungen und emotionale Zustände gefiltert werden. Was gesagt wird, deckt sich daher nicht immer mit dem, was gehört, verstanden oder umgesetzt wird. Besonders in stressreichen Situationen, wie der Übergabe einer kritischen Pflegeanweisung, können Zeitdruck und emotionale Belastungen dazu führen, dass wichtige Details überhört oder falsch interpretiert werden.

Auch die Beziehungsebene zwischen den Gesprächspartnern spielt eine wesentliche Rolle. Wenn eine Führungskraft beispielsweise im Team Kritik an einem Arbeitsprozess übt, kann dies von einigen als sachliche Rückmeldung verstanden werden, während andere es als persönlichen Angriff wahrnehmen. Solche Spannungen können langfristig das Vertrauen im Team schwächen und die Zusammenarbeit erschweren.

Die Komplexität wird durch technische Barrieren in der digitalen Kommunikation weiter erhöht. In virtuellen Meetings fehlen oft nonverbale Hinweise wie Mimik und Gestik, was die Interpretation von Aussagen erschwert. Ein Beispiel hierfür ist ein Teamgespräch über Videokonferenz, bei dem eine Führungskraft eine knappe Antwort gibt, die ohne den begleitenden Tonfall als Desinteresse interpretiert wird. Die Analyse solcher Störungen verdeutlicht, wie fehleranfällig der Kommunikationsprozess ist. Führungskräfte stehen vor der Herausforderung, diese Hindernisse zu erkennen und ein Bewusstsein für die wechselseitige Natur der Kommunikation zu entwickeln.

Ein tiefgreifendes Verständnis der Mechanismen, die Missverständnisse fördern, bildet die Grundlage für eine gezielte Verbesserung der Kommunikation. In den folgenden Kapiteln werden konkrete Kommunikationsmodelle und Werkzeuge vorgestellt, die Führungskräfte dabei unterstützen, Kommunikationsbarrieren zu überwinden und die Effizienz sowie die Qualität des Austauschs in ihrem Team zu steigern.

4.3 Der Kommunikationsprozess: Sender-Empfänger-Modell

Das Sender-Empfänger-Modell wurde 1948 von Claude E. Shannon und Warren Weaver entwickelt und ist eines der bekanntesten Kommunikationsmodelle, welches eine prägnante Struktur zur Analyse und Optimierung von Kommunikationsprozessen bietet.

Ursprünglich für technische Übertragungen entwickelt, findet es heute breite Anwendung in der zwischenmenschlichen Kommunikation, insbesondere in der Führung. Es beschreibt, wie Informationen von einer Informationsquelle über einen Sender und einen Kanal zu einem Empfänger übertragen werden, wobei potenzielle Störungen berücksichtigt werden. Der Kommunikationsprozess endet mit einer Rückmeldung (Feedback), die den Erfolg der Übertragung bestätigt (Hungenberg & Wulf, 2007, S. 9; Hoos-Leistner, 2019, S. 3).

Elemente des Modells

Das Modell besteht aus sieben zentralen Komponenten, die in Abb. 4.1 dargestellt werden:

1. **Informationsquelle:** Ursprung der Botschaft, z. B. ein Gedanke oder eine Idee, die formuliert wird.
2. **Sender:** Kodiert die Botschaft in eine verständliche Form, z. B. durch Sprache, Körpersprache oder andere Ausdrucksweisen. Die Qualität der Kodierung beeinflusst maßgeblich das Verständnis.
3. **Signal:** Die Übertragung der Botschaft, z. B. durch Worte, Tonfall oder visuelle Zeichen.

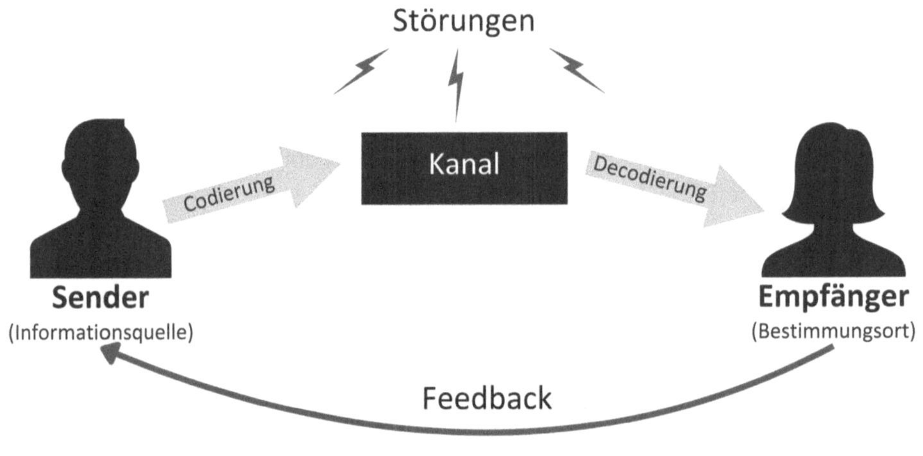

Abb. 4.1 Sender-Empfänger-Modell. (Eigene Darstellung)

4. **Kanal:** Das Medium der Übertragung, etwa ein Gespräch, eine E-Mail oder ein Videoanruf. Die Wahl des Kanals sollte dem Kontext und der Zielgruppe entsprechen.
5. **Störungen:** Beeinträchtigungen des Kommunikationsprozesses, z. B. Geräusche, technische Probleme oder emotionale Barrieren.
6. **Empfänger:** Dekodiert die Botschaft und ordnet sie in seinen Kontext ein. Individuelle Faktoren wie Erfahrungen und Wahrnehmungen spielen dabei eine zentrale Rolle.
7. **Feedback:** Die Reaktion des Empfängers, die zeigt, ob die Botschaft verstanden wurde. Feedback schließt den Kommunikationsprozess ab und ermöglicht Anpassungen.

Praxisrelevanz für Führungskräfte

Das Sender-Empfänger-Modell bietet Führungskräften eine wertvolle Grundlage, um Kommunikationsbarrieren zu identifizieren und gezielt anzugehen. Dabei wird deutlich, wie wichtig es ist, jede Phase des Kommunikationsprozesses bewusst zu gestalten, um Missverständnisse zu minimieren und die Zusammenarbeit zu stärken. Folgende Ansätze sind besonders praxisrelevant:

1. **Klare Kodierung: Präzise und zielgerichtete Botschaften formulieren**
   Die Qualität der Kommunikation steht und fällt mit der Klarheit der Botschaft. Führungskräfte sollten sich darauf konzentrieren, Informationen so zu formulieren, dass sie für die Zielgruppe verständlich und nachvollziehbar sind. Das bedeutet:
   - **Einfachheit:** Vermeiden Sie komplizierte oder mehrdeutige Formulierungen. Fachjargon, der den Adressaten nicht vertraut ist, kann zu Verwirrung führen.
   - **Struktur:** Gliedern Sie Ihre Aussagen logisch. Beginnen Sie mit dem Ziel der Kommunikation, erläutern Sie die wesentlichen Punkte und schließen Sie mit klaren Handlungsanweisungen.
   - **Zielgruppenspezifisch:** Passen Sie die Sprache und den Tonfall an die Empfänger an. Zum Beispiel benötigen erfahrene Mitarbeitende möglicherweise weniger Detailtiefe als neue Teammitglieder.
2. **Geeignete Kanäle: Den richtigen Übertragungsweg wählen**
   Der Kommunikationskanal beeinflusst, wie effektiv eine Botschaft beim Empfänger ankommt. Führungskräfte sollten das Medium bewusst auswählen, basierend auf:
   - **Dringlichkeit:** Für zeitkritische Themen ist ein persönliches Gespräch oder ein Anruf oft effektiver als eine E-Mail.
   - **Komplexität:** Detaillierte oder emotionale Inhalte sollten bevorzugt in persönlichen Meetings oder Videokonferenzen besprochen werden, da nonverbale Hinweise wie Mimik und Gestik die Botschaft unterstützen.
   - **Nachhaltigkeit:** Für wiederkehrende Informationen oder Dokumentationen eignen sich digitale Plattformen oder schriftliche Kommunikation, um jederzeit darauf zurückgreifen zu können.

3. **Störungen minimieren: Hindernisse erkennen und beseitigen**
   Kommunikationsstörungen – ob physisch, technisch oder psychologisch – können den Informationsfluss erheblich beeinträchtigen. Führungskräfte sollten eine störungsfreie Umgebung schaffen:
   - **Physisch:** Wählen Sie für wichtige Gespräche einen ruhigen Raum ohne Ablenkungen.
   - **Technisch:** Überprüfen Sie vor virtuellen Meetings die Technik und stellen Sie sicher, dass alle Teilnehmenden mit den Tools vertraut sind.
   - **Psychologisch:** Reduzieren Sie emotionale Barrieren, indem Sie eine wertschätzende und unterstützende Atmosphäre schaffen. Klären Sie Missverständnisse frühzeitig, indem Sie aktiv zuhören und nachfragen.
4. **Feedback aktiv einholen: Den Regelkreis der Kommunikation schließen**
   Der Erfolg einer Botschaft hängt davon ab, ob sie richtig verstanden wurde. Führungskräfte sollten regelmäßig Feedback einholen, um sicherzustellen, dass die Kommunikation effektiv war:
   - **Rückfragen stellen:** „Welche Fragen haben Sie zu meinen Anweisungen?“ oder „Wie schätzen Sie die Machbarkeit dieser Vorgehensweise ein?“ fördern den Dialog.
   - **Zusammenfassungen einfordern:** Bitten Sie den Empfänger, die Kernaussagen der Botschaft in eigenen Worten zu wiederholen. Dies verdeutlicht, ob die Inhalte korrekt verstanden wurden.
   - **Nonverbale Signale beachten:** Achten Sie auf Mimik und Gestik, die Unklarheiten oder Unsicherheiten signalisieren können.

Das Sender-Empfänger-Modell zeigt, wie Kommunikation strukturiert analysiert und optimiert werden kann. Führungskräfte, die die Elemente bewusst anwenden, stärken das Vertrauen in ihrem Team und fördern eine effektivere Zusammenarbeit, insbesondere in anspruchsvollen Arbeitsfeldern wie der Pflege (Hungenberg & Wulf, 2007, S. 9; Bundesanstalt für Arbeitsschutz und Arbeitsmedizin (BAuA), 2010, S. 18).

4.4 Kommunikationspsychologische Modelle für eine wirkungsvolle Führung

In der Kommunikationsforschung gibt es eine Vielzahl von Modellen, die für die Analyse von Kommunikationsprozessen von zentraler Bedeutung sind. Besonders relevant für Führungskräfte sind Modelle wie das **Vier-Ohren-Modell** von Schulz von Thun, die **Eisberg-Theorie** und die **Axiome von Watzlawick**.

Diese Kommunikationsmodelle bieten Führungskräften wertvolle Instrumente, um die Dynamiken der Kommunikation besser zu verstehen und gezielt zu steuern. Sie ermöglichen es, Missverständnisse zu minimieren, die eigene Kommunikation zu optimieren und die Beziehung zu Mitarbeitenden effektiv zu gestalten.

4.4.1 Das 4-Ohren-Modell (Schulz von Thun)

Das 4-Ohren-Modell von Friedemann Schulz von Thun gehört zu den bekanntesten Kommunikationsmodellen und bietet eine fundierte Erklärung dafür, warum Menschen Botschaften unterschiedlich wahrnehmen und interpretieren. Es beschreibt, dass jede Nachricht vier verschiedene Ebenen enthält, die sowohl vom Sender als auch vom Empfänger wahrgenommen werden können. Das Modell hilft, die Komplexität von Kommunikation besser zu verstehen und Missverständnisse zu vermeiden, indem es die verschiedenen Ebenen aufschlüsselt und ein Bewusstsein für deren Bedeutung schafft (Hoos-Leistner, 2019, S. 3).

Die vier Ebenen des Modells

1. **Sachinhalt**
   Die Sachebene umfasst die reine Information, die in einer Nachricht übermittelt wird. Hier steht die Frage im Vordergrund: „Was ist der Inhalt der Botschaft?“ Beispielsweise informiert der Satz „Es ist 8 Uhr“ auf der Sachebene über die aktuelle Uhrzeit. Ebenso könnte die Aussage „Das Fenster ist offen“ bedeuten, dass der Empfänger diese Tatsache zur Kenntnis nehmen soll (Hoos-Leistner, 2019, S. 3).
2. **Selbstoffenbarung**
   Jede Nachricht gibt auch etwas über den Sender preis, sei es bewusst oder unbewusst. Die Selbstoffenbarung enthält Hinweise auf Gefühle, Einstellungen oder Absichten des Senders. Der Satz „Es ist 8 Uhr“ könnte beispielsweise signalisieren, dass der Sender gestresst ist, weil er sich verspätet hat. Ebenso kann die Aussage „Das Fenster ist offen“ darauf hinweisen, dass dem Sender kalt ist oder er empfindlich auf Zugluft reagiert (Hoos-Leistner, 2019, S. 3).
3. **Beziehungsebene**
   Die Beziehungsebene drückt aus, wie der Sender zum Empfänger steht und welche Haltung er ihm gegenüber einnimmt. Diese Ebene wird häufig durch Tonfall, Gestik und Mimik vermittelt. Der Satz „Es ist 8 Uhr“ könnte je nach Betonung als Vorwurf oder als neutraler Hinweis verstanden werden. Ähnlich könnte die Aussage „Das Fenster ist offen“ bedeuten, dass der Sender dem Empfänger mangelnde Aufmerksamkeit vorwirft, wenn dieser es nicht bemerkt hat (Hoos-Leistner, 2019, S. 3).
4. **Appell**
   Der Appell beschreibt, was der Sender mit der Nachricht erreichen möchte. Oft ist diese Ebene implizit und zielt darauf ab, den Empfänger zu einer Handlung oder Reaktion zu bewegen. Im Beispiel „Es ist 8 Uhr“ könnte der Appell lauten: „Beeil dich, wir sind spät dran“. Ebenso könnte „Das Fenster ist offen“ implizieren, dass der Empfänger es schließen soll (Hoos-Leistner, 2019, S. 3).

Anwendung des 4-Ohren-Modells in der Führung

Das Modell ist besonders hilfreich für Führungskräfte, um die Vielschichtigkeit von Kommunikation zu verstehen und gezielt darauf zu reagieren. Es verdeutlicht, dass nicht nur der Inhalt einer Nachricht zählt, sondern auch die emotionalen und beziehungsspezifischen Untertöne (Hoos-Leistner, 2019, S. 3).

- **Sensibilität für die vier Ebenen entwickeln**
  Führungskräfte sollten sich bewusst sein, dass ihre Botschaften von den Mitarbeitenden auf vier verschiedenen Ebenen empfangen werden. Das **Vier-Ohren-Modell** von Schulz von Thun verdeutlicht, dass jede Nachricht nicht nur einen **Sachinhalt** vermittelt, sondern auch Informationen über die **Beziehung**, die **Selbstoffenbarung** des Senders und einen **Appell** enthält.

  Gleichzeitig senden Führungskräfte ihre Botschaften ebenfalls auf diesen vier Ebenen, was als **Vier-Schnäbel-Modell** bezeichnet werden kann. Die Herausforderung besteht darin, sowohl bewusst zu senden als auch die unterschiedlichen Empfangsebenen zu berücksichtigen. Eine scheinbar harmlose Aussage wie „Das ist nicht der richtige Weg" kann auf der Sachinhaltsebene eine objektive Feststellung sein, aber auf der Beziehungsebene als Kritik oder Ablehnung empfunden werden. Daher ist es wichtig, den Tonfall, die Wortwahl und den Kontext der Botschaft bewusst zu gestalten (Hoos-Leistner, 2019, S. 3).

Beispiel: 4-Ohren-Modell

Eine Pflegekraft sagt: „Ich bin immer die Letzte, die Pause machen darf." Diese Aussage kann auf mehreren Ebenen interpretiert werden:

- **Sachinhaltsebene:** Die Pflegekraft stellt fest, dass sie ihre Pause spät macht.
- **Selbstoffenbarungsebene:** Sie signalisiert möglicherweise, dass sie sich ungerecht behandelt oder überfordert fühlt.
- **Beziehungsebene:** Die Aussage könnte darauf hindeuten, dass sie ein gestörtes Verhältnis zur Führungskraft empfindet.
- **Appellebene:** Sie fordert indirekt eine Veränderung der Pausenregelung.

In dieser Situation liegt es an der Führungskraft, die Aussage bewusst zu entschlüsseln. Statt sich nur auf den Sachinhalt zu konzentrieren, sollte sie auch die Selbstoffenbarung und den Appell ernst nehmen. Eine gezielte Nachfrage wie „Haben Sie das Gefühl, dass die Pausenverteilung unfair ist? Lassen Sie uns darüber sprechen" zeigt, dass die Führungskraft die Botschaft auf mehreren Ebenen verstanden hat. Dies signalisiert Wertschätzung und stärkt die Beziehungsebene (Hoos-Leistner, 2019, S. 3). ◀

Während das **Vier-Ohren-Modell** erklärt, wie Botschaften empfangen werden, fokussiert das **Vier-Schnäbel-Modell** auf den bewussten Versand von Botschaften durch die Führungskraft. Beide Perspektiven sind essenziell für eine gelungene Kommunikation. Führungskräfte sollten sich der Wirkung ihrer Botschaften bewusst sein und gezielt darauf achten, wie diese von den Mitarbeitenden auf den verschiedenen Ebenen wahrgenommen werden.

- **Konflikte entschärfen**
  Das Vier-Ohren-Modell ist ein wertvolles Werkzeug, um Konflikte frühzeitig zu erkennen und Missverständnisse zu vermeiden. Oft liegen Spannungen im Team nicht an der eigentlichen Sachinformation, sondern an unterschwelligen Botschaften auf der Beziehungs- oder Selbstoffenbarungsebene. Eine Führungskraft, die in der Lage ist, diese Ebenen zu entschlüsseln, kann die wahren Ursachen eines Konflikts identifizieren und gezielt darauf eingehen (Hoos-Leistner, 2019, S. 3).

  Ein Konflikt kann eskalieren, wenn eine Führungskraft auf eine Beschwerde eines Mitarbeitenden ausschließlich sachlich reagiert, ohne die emotionalen Aspekte zu berücksichtigen. Eine Aussage wie „Das ist doch gar nicht so schlimm" mag auf der Sachebene eine beschwichtigende Feststellung sein, wird aber auf der Beziehungsebene leicht als Abwertung der eigenen Gefühle interpretiert. Solche Missverständnisse können zu Frust und Demotivation führen.

  Indem Führungskräfte gezielt auf die Selbstoffenbarungs- und Beziehungsebene eingehen, können sie verdeckte Emotionen und Bedürfnisse ansprechen, bevor Fehlinterpretationen entstehen. Dies bedeutet jedoch nicht, dass Führungskräfte jedes Problem lösen müssen. Vielmehr geht es darum, den Dialog offen zu gestalten und Missverständnisse durch gezielte Nachfragen auszuräumen. Eine einfache Frage wie „Habe ich Sie richtig verstanden, dass Sie sich über die aktuelle Situation frustriert fühlen?" zeigt, dass die Führungskraft bereit ist, alle Ebenen der Botschaft wahrzunehmen.

- **Förderung klarer Kommunikation**
  Neben der Analyse von Botschaften ist es ebenso wichtig, dass Führungskräfte Mitarbeitende aktiv zur klarer Kommunikation anleiten. In stressigen Situationen oder emotional aufgeladenen Gesprächen neigen Menschen dazu, indirekte Botschaften zu senden oder Aussagen auf der Beziehungsebene zu verschleiern. Das kann zu weiteren Missverständnissen führen, da die eigentlichen Anliegen nicht klar formuliert werden.

  Führungskräfte können hier eine Schlüsselrolle spielen, indem sie ein Klima schaffen, indem offene und direkte Kommunikation gefördert wird. Ein wichtiger Ansatz ist es, Rückfragen zu stellen, um sicherzustellen, dass die Botschaft richtig verstanden wurde. Eine direkte Nachfrage wie „Was genau wünschen Sie sich von mir?" oder „Welche Veränderung würde Ihnen helfen?" kann verdeckte Appelle aufdecken und das Gespräch in konstruktive Bahnen lenken.

  Ebenso wichtig ist das aktive Zuhören. Mitarbeitende möchten das Gefühl haben, gehört und verstanden zu werden. Eine Führungskraft, die nur auf der Sachebene kommuniziert, übersieht oft wichtige emotionale Botschaften. Das Paraphrasieren, also das Wiederholen und Zusammenfassen der Aussage in eigenen Worten, hilft, Missverständnisse zu vermeiden. Dadurch wird sichergestellt, dass die Botschaft auf allen Ebenen wahrgenommen wird.

Beispiel

In einem Feedbackgespräch äußert eine Pflegekraft, dass sie „oft nicht weiß, was von ihr erwartet wird". Die Führungskraft könnte darauf sachlich antworten und die Aufgaben noch einmal erklären. Effektiver wäre jedoch, die Selbstoffenbarungsebene zu berücksichtigen: „Sie fühlen sich unsicher in Bezug auf Ihre Aufgaben? Möchten Sie, dass wir gemeinsam klare Ziele und Erwartungen besprechen?" Diese Art der Reaktion stärkt die Beziehungsebene und zeigt Wertschätzung gegenüber dem Anliegen der Pflegekraft. ◀

Das Modell hilft somit nicht nur, Missverständnisse zu vermeiden, sondern fördert auch eine Kultur der klaren, direkten und wertschätzenden Kommunikation im Team. Dies ist besonders in der Pflege wichtig, wo klare Absprachen und gegenseitiges Vertrauen essenziell sind, um den Arbeitsalltag effektiv zu gestalten.

4.4.2 Die Eisberg-Theorie

Die Eisberg-Theorie, häufig als Eisberg-Modell bezeichnet, dass nur ein kleiner Teil der Kommunikation sichtbar ist – wie die Spitze eines Eisbergs. Der weit größere, unsichtbare Teil liegt unter der Oberfläche und beeinflusst maßgeblich die Zusammenarbeit im Team. Während Führungskräfte oft auf die Sachebene achten, können sie emotionale Botschaften und unausgesprochene Erwartungen leicht übersehen. Dies birgt die Gefahr, dass Konflikte unbemerkt schwelen und Beziehungen belastet werden (Schulz von Thun et al., 2018, S. 68).

Gerade in Berufen wie der Pflege, wo emotionale Belastungen und Zeitdruck den Arbeitsalltag prägen, sind solche unbewussten Dynamiken häufig anzutreffen. Die Eisberg-Theorie zeigt, warum es wichtig ist, hinter die sachliche Fassade zu blicken und auf die tieferliegenden emotionalen und zwischenmenschlichen Faktoren einzugehen (Hoos-Leistner, 2019, S. 17).

Das Modell der Eisberg-Theorie

Das Eisberg-Modell unterteilt Kommunikation in zwei Ebenen:

1. **Die sichtbare Ebene (Sachebene)**
   Der sichtbare Teil des Eisbergs repräsentiert die Sachebene, die etwa 10–20 % der Gesamtkommunikation ausmacht. Hierbei handelt es sich um die bewusst wahrnehmbaren und messbaren Inhalte, wie Fakten, Daten oder Informationen. Diese Ebene ist rational und direkt, bildet jedoch nur einen Bruchteil der gesamten Kommunikation ab. Beispiele für die sichtbare Ebene sind gesprochene Worte, beobachtbare Handlungen und konkrete Fakten.

2. **Die unsichtbare Ebene (Beziehungsebene)**
   Der größere, unter der Wasseroberfläche verborgene Teil des Eisbergs steht für die Beziehungsebene. Diese umfasst 80% und beinhaltet Emotionen, Werte, Überzeugungen, Bedürfnisse, Motive sowie kulturelle Prägungen, die oft unbewusst bleiben. Nonverbale Signale wie Tonfall, Gestik und Mimik spielen eine entscheidende Rolle für das Verständnis dieser Ebene. Sie beeinflussen maßgeblich, wie die sichtbaren Inhalte wahrgenommen und interpretiert werden.

Die Beziehungsebene als Schlüssel zur Führungskompetenz

Die Eisberg-Theorie basiert auf der Annahme, dass jede Interaktion sowohl sichtbare als auch unsichtbare Anteile umfasst. Der sichtbare Teil besteht aus Fakten, Argumenten und Handlungen – das, was auf der Sachebene gesagt oder getan wird. Der unsichtbare Teil hingegen umfasst Emotionen, Überzeugungen und persönliche Erfahrungen, die stark beeinflussen, wie Botschaften wahrgenommen und interpretiert werden (Freimuth & Freimuth, 2016, S. 92 ff.)

In hierarchischen Strukturen, wie sie im Gesundheitswesen häufig vorkommen, prägen diese unsichtbaren Anteile maßgeblich die Kommunikation. Mitarbeitende nehmen Anweisungen, Kritik oder Lob nie nur auf der Sachebene wahr. Die Art der Übermittlung bestimmt oft stärker, wie eine Botschaft aufgenommen wird, als der Inhalt selbst. Ein sachlicher Hinweis auf einen Fehler kann beispielsweise als konstruktive Rückmeldung oder als persönliche Abwertung verstanden werden – je nachdem, wie die Beziehung zwischen Sender und Empfänger gestaltet ist (Hoos-Leistner, 2019, S. 23).

Eine bewusste Gestaltung der Beziehungsebene wirkt sich positiv auf Vertrauen und Zusammenarbeit aus. Führungskräfte, die die Wirkung ihrer Kommunikation reflektieren, tragen dazu bei, Missverständnisse zu vermeiden und langfristig ein respektvolles Arbeitsklima zu fördern. Dabei geht es nicht nur um die Inhalte der Botschaften, sondern auch um die zwischenmenschlichen Aspekte, die mitschwingen.

Verborgene Konfliktursachen erkennen

Das Eisberg-Modell sensibilisiert dafür, dass Konflikte im Team häufig nicht auf der sichtbaren Sachebene entstehen, sondern durch unbewusste, emotionale Bedürfnisse oder ungelöste Spannungen auf der Beziehungsebene.

Ein Mitarbeitender, der unerwartet gereizt auf eine sachliche Frage reagiert oder Entscheidungen immer wieder hinterfragt, zeigt möglicherweise Frustrationen, die nicht offen angesprochen wurden. Dies kann etwa aus Überforderung resultieren oder aus dem Gefühl, nicht ausreichend wertgeschätzt zu werden. Solche Ursachen bleiben oft im Verborgenen, wenn lediglich auf der Sachebene kommuniziert wird. Das Modell regt dazu an, auch die unausgesprochenen Dynamiken wahrzunehmen und gezielt darauf einzugehen (Alter, 2018, S. 34).

Auch nonverbale Signale spielen dabei eine wichtige Rolle. Emotionale Botschaften werden häufig über Körpersprache, Tonfall oder Mimik vermittelt und nicht explizit ausgesprochen. Diese Signale richtig zu deuten, ist nicht immer einfach, da persönliche

Erfahrungen, kulturelle Prägungen oder situative Faktoren die Wahrnehmung beeinflussen können (Schulz von Thun et al., 2018, S. 74). Um Missverständnisse zu vermeiden, helfen gezielte Rückfragen, die die verschiedenen Ebenen der Kommunikation offenlegen und klären.

Wer sich der Beziehungsebene bewusst widmet, fördert ein wertschätzendes und kooperatives Miteinander im Team und stärkt das Vertrauen – eine zentrale Voraussetzung für nachhaltige Führungserfolge.

4.4.3 Die Axiome von Watzlawick

Paul Watzlawick, ein Pionier der Kommunikationswissenschaft, entwickelte fünf Axiome, die die komplexen Mechanismen menschlicher Kommunikation beschreiben. Diese Grundsätze verdeutlichen, dass Kommunikation weit über den reinen Austausch von Informationen hinausgeht und immer in einem sozialen Kontext stattfindet. Für Führungskräfte im Gesundheitswesen sind diese Axiome besonders relevant, da sie helfen, Missverständnisse zu vermeiden, Konflikte zu entschärfen und ein vertrauensvolles Arbeitsklima zu fördern (Hoos-Leistner, 2019, S. 7 f.).

Die fünf Axiome der Kommunikation

1. **Man kann nicht nicht kommunizieren**
   Jede Handlung, ob bewusst oder unbewusst, trägt eine Botschaft. Selbst Schweigen, Gestik oder Mimik werden als kommunikative Signale interpretiert. Für Führungskräfte bedeutet dies, dass auch ihr Verhalten und ihre Körpersprache stets eine Wirkung auf ihr Umfeld haben (Hoos-Leistner, 2019, S. 7 f.). Dies verdeutlicht die Notwendigkeit, sich der eigenen nonverbalen Signale bewusst zu sein.

   Wenn eine Führungskraft beispielsweise während eines Teamgesprächs keine Rückmeldungen gibt und stattdessen nur Notizen macht, könnte das als Desinteresse oder Missachtung interpretiert werden. Selbst das bewusste Vermeiden von Kommunikation sendet eine Botschaft. Dies verdeutlicht die Bedeutung einer bewussten Selbstwahrnehmung und Körpersprache in der Führungsarbeit.
2. **Jede Kommunikation hat eine Inhalts- und eine Beziehungsebene**
   Jede Botschaft enthält sowohl eine sachliche Information als auch eine emotionale Beziehungskomponente. Die Beziehungsebene beeinflusst maßgeblich, wie der Inhalt wahrgenommen wird.

   Für Führungskräfte ist es entscheidend, nicht nur auf die Klarheit der Inhalte zu achten, sondern auch darauf, wie Botschaften emotional vermittelt werden. Eine sachliche Kritik wie „Ihre Dokumentation ist nicht vollständig" kann als hilfreiche Rückmeldung oder als persönliche Abwertung empfunden werden – je nach Beziehung zwischen den Gesprächspartnern (Hoos-Leistner, 2019, S. 7 f.). Ein gezieltes Bewusstsein für die Beziehungsebene hilft, Missverständnisse zu vermeiden und Konflikte zu entschärfen.

3. **Kommunikation ist Ursache und Wirkung**
Führungskräfte gestalten die Dynamik im Team durch ihre Kommunikation aktiv mit. Ein respektvoller Umgangston fördert konstruktive Dialoge, während unachtsame Bemerkungen leicht zu Frustrationen führen können (Alter, 2018, S. 35). Im Pflegekontext zeigt sich dies etwa bei der Übergabe von Aufgaben. Eine knappe Anweisung wie „Das machen Sie jetzt so" kann Abwehrreaktionen hervorrufen, während eine Einladung zum Dialog – „Was halten Sie von dieser Vorgehensweise?" – das Engagement fördert.
4. **Menschliche Kommunikation bedient sich digitaler und analoger Modalitäten**
Digitale Modalitäten umfassen die expliziten, verbalen Inhalte der Kommunikation, während analoge Modalitäten nonverbale Signale wie Tonfall, Gestik und Mimik beinhalten. Um Missverständnisse zu vermeiden, sollten Führungskräfte darauf achten, dass verbale und nonverbale Botschaften übereinstimmen (Hoos-Leistner, 2019, S. 7 f.). Ein Lob wie „Gut gemacht" verliert an Wirkung, wenn es mit einem gelangweilten Ton oder einem abgewandten Blick geäußert wird. Im digitalen Zeitalter gewinnt dieses Axiom an Bedeutung. Virtuelle Meetings erschweren den Zugang zu nonverbalen Hinweisen, weshalb Führungskräfte in solchen Situationen bewusst mehr verbale Klarheit und Rückfragen einbauen sollten.
5. **Kommunikation ist symmetrisch oder komplementär**
Symmetrische Kommunikation findet auf Augenhöhe statt, etwa zwischen Kolleg*innen im Team. Komplementäre Kommunikation hingegen zeichnet sich durch unterschiedliche Rollen und Hierarchien aus, wie sie zwischen Führungskraft und Mitarbeitenden besteht.

   Führungskräfte sollten in der Lage sein, je nach Situation zwischen beiden Formen zu wechseln. Ein symmetrischer Austausch fördert die Eigenverantwortung der Mitarbeitenden, während eine komplementäre Kommunikation bei klaren Anweisungen oder Krisensituationen notwendig ist (Hoos-Leistner, 2019, S. 7 f.).

   Während eines Teammeetings kann beispielsweise eine symmetrische Kommunikation hilfreich sein, um verschiedene Perspektiven einzubeziehen. In einer Notfallsituation hingegen ist eine klare, komplementäre Ansprache notwendig, um schnelle Entscheidungen zu treffen.

Anwendung der Axiome im Führungsalltag

Die Axiome von Paul Watzlawick verdeutlichen, dass Kommunikation weit über den Austausch von Informationen hinausgeht. Jede Botschaft enthält sowohl sichtbare als auch unsichtbare Anteile, die das Verhalten und die Wahrnehmung der Gesprächspartner*innen prägen. Führungskräfte, die diese Dynamik erkennen, können bewusster kommunizieren und gezielt auf die verschiedenen Ebenen der Interaktion eingehen, um Missverständnisse zu vermeiden und die Zusammenarbeit im Team zu stärken (Hoos-Leistner, 2019, S. 7 f.).

Ein zentrales Prinzip ist das Bewusstsein, dass Kommunikation immer stattfindet – auch dann, wenn nichts gesagt wird. Schweigen, Körpersprache und andere nonverbale Signale senden Botschaften, die Einfluss auf das Arbeitsklima haben. Führungskräfte, die ihre Kommunikation ganzheitlich reflektieren, berücksichtigen sowohl das, was sie sagen, als auch das, was sie durch ihr Verhalten ausdrücken. Besonders im Pflegealltag, wo Emotionen, Stress und hohe Arbeitsbelastung den Umgang prägen, wirken diese subtilen Signale häufig stärker als gesprochene Worte (Schulz von Thun et al., 2018, S. 72).

Darüber hinaus verdeutlichen die Axiome, dass Kommunikation immer Teil eines Beziehungsprozesses ist. Der Ton, die Haltung und der Kontext beeinflussen, wie Inhalte wahrgenommen werden. Ein sachlicher Hinweis kann konstruktiv wirken oder als persönliche Kritik empfunden werden – je nachdem, wie die Beziehung zwischen den Gesprächspartner*innen gestaltet ist. Führungskräfte, die die Beziehungsebene bewusst einbeziehen, fördern Vertrauen und schaffen die Grundlage für konstruktive Dialoge.

Ein weiterer wichtiger Aspekt ist die wechselseitige Wirkung von Kommunikation. Jede Äußerung beeinflusst die Reaktion des Gegenübers und prägt den weiteren Gesprächsverlauf. Reflexion und Selbstwahrnehmung helfen Führungskräften, Eskalationen zu vermeiden und Konflikte frühzeitig zu erkennen. Das Stellen offener Fragen oder das bewusste Einholen von Rückmeldungen kann dabei helfen, verborgene Spannungen aufzudecken und Lösungen gemeinsam zu entwickeln (Alter, 2018, S. 35).

Die Anwendung der Axiome im Führungsalltag erfordert nicht nur fachliche Kompetenz, sondern auch ein hohes Maß an Selbstreflexion und Empathie. Wer in der Lage ist, nonverbale Signale zu erkennen, Beziehungsdynamiken zu gestalten und Dialoge bewusst zu steuern, kann die Qualität der Kommunikation im Team nachhaltig verbessern. Dies schafft nicht nur ein produktives Arbeitsklima, sondern stärkt auch das Vertrauen und die Zufriedenheit im gesamten Pflegeumfeld.

4.5 Effektive Kommunikationstechniken

In der Führung geht es nicht allein darum, Botschaften inhaltlich korrekt zu übermitteln, sondern vor allem darum, wie diese Botschaften aufgenommen und interpretiert werden. Eine erfolgreiche Kommunikation setzt voraus, dass Führungskräfte ihre verbalen und nonverbalen Techniken bewusst einsetzen, um sowohl Klarheit als auch Wertschätzung zu vermitteln.

Missverständnisse und Spannungen im Team entstehen oft weniger durch den Inhalt einer Nachricht, sondern durch die Art und Weise, wie sie übermittelt wird. Wer in der Lage ist, gezielt auf die Wirkung seiner Kommunikation zu achten, kann das Vertrauen im Team stärken und die Zusammenarbeit fördern. Im Folgenden werden Methoden vorgestellt, die Führungskräfte dabei unterstützen, ihre Kommunikation zu präzisieren und gleichzeitig ein wertschätzendes Arbeitsklima zu schaffen.

4.5.1 Verbale und nonverbale Kommunikation

Effektive Kommunikation zählt zu den zentralen Kompetenzen von Führungskräften, da sie maßgeblich die Teamdynamik, die Motivation der Mitarbeitenden und die Qualität der Zusammenarbeit beeinflusst. Kommunikation umfasst dabei weit mehr als gesprochene

Worte – auch nonverbale und prosodische Elemente tragen dazu bei, Botschaften klar und wertschätzend zu übermitteln. Diese drei Kommunikationsbereiche – sprachliches, körpersprachliches und sprecherisches Verhalten – wirken zusammen und bestimmen, wie Botschaften aufgenommen werden (Alter, 2018, S. 5). Führungskräfte, die ihre Kommunikation gezielt steuern, können Missverständnisse vermeiden, Konflikte entschärfen und ein vertrauensvolles Arbeitsumfeld schaffen.

1. Klare und präzise Sprache
   Präzision in der Sprache ist eine der wichtigsten Grundlagen effektiver Kommunikation. Unklare oder mehrdeutige Aussagen führen schnell zu Missverständnissen, die die Zusammenarbeit im Team belasten können. Führungskräfte sollten daher ihre Botschaften so formulieren, dass die Erwartungen klar und verständlich sind. Sprachliches Verhalten umfasst hierbei Elemente wie Wörter, Sätze, Verknüpfungen, Struktur, Argumente, Fakten, Beispiele und Bilder (Alter, 2018, S. 5).

   Im Pflegekontext zeigt sich dies z. B. bei der Aufgabenverteilung. Eine vage Anweisung wie „Schauen Sie bitte, dass alles läuft" lässt Interpretationsspielraum und kann Unsicherheiten hervorrufen. Eine präzisere Formulierung wie „Bitte stellen Sie sicher, dass bis 15 Uhr alle Vitalwerte dokumentiert sind" schafft dagegen klare Erwartungen.

   Durch präzise Kommunikation wissen Mitarbeitende genau, was von ihnen erwartet wird. Dies fördert nicht nur das Verständnis, sondern auch die Motivation, da klare Ziele und Erwartungen formuliert werden.
2. Aktives Zuhören
   Neben klarer Sprache ist aktives Zuhören eine zentrale Technik, um den Dialog zu fördern und das Vertrauen im Team zu stärken. Aktives Zuhören bedeutet, dem Gesprächspartner Aufmerksamkeit zu schenken und die dahinterliegenden Bedürfnisse zu erfassen. Es geht nicht nur darum, die Worte des Gegenübers zu hören, sondern auch auf nonverbale Hinweise zu achten, um die Botschaft ganzheitlich zu verstehen (Alter, 2018, S. 8).

   Ein Beispiel im Pflegealltag ist der Umgang mit Überforderung. Wenn ein Mitarbeitender äußert, dass er sich überlastet fühlt, sollte eine Führungskraft nicht nur den Inhalt aufnehmen, sondern auch die Emotionen dahinter wahrnehmen. Eine Reaktion wie „Ich verstehe, dass die aktuelle Situation belastend ist. Lass uns gemeinsam schauen, wie wir die Aufgaben priorisieren können?" zeigt Wertschätzung und eröffnet einen konstruktiven Dialog.

   Aktives Zuhören hilft dabei, Missverständnisse zu vermeiden und ein offenes, vertrauensvolles Gesprächsklima zu schaffen. Es zeigt den Mitarbeitenden, dass ihre Anliegen ernst genommen werden.
3. Offene Körpersprache
   Körpersprachliches Verhalten, wie Mimik, Gestik, Körperhaltung und Blickkontakt, spielt eine zentrale Rolle in der Kommunikation (Alter, 2018, S. 5). Führungskräfte sollten sich ihrer nonverbalen Signale bewusst sein, da diese die verbale Kommunikation verstärken oder in Frage stellen können. Eine Führungskraft, die während eines Gesprächs mit einem Mitarbeitenden aufmerksam zuhört, dabei den Blickkontakt hält und mit einer offenen Körperhaltung reagiert, schafft eine Atmosphäre des Vertrauens

und der Wertschätzung. Im Gegensatz dazu können verschränkte Arme, Blickvermeidung oder ein abweisender Gesichtsausdruck das Gefühl vermitteln, dass die Führungskraft nicht interessiert oder ungeduldig ist.

Offene Körpersprache stärkt nicht nur das Vertrauen, sondern kann auch Konflikte entschärfen und dazu beitragen, dass Mitarbeitende sich sicherer fühlen, ihre Meinungen und Bedenken zu äußern.

4. Prosodische Elemente der Kommunikation
   Neben der verbalen und nonverbalen Kommunikation spielen auch prosodische Elemente wie Lautstärke, Betonung, Stimmhöhe und Sprechtempo eine wichtige Rolle. Diese Elemente beeinflussen, wie eine Botschaft aufgenommen wird, und können deren Wirkung erheblich verstärken oder abschwächen (Alter, 2018, S. 5).

   Im Pflegealltag vermittelt der bewusste Einsatz der Stimme Sicherheit und Orientierung. Ein Lob wie „Gut gemacht" wirkt motivierend, wenn es in einem freundlichen Ton ausgesprochen wird. Wird dieselbe Botschaft jedoch in monotoner Stimmlage und ohne Blickkontakt geäußert, verliert sie ihre Wirkung.

   Führungskräfte können prosodische Mittel gezielt einsetzen, um ihre Botschaften authentisch und überzeugend zu vermitteln.

4.5.2 Dos and Don'ts der Kommunikation

Erfolgreiche Kommunikation im Führungsalltag erfordert nicht nur die richtigen Worte, sondern auch das richtige Verhalten und die passende Haltung. Führungskräfte gestalten das Arbeitsklima und die Zusammenarbeit im Team maßgeblich durch die Art und Weise, wie sie kommunizieren. Dabei spielen sowohl verbale als auch nonverbale Signale eine wichtige Rolle.

Es gibt grundlegende Prinzipien – sogenannte Dos und Don'ts –, die Führungskräfte in ihrer Kommunikation bewusst anwenden können, um Missverständnisse zu vermeiden, Vertrauen zu stärken und eine produktive Teamdynamik zu fördern.

Dos der Kommunikation

- **Empathie zeigen**
  Empathie ist das Fundament jeder erfolgreichen Kommunikation. Sie ermöglicht es, die Perspektiven der Mitarbeitenden nachzuvollziehen und deren emotionale Bedürfnisse zu berücksichtigen. Im Pflegealltag, der häufig von Stress und emotionalen Belastungen geprägt ist, zeigt sich Empathie besonders im Umgang mit Überforderung, Unsicherheit oder Frustration.

  Eine empathische Haltung bedeutet, aktiv zuzuhören und sich Zeit zu nehmen, um hinter die Fassade zu blicken. Führungskräfte, die empathisch handeln, vermitteln, dass die Sorgen und Anliegen der Mitarbeitenden ernst genommen werden. Dies fördert das Vertrauen und die Offenheit im Team.

Beispiel

Eine Pflegekraft äußert in einer Teambesprechung: „Ich weiß nicht, wie ich die Anforderungen in meiner Schicht schaffen soll." Anstatt nur auf die Aufgabenliste einzugehen, könnte die Führungskraft antworten: „Ich verstehe, dass die Situation belastend ist. Welche konkreten Aufgaben bereiten Ihnen die größten Schwierigkeiten? Lassen Sie uns gemeinsam schauen, wie wir die Belastung verringern können." ◀

Solche Reaktionen vermitteln Unterstützung und Wertschätzung und motivieren Mitarbeitende, sich offen zu äußern.

- **Regelmäßig Feedback geben**
  Konstruktives Feedback stärkt die persönliche und berufliche Entwicklung der Mitarbeitenden und wirkt sich positiv auf die Teamdynamik aus. Es ist wichtig, Rückmeldungen nicht nur bei Problemen zu geben, sondern auch positive Leistungen zu würdigen.

  Regelmäßiges Feedback sollte konkret, zeitnah und ausgewogen sein – sowohl Lob als auch Verbesserungsvorschläge sollten klar formuliert werden. Es geht darum, eine lernfördernde Kultur zu schaffen, in der sich Mitarbeitende sicher fühlen, Rückmeldungen zu erhalten und auch selbst Feedback zu geben.

Beispiel

„Mir ist aufgefallen, dass Sie bei der Dokumentation heute sehr gründlich gearbeitet haben. Das hilft uns, die Übergabe effizienter zu gestalten. Wenn Sie zusätzlich noch die wichtigsten Punkte kurz zusammenfassen, wird es für das Team noch hilfreicher." ◀

Solches Feedback vermittelt nicht nur Anerkennung, sondern zeigt auch konkrete Wege zur Weiterentwicklung auf. Es stärkt das Vertrauen in die Führungskraft und fördert die Motivation.

- **Konflikte offen ansprechen**
  Konflikte sind in jeder Arbeitsumgebung unvermeidlich, aber es ist entscheidend, wie Führungskräfte mit ihnen umgehen. Anstatt Konflikte zu ignorieren oder zu vermeiden, sollten sie diese offen ansprechen und eine Lösung suchen. Eine transparente Kommunikation in Konfliktsituationen fördert das Vertrauen und verhindert, dass Spannungen eskalieren. Führungskräfte sollten dabei eine lösungsorientierte Haltung einnehmen und die Beteiligten in den Lösungsprozess einbeziehen.

Beispiel

„Ich habe den Eindruck, dass es bei der letzten Übergabe zu Missverständnissen gekommen ist. Lassen Sie uns gemeinsam darüber sprechen, damit wir künftig besser zusammenarbeiten können." ◀

Eine solche Herangehensweise zeigt, dass Konflikte als gemeinsame Herausforderung betrachtet werden. Dies stärkt die Teamdynamik und fördert eine lösungsorientierte Kommunikation.

Don'ts der Kommunikation

- **Herablassender Tonfall**
  Ein herablassender Tonfall ist eines der größten Hindernisse für eine respektvolle Kommunikation. Besonders im Pflegealltag, wo Teams oft unter Zeitdruck stehen und mit emotional belastenden Situationen konfrontiert sind, wirkt ein abwertender Umgangston demotivierend und kann die Teamdynamik nachhaltig belasten.
  Ein abwertender Ton vermittelt Desinteresse oder Missachtung und schwächt das Selbstwertgefühl der Mitarbeitenden. Dies untergräbt nicht nur das Vertrauen in die Führungskraft, sondern fördert auch Konflikte und Missverständnisse.

Beispiel

Statt zu sagen „Das hättest du doch längst wissen müssen", sollte eine Führungskraft Unterstützung und Zusammenarbeit signalisieren: „Lass uns gemeinsam durchgehen, was hier schiefgelaufen ist, und wie wir es beim nächsten Mal besser machen können." ◀

Ein respektvoller Ton fördert konstruktive Gespräche und zeigt den Mitarbeitenden, dass sie ernst genommen werden.

- **Unterbrechen oder Abwertung von Meinungen**
  Das Unterbrechen von Mitarbeitenden oder die Abwertung ihrer Meinungen ist ein häufiges Kommunikationsproblem, das die Offenheit im Team erheblich beeinträchtigt. Wenn sich Mitarbeitende nicht gehört fühlen, führt dies häufig zu Frustration und mangelndem Engagement.
  Besonders im Pflegealltag, wo die Expertise der Mitarbeitenden für den Arbeitsablauf entscheidend ist, ist es wichtig, Raum für offene Meinungsäußerungen zu schaffen. Führungskräfte sollten aktiv zuhören und sicherstellen, dass alle Mitarbeitenden die Möglichkeit haben, ihre Gedanken vollständig zu äußern.

Beispiel

Statt einem Mitarbeitenden ins Wort zu fallen, sollte die Führungskraft mit einem Satz wie „Danke für deinen Beitrag, lass uns das weiter ausführen" zeigen, dass sie die Meinung des Gegenübers respektiert. Dies fördert ein offenes und vertrauensvolles Gesprächsklima. ◀

- **Unklare oder widersprüchliche Aussagen**
  Unklare oder widersprüchliche Aussagen führen schnell zu Verwirrung und Unsicherheit im Team. Besonders in stressreichen Situationen, wie Übergaben oder Teambesprechungen, benötigen Mitarbeitende klare und präzise Anweisungen, um Missverständnisse zu vermeiden.

  Inkonsistente Aussagen seitens der Führungskraft können das Vertrauen schwächen und den Eindruck vermitteln, dass die Führung unsicher oder desinteressiert ist. Transparenz und Konsistenz in der Kommunikation sind daher essenziell.

Beispiel

Statt zu sagen „Versuche, die Aufgabe bis nächste Woche zu erledigen, aber es ist nicht so wichtig, dass du es pünktlich machst“, sollte die Führungskraft eine klare Erwartung formulieren: „Bitte stelle sicher, dass die Aufgabe bis spätestens Freitag erledigt ist, da sie für den weiteren Ablauf entscheidend ist.“ ◀

Klare Kommunikation schafft Verlässlichkeit und Orientierung und stärkt das Vertrauen im Team.

- **Passiv-aggressive Kommunikation**
  Passiv-aggressive Kommunikation, wie ironische Kommentare oder unterschwellige Kritik, ist eine besonders schädliche Form der Kommunikation, die häufig unbewusst eingesetzt wird. Führungskräfte, die durch sarkastische Bemerkungen oder subtile Abwertungen versuchen, Unzufriedenheit zu äußern, riskieren, das Arbeitsklima nachhaltig zu belasten.

Beispiel

Statt zu sagen „Ach, das ist ja mal was Neues, dass Sie pünktlich sind“, sollte eine Führungskraft direkte und wertschätzende Rückmeldungen geben, um Probleme offen anzusprechen: „Ich freue mich, dass Sie heute pünktlich gekommen sind. Lassen Sie uns gemeinsam schauen, wie wir das künftig beibehalten können.“ ◀

Eine klare, wertschätzende Kommunikation verhindert Missverständnisse und fördert eine offene Dialogkultur.

▶ Die Dos and Don’ts der Kommunikation bieten Führungskräften eine wertvolle Orientierung, wie sie ihre Kommunikation gezielt gestalten können. Während empathisches Verhalten, regelmäßiges Feedback und offene Konfliktlösung Vertrauen schaffen, führen herablassende Töne, Unterbrechungen, unklare Aussagen oder passiv-aggressive Bemerkungen zu Misstrauen und Frustration im Team.

Führungskräfte, die diese Stolpersteine vermeiden, tragen dazu bei, ein wertschätzendes Arbeitsklima zu schaffen, in dem sich Mitarbeitende gehört, verstanden und respektiert fühlen. Eine klare, transparente und respektvolle Kommunikation bildet die Grundlage für eine nachhaltige Zusammenarbeit und fördert die Motivation und Zufriedenheit der Mitarbeitenden.

4.6 Digitale Kommunikation in der Pflege – Potenziale und Herausforderungen

Eine effektive Führung basiert auf einer klaren Kommunikation, welche sowohl Transparenz als auch die Koordination und Motivation von Mitarbeitenden sicherstellt. In Arbeitskontexten, in denen Teams und ihre Führungskräfte häufig verteilt in unterschiedlichen Einrichtungen arbeiten und die Weitergabe von Informationen einen hohen zeitlichen Aufwand erfordert, wie beispielsweise im Bereich der Pflege, birgt die digitale Kommunikation ein beträchtliches Potenzial. Insbesondere in solchen Arbeitsumgebungen sind zeitnahe Informationen und einheitliche Prozesse von entscheidender Bedeutung, weshalb digitale Plattformen eine wichtige Basis bieten, um trotzdem als Einheit agieren zu können.

Vorteile digitaler Kommunikationstools

Digitale Kommunikationstools sorgen dafür, dass alle am Pflegeprozess beteiligten Akteure – von den Pflegekräften bis hin zu Ärztinnen und Ärzten – regelmäßig und zeitnah über wichtige Entwicklungen informiert werden. Dies schafft Transparenz und erhöht die Nachvollziehbarkeit von Entscheidungen. Mithilfe von Echtzeit-Updates können Führungskräfte schneller auf Veränderungen reagieren, beispielsweise im Falle von plötzlichen Personalausfällen oder Notfällen (Vordenbäumen & Pfannstiel, 2024, S. 793).

Ein weiterer Vorteil digitaler Hilfsmittel liegt in der Reduzierung administrativer Aufgaben. Die Automatisierung bestimmter Prozesse, wie Dienstplanung oder Dokumentation, kann die Effizienz in der Pflegeorganisation deutlich steigern. Dadurch bleibt den Pflegekräften mehr Zeit für den direkten Patientenkontakt, was sich positiv auf die pflegerische Qualität auswirkt (Doğan Merih et al., 2021, S. 208).

Praktische digitale Werkzeuge für die Pflege

Für Führungskräfte in der Pflege existiert bereits eine Vielzahl digitaler Werkzeuge, welche die Kommunikation erleichtern:

- **Kommunikationsdienst KIM (Kommunikation im Medizinwesen)** Ermöglicht das sichere und rechtskonforme elektronische Versenden medizinischer Dokumente (Kassenärztliche Bundesvereinigung (KBV), 2020, S. Abs. 1).
- **Messenger-Apps (z. B. Microsoft Teams, WhatsApp, TI Messenger):** Diese Anwendungen ermöglichen schnelle Absprachen und gezielte Kommunikation im Team.
- **Projektmanagement-Tools (z. B. Trello, Asana):** Unterstützen die Organisation und Nachverfolgung von Aufgaben in Echtzeit.

- **Videokonferenz-Tools (z. B. Zoom):** Fördern das Teamgefühl durch virtuelle Meetings und sind besonders hilfreich für verteilte Teams.
- **Bewegungsmelder und Hausnotrufsysteme:** Sorgen für Sicherheit, indem sie im Notfall automatisch Alarm auslösen (Doğan Merih et al., 2021, S. 200).
- **Mobile Datenerfassung und Pflegeprozessdokumentation:** Erleichtern die Echtzeit-Erfassung von Patientendaten und fördern den Informationsfluss innerhalb des Teams (Doğan Merih et al., 2021, S. 200).
- **Digitale Arbeits- und Planungshilfen:** Dazu gehören Dienstplan- und Tourenprogramme sowie Abrechnungssysteme, die den administrativen Aufwand reduzieren.
- **Elektronische Patientenakte (ePA):** Ab 2025 ermöglicht die ePA den Austausch von Gesundheitsinformationen zwischen Patientinnen und Patienten und ihren Leistungserbringern. Dies fördert einen integrierten Ansatz in der Versorgung (Vordenbäumen & Pfannstiel, 2024, S. 793).

Einführung und Integration digitaler Kommunikationstools
Die erfolgreiche Implementierung digitaler Technologien im Pflegealltag stellt Führungskräfte vor zahlreiche Herausforderungen. Es reicht nicht aus, digitale Werkzeuge bereitzustellen – vielmehr müssen technische, organisatorische und menschliche Aspekte gleichermaßen berücksichtigt werden, um eine nachhaltige Nutzung sicherzustellen. Dabei übernehmen Führungskräfte eine zentrale Rolle, indem sie den Veränderungsprozess aktiv begleiten und ihre Teams durch gezielte Maßnahmen unterstützen (Doğan Merih et al., 2021, S. 213).

Vor der Einführung neuer Technologien ist eine sorgfältige Analyse der aktuellen Bedingungen erforderlich. Dazu gehört, Optimierungspotenziale im Pflegeprozess sowie unternehmensinterne Bedarfe zu identifizieren. Basierend auf diesen Erkenntnissen können die Anforderungen an die digitalen Lösungen definiert und geeignete Anwendungen ausgewählt werden (Vordenbäumen & Pfannstiel, 2024, S. 789).

Ein wichtiger Aspekt ist die Evaluation der zeitlichen, personellen und finanziellen Ressourcen. Gleichzeitig müssen potenzielle Risiken, wie technische Ausfälle oder Datenschutzprobleme, frühzeitig erkannt und in die Planung einbezogen werden. Führungskräfte tragen die Verantwortung, sicherzustellen, dass digitale Lösungen nicht nur den organisatorischen Anforderungen entsprechen, sondern auch die Werte der Pflege – insbesondere das Wohl der Patientinnen und Patienten – berücksichtigen (Doğan Merih et al., 2021, S. 197).

Die frühzeitige Einbindung aller relevanten Berufsgruppen ist ein weiterer entscheidender Faktor für die erfolgreiche Einführung digitaler Technologien (Doğan Merih et al., 2021, S. 207). Dies könnte beispielsweise durch die Integration der Beschäftigten in Arbeitsgruppen gewährleistet werden, in denen sie sich an sämtlichen Prozessen – von der Entwicklung bis hin zur Integration der technologischen Lösung in die Arbeitsabläufe – beteiligt werden. Dabei schafft der Ansatz nicht nur Akzeptanz, sondern ermöglicht auch, das erforderliche Know-how und die jeweiligen Perspektiven der einzelnen Anwender zu berücksichtigen und gezielt zu nutzen. Die Mitarbeitenden können sich so nicht nur stärker mit der neuen Technologie identifizieren, sondern es wird auch eine leichtere Integration der Technik in die Arbeitsabläufe sowie eine Verkürzung der Einarbeitungsprozesse ermöglicht (Vordenbäumen & Pfannstiel, 2024, S. 790).

Mitarbeitende sollten bereits während der Entwicklung und Implementierung der Technik die Möglichkeit erhalten, die neuen Technologien auszuprobieren. Ein Praxisbeispiel ist die Einführung eines neuen Dienstplan-Tools. Anstatt das System einfach einzuführen, könnten Führungskräfte eine Testphase einrichten, in der die Mitarbeitenden das Tool ausprobieren und Verbesserungsvorschläge machen. Auf diese Weise können praktische Herausforderungen frühzeitig erkannt und gezielte Anpassungen vorgenommen werden. Auch das Vertrauen der Mitarbeitenden kann so gewonnen und deren Motivation nachhaltig gestärkt werden (Vordenbäumen & Pfannstiel, 2024, S. 790).

Schulungen und Personalentwicklung

Neue Technologien haben einen großen Einfluss auf die Arbeitsprozesse in der Pflege. Um deren Potenziale voll auszuschöpfen, braucht es gezielte Schulungs- und Bildungsangebote, die sich sowohl an die Pflegekräfte als auch an die Führungskräfte richten.

Dabei geht es nicht nur darum, den Umgang mit digitalen Hilfsmitteln zu erlernen, sondern auch ein Verständnis für deren Nutzen im Arbeitsalltag zu entwickeln. Die Mitarbeitenden sollten erkennen, wie digitale Anwendungen dazu beitragen können, administrative Aufgaben zu vereinfachen und dadurch mehr Zeit für die direkte Pflege zu schaffen. Schulungen müssen praxisnah und auf die individuellen Bedürfnisse der Pflegekräfte zugeschnitten sein. Sie sollten sowohl praktische Übungen zur Anwendung der Technologien als auch Informationen zu deren Zielen und Vorteilen beinhalten. Besonders wichtig ist es, auch die Führungskräfte einzubeziehen. Sie spielen eine entscheidende Rolle im digitalen Wandel und können ihr Team nur dann gezielt unterstützen, wenn sie selbst über ein entsprechendes digitales Mindset verfügen (Vordenbäumen & Pfannstiel, 2024, S. 791).

Durch maßgeschneiderte Bildungsangebote wird es möglich, Unsicherheiten abzubauen, Akzeptanz zu fördern und die neuen Technologien langfristig im Pflegealltag zu verankern.

Technische Unterstützung und Betreuung

Eine erfolgreiche Integration digitaler Technologien in den Arbeitsalltag von Pflegekräften setzt weiterhin voraus, dass diese nahtlos in bereits bestehende Prozesse eingebunden werden. Dies erfordert nicht nur eine klare Strategie, sondern auch eine kontinuierliche technische Unterstützung.

Ein wesentlicher Aspekt dabei ist, dass die Mitarbeitenden eine auf ihre individuellen Bedürfnisse ausgerichtete Beratung, Anleitung und Begleitung erhalten. Dadurch können Unsicherheiten abgebaut und eine kompetente Unterstützung bei Problemen gewährleistet werden. Dies fördert nicht nur die erfolgreiche Einführung der Technologie, sondern stärkt außerdem die Akzeptanz der Mitarbeitenden.

Eine bewährte Praxis ist der Einsatz sogenannter „Digitalisierungsbotschafter" innerhalb des Teams (Vordenbäumen & Pfannstiel, 2024, S. 792). Diese Mitarbeitenden fungieren als Vermittler zwischen den neuen Technologien und den alltäglichen Arbeitsprozessen. Als Teil des pflegerischen Teams sind sie mit der Arbeitsrealität vertraut und können so frühzeitig beim Implementierungsprozess mitwirken und die digitalen Anwendungen gezielt auf die Bedürfnisse der Mitarbeitenden anpassen. Sie haben außerdem eine Multiplikatorenfunktion und unterstützen die Pflegekräfte durch Schulungen und praktischen Hilfestellungen im Arbeitsalltag. Neben der Unterstützung des Teams hat ihre Tätigkeit auch zum Ziel, Widerstände gegenüber der neuen Technik abzubauen und ein gemeinsames Verständnis für den technologischen Wandel zu fördern. Durch regelmäßige Rückmeldungen an die Leitung oder die IT-Teams tragen sie dazu bei, die digitalen Lösungen weiter zu optimieren und an die spezifischen Anforderungen anzupassen.

Zusätzlich und als besonders förderlich hat sich eine kontinuierliche Betreuung durch IT- und Pflegeexperten erwiesen, welche die Einrichtungen bei sämtlichen Fragen oder Problemen jederzeit beraten und unterstützen können. Sie entlasten die Einrichtungen und ihre Beschäftigten insofern, dass die Akteure ihrer Kernarbeit weiterhin nachgehen können, ohne das die Qualität der Pflege beeinträchtigt wird (Doğan Merih et al., 2021, S. 209).

Evaluation der digitalen Lösungen

Als wesentliche Voraussetzung zur Gewährleistung des langfristigen Nutzens technischer Hilfsmittel im Kontext der Pflege ist eine umfassende und kontinuierliche Evaluation erforderlich. Nur durch eine systematische Überprüfung kann festgestellt werden, ob die eingesetzten Technologien die gewünschten Verbesserungen bringen und welche Anpassungen erforderlich sind.

Technologische Unterstützungen bringen nicht nur Potenziale mit sich, sondern auch Risiken. Sie können die Arbeitsbedingungen erleichtern, aber ebenso neue Herausforderungen schaffen – etwa durch erhöhten Schulungsbedarf, veränderte Abläufe oder technische Probleme (Doğan Merih et al., 2021, S. 212). Daher ist es wichtig, regelmäßig zu prüfen, wie gut die Technologie in den Arbeitsalltag integriert wurde und ob die erwarteten Vorteile tatsächlich eingetreten sind. Da viele Auswirkungen erst nach einer gewissen Zeit sichtbar werden, ist eine längerfristige Evaluierung entscheidend. Nur so kann sichergestellt werden, dass digitale Anwendungen den angestrebten Mehrwert bringen, ohne gleichzeitig unerwünschte Nebeneffekte zu erzeugen.

Die Evaluation sollte dabei verschiedene Ebenen berücksichtigen, um ein umfassendes Bild von der Wirkung der digitalen Hilfsmittel zu erhalten:

- **Nutzung der Technologie:** In welchem Umfang und mit welcher Effektivität wird die neue Technik von den Pflegekräften genutzt? Lassen sich Schwierigkeiten in der Bedienung oder ein fehlendes Vertrauen in die Anwendung beobachten?
- **Veränderungen der Arbeitsbedingungen:** Inwiefern beeinflusst die Technologie die Arbeitsbelastung, die Effizienz sowie die Zufriedenheit der Mitarbeitenden?
- **Patientenperspektive:** Welchen Nutzen zeigt die Technologie bezüglich der Qualität der Pflege und der Patientenerfahrung?

Darüber hinaus ist es wichtig, potenzielle Risiken oder unvorhergesehene Probleme möglichst zeitnah zu identifizieren und entsprechende Maßnahmen zu ergreifen. Auch sollten die jeweiligen Ergebnisse der Evaluationen transparent kommuniziert werden, um eine offene Lernkultur im Umgang mit der Technologie zu schaffen.

Digitale Kommunikation

In der zusammenfassenden Betrachtung lässt sich also festhalten, dass die Integration moderner Kommunikationsmethoden die Führungskräfte maßgeblich bei der Optimierung von Arbeitsprozessen und der Förderung der Teamdynamik unterstützt. Dadurch wird es Führungskräften möglich, einen besseren Überblick über den Arbeitsfortschritt sowie die Auslastung einzelner Pflegekräfte zu erlangen und etwaige Schwierigkeiten schneller zu identifizieren und darauf zu reagieren. Des Weiteren bleiben sie für das Team jederzeit ansprechbar, auch wenn sie verteilt an verschiedenen Orten tätig sind. Das wiederum fördert ein Gefühl der Zusammengehörigkeit und stärkt die Zufriedenheit der Mitarbeitenden.

Das volle Potenzial digitaler Anwendungen kann jedoch nur entfaltet werden, wenn sie ganzheitlich in die Pflegekonzeption eingebunden werden. Die Technik sollte daher nicht lediglich als Ergänzung, sondern vielmehr als ein integraler Bestandteil der Arbeitsabläufe und Steuerung in Pflegeeinrichtungen erachtet werden (Doğan Merih et al., 2021, S. 209). Ebenfalls ist zu berücksichtigen, dass die erfolgreiche Implementierung digitaler Hilfsmittel nicht nur eine sorgfältige Planung und umfassende Qualifizierungsmaßnahmen, sondern auch das Engagement aller involvierten Akteure erfordert.

Erst durch die feste Verankerung digitaler Anwendungen im Arbeitsalltag kann die Pflege von den Potenzialen der Digitalisierung nachhaltig profitieren.

Relevante Faktoren bei der Implementierung digitaler Technologien

- **Einbindung medizinischer und pflegerischer Fachkräfte:** Ärzte und Pflegepersonal sind Experten für die eigenen Arbeitsabläufe. Sie kennen die Schwachstellen und zeigen mögliche Verbesserungen auf.
- **Prozessanalyse:** Bestehende Abläufe sollten detailliert untersucht werden, um Optimierungsmöglichkeiten zu identifizieren und notwendige Strukturen zu schaffen.
- **Frühzeitige Partizipation:** Die erfolgreiche Implementierung hängt maßgeblich davon ab, dass die jeweiligen Berufsgruppen frühzeitig in die Veränderungsprozesse eingebunden werden.
- **Förderung digitaler Fähigkeiten:** Schulungen, die auf die individuellen Bedürfnisse der Mitarbeitenden zugeschnitten sind, helfen dabei, das Team auf neue Technologien vorzubereiten.

- **Digitalisierungsbotschafter:** Bestimmte Mitarbeitende übernehmen die Funktion, als Vermittler und Unterstützer im Digitalisierungsprozess zu agieren.
- **Gemeinsame Zielsetzung:** Das Schaffen eines kollektiven Verständnisses und der Bereitschaft, das digitale Zielbild zu unterstützen, ist essenziell für eine erfolgreiche Implementierung.
- **Stakeholder-Einbindung:** Wichtige Interessengruppen sollten frühzeitig angesprochen und eingebunden werden.
- **Ganzheitliche Verantwortung:** Die nachhaltige Umsetzung des Digitalisierungsprozesses ist nicht nur Aufgabe der IT-Abteilung, sondern liegt in der Gesamtverantwortung der jeweiligen Leitungen.
- **Digitales Denken fördern:** Insbesondere Führungspersonen sollten eine Haltung entwickeln, die auf digitale Transformation ausgerichtet ist. Sie nehmen eine Vorbildfunktion für die Mitarbeitenden ein.

(Teuber & Wiesenauer, 2022, S. 16; Vordenbäumen & Pfannstiel, 2024, S. 792)

4.7 Motivation als Führungsaufgabe

Motivation ist eine der zentralen Aufgaben von Führungskräften. Pflegekräfte sehen sich täglich mit hohen körperlichen und emotionalen Belastungen konfrontiert, die weit über fachliche Kompetenz hinausgehen. Entscheidungen müssen unter Zeitdruck getroffen werden, während gleichzeitig menschliche Nähe und Empathie gefordert sind. In einem solchen Umfeld ist Motivation essenziell, um die Qualität der Pflege aufrechtzuerhalten und die Resilienz der Mitarbeitenden zu stärken.

Dieses Kapitel widmet sich den Grundlagen menschlicher Motivation und den verschiedenen Motiven, die das Verhalten beeinflussen. Dabei wird verdeutlicht, dass Motivation tief in individuellen Bedürfnissen verwurzelt ist und nicht allein durch äußere Anreize gesteuert wird. Zudem werden konkrete Maßnahmen vorgestellt, mit denen Führungskräfte Motivation gezielt stärken und demotivierende Faktoren im Pflegealltag vermeiden können.

4.7.1 Die Bedeutung der Motivation in der Pflege

Motivation als Schlüssel zu Qualität und Resilienz

In einem Arbeitsumfeld, wie der Pflege, wird Motivation zu einem entscheidenden Faktor, um einerseits die Qualität der Pflege aufrechtzuerhalten und gleichzeitig die Resilienz der Mitarbeitenden zu stärken (Kauffeld, 2019, S. 112). Motivierte Pflegekräfte sind belastbarer, zeigen mehr Eigeninitiative und tragen aktiv zur Verbesserung von Prozessen bei.

Fehlt jedoch die innere Antriebskraft, steigt das Risiko von Frustration, Gleichgültigkeit oder innerer Kündigung. Die Folgen zeigen sich in sinkender Arbeitsqualität, erhöhter Fluktuation und steigenden Fehlzeiten – Herausforderungen, die im Pflegealltag zunehmend auftreten (von Rosenstiel et al., 2020, S. 234).

Die Notwendigkeit, Motivation als Kernaufgabe der Führung zu verstehen, wird durch die sich wandelnden Rahmenbedingungen im Gesundheitswesen verstärkt. Der zunehmende Personalmangel, steigende Dokumentationsanforderungen und die emotionale Belastung durch den Umgang mit schwer kranken oder sterbenden Patient*innen wirken sich direkt auf die Motivation der Pflegekräfte aus (Schaper, 2023, S. 75).

Motivation als Grundlage für Engagement und Qualität

Motivation beeinflusst direkt das Engagement und die Qualität der Arbeit. Pflegekräfte, die motiviert sind, arbeiten nicht nur effizienter, sondern bringen auch mehr Flexibilität, Kreativität und Eigenverantwortung in den Arbeitsalltag ein – Fähigkeiten, die im Pflegebereich besonders wichtig sind (Jung, 2017, S. 367). Schließlich müssen in der Pflege häufig unvorhersehbare Situationen bewältigt und Entscheidungen schnell getroffen werden.

Ein motiviertes Team erkennt von sich aus Verbesserungspotenziale, reagiert verantwortungsvoll auf Herausforderungen und zeigt eine höhere Resilienz gegenüber Belastungen. Studien belegen, dass motivierte Mitarbeitende weniger anfällig für Stress und Erschöpfung sind und dadurch langfristig eine stabilere Leistung erbringen (Ryan & Deci, 2017, S. 45).

Umgekehrt führt ein Mangel an Motivation häufig dazu, dass Probleme ignoriert, Veränderungen abgelehnt und Aufgaben nur noch „nach Vorschrift" erledigt werden. Gerade in Berufen mit hoher emotionaler Belastung kann dies die Qualität der Versorgung gefährden und die Zufriedenheit der Mitarbeitenden nachhaltig beeinträchtigen (Doğan Merih et al., 2021, S. 210).

Die Herausforderung für Führungskräfte

Für Führungskräfte in der Pflege besteht die zentrale Herausforderung darin, Motivation nicht als selbstverständlich anzusehen. Motivation entsteht nicht von allein und kann auch nicht dauerhaft aufrechterhalten werden, wenn die äußeren Rahmenbedingungen demotivieren.

Eine besondere Schwierigkeit liegt darin, dass Menschen im Allgemeinen unterschiedliche Motive mitbringen. Während einige intrinsisch motiviert sind und Freude daran haben, Verantwortung zu übernehmen oder zu helfen, werden andere stärker durch extrinsische Anreize wie finanzielle Sicherheit oder Anerkennung motiviert (von Rosenstiel et al., 2020, S. 241).

Führungskräfte sollten deshalb lernen, die individuellen Bedürfnisse ihrer Mitarbeitenden zu erkennen und darauf einzugehen. Studien zeigen, dass die Gestaltung des Arbeitsumfeldes eine zentrale Rolle spielt. Pflegekräfte, die sich wertgeschätzt fühlen und Handlungsspielräume erhalten, sind zufriedener und zeigen ein höheres Maß an Eigenverantwortung (Kauffeld, 2019, S. 118).

Gleichzeitig müssen Führungskräfte die Ursachen von Demotivation im Blick behalten. Häufig sind es nicht fehlende Anreize, sondern demotivierende Faktoren wie mangelnde Wertschätzung, fehlende Mitsprache oder übermäßige Belastung, die dazu führen, dass Mitarbeitende ihre Motivation verlieren (Schaper, 2023, S. 77).

Besonders in einem Arbeitsumfeld wie der Pflege, das durch ständige Anpassungen und Veränderungen gekennzeichnet ist, reichen kurzfristige Anreize allein nicht aus, um das Engagement dauerhaft aufrechtzuerhalten. Entscheidend ist ein fundiertes Verständnis der Mechanismen, die Motivation begünstigen und langfristig stärken. Dabei spielt das Wechselspiel zwischen persönlichen Werten der Mitarbeitenden und äußeren Rahmenbedingungen eine zentrale Rolle.

Für Führungskräfte bedeutet das, darauf zu achten, dass grundlegende Bedürfnisse – wie Sicherheit, Anerkennung und persönliche Weiterentwicklung – erfüllt werden. Gleichzeitig ist es wichtig, den Pflegekräften das Gefühl zu vermitteln, aktiv Einfluss auf die Gestaltung ihres Arbeitsumfelds zu nehmen (Ryan & Deci, 2017, S. 51).

4.7.2 Motive und Bedürfnisse

Was bringt Menschen dazu, sich für ihre Arbeit einzusetzen? Motivation beschreibt die inneren Antriebe, die Menschen dazu bewegen, bestimmte Handlungen auszuführen. Für Führungskräfte im Pflegebereich ist es entscheidend zu verstehen, welche Faktoren das Verhalten ihrer Mitarbeitenden beeinflussen und wie diese gezielt gefördert werden können (Jung, 2017, S. 367).

In der Praxis ist immer wieder feststellbar, dass manche Mitarbeitende freiwillig zusätzliche Aufgaben übernehmen und sich aktiv in Projekte einbringen, während andere nur das Nötigste erledigen. Solche Unterschiede lassen sich oft auf individuelle Motive zurückführen, die das Verhalten prägen. Führungskräfte können gezielt auf diese Motive eingehen und sie durch passende Maßnahmen verstärken, um das Engagement zu fördern. Laut Jung (2017, S. 368) umfasst der Motivationsprozess mehrere Schritte:

- Handlungsmotive werden geweckt.
- Verschiedene Handlungsoptionen werden abgewogen.
- Eine Entscheidung wird getroffen.
- Das Handeln wird auf ein Ziel ausgerichtet.
- Schließlich wird das Handeln gesteuert und aufrechterhalten.

Für Führungskräfte bedeutet das: Mitarbeitende sind dann besonders motiviert, wenn ihre eigenen Ziele mit den Zielen der Einrichtung in Einklang gebracht werden können. Dies erfordert eine bewusste Gestaltung der Arbeitsumgebung, die sowohl berufliche Entwicklungsmöglichkeiten als auch persönliche Bedürfnisse berücksichtigt.

In der Praxis kann es jedoch herausfordernd sein, diesen Einklang herzustellen, da die Ziele der Pflegekräfte und die organisatorischen Anforderungen nicht immer vollständig übereinstimmen. Während Pflegekräfte beispielsweise den Wunsch nach geregelten Arbeitszeiten, einem guten Teamklima und persönlicher Weiterentwicklung haben, stehen auf der Seite der Einrichtung wirtschaftliche Effizienz und die Sicherstellung einer lückenlosen Versorgung im Vordergrund.

Abweichungen bei individuellen Zielen, wie persönlichen Karriereplänen oder Wünschen nach flexiblen Arbeitszeiten, sind bis zu einem gewissen Grad normal und müssen nicht zwangsläufig zu Motivationsverlust führen. Entscheidend ist jedoch, dass grundlegende Werte wie gegenseitige Wertschätzung, ein respektvoller Umgang und die Anerkennung der geleisteten Arbeit übereinstimmen. Diese Grundpfeiler bilden die Basis für langfristige Motivation, auch wenn nicht alle individuellen Wünsche erfüllt werden können.

Führungskräfte sollten daher darauf achten, dass sie im Dialog mit ihren Mitarbeitenden sowohl die Bedürfnisse der Organisation als auch die persönlichen Ziele offen thematisieren. Dabei ist es wichtig, die Mitarbeitenden in Entscheidungsprozesse einzubeziehen und ihnen Handlungsspielräume zu bieten, um eigenverantwortlich arbeiten zu können. So entsteht eine Arbeitsumgebung, in der Mitarbeitende trotz individueller Unterschiede das Gefühl haben, Teil eines gemeinsamen Ziels zu sein, was langfristig ihre Motivation und Bindung stärkt.

Welche Motive treiben uns an?

Die Grundlage für Motivation liegt in den individuellen Bedürfnissen der Menschen. Diese Bedürfnisse erzeugen Verhaltensbereitschaften, die als Motive bezeichnet. Motive erklären, warum Menschen bestimmte Ziele verfolgen und wie intensiv sie sich für deren Erreichung einsetzen. Motivation ist somit kein statisches Merkmal, sondern ein dynamischer Prozess, der von inneren Antrieben und äußeren Einflüssen beeinflusst wird (von Rosenstiel et al., 2020).

Beispiel

Eine Pflegekraft, die in ihrem Beruf Erfüllung sucht, zeigt möglicherweise eine starke intrinsische Motivation. Sie empfindet Freude daran, Patientinnen und Patienten zu unterstützen und komplexe Herausforderungen eigenständig zu lösen. Im Gegensatz dazu kann eine andere Pflegekraft vor allem durch extrinsische Faktoren motiviert sein, etwa durch das Bedürfnis nach einem sicheren Einkommen oder die Wertschätzung im Team. ◄

Nach Jung (2017, S. 369) lassen sich Motive in verschiedene Kategorien einteilen:

1. **Physische, psychische und soziale Motive**
   Diese Einteilung zeigt, dass Motivation auf verschiedenen Ebenen wirkt:
   - **Physische Motive** beziehen sich auf grundlegende körperliche Bedürfnisse wie Nahrung, Schlaf oder Sicherheit. In der Pflege bedeutet dies beispielsweise, dass Mitarbeitende nur dann langfristig leistungsfähig sind, wenn sie ausreichend Pausen erhalten und ihre Arbeitszeiten so gestaltet sind, dass Erholung möglich ist. Pflegekräfte, die ständig Überstunden leisten oder unter Zeitdruck stehen, werden schnell erschöpft und demotiviert.

- **Psychische Motive** umfassen Bedürfnisse wie Unabhängigkeit, Selbstverwirklichung oder den Wunsch, sich weiterzuentwickeln. Pflegekräfte, die diese Motive ausleben können – etwa durch Fortbildungen oder die Übernahme von Verantwortung – zeigen oft eine höhere Eigeninitiative und ein stärkeres Engagement.
- **Soziale Motive** beziehen sich auf Anerkennung und Wertschätzung durch andere. Gerade im Pflegeberuf spielt soziale Anerkennung eine zentrale Rolle. Mitarbeitende, die das Gefühl haben, von Vorgesetzten, Kolleg*innen oder Patient*innen geschätzt zu werden, fühlen sich motivierter und sind eher bereit, zusätzliche Aufgaben zu übernehmen.

Es ist somit die Aufgabe von Führung, neben einer gerechten Verteilung der Arbeitslast und der Sicherstellung physischer Grundbedürfnisse auch darauf zu achten, dass die Mitarbeitenden sich als Teil eines wertschätzenden Teams fühlen und Möglichkeiten zur Weiterentwicklung erhalten.

2. Primäre und sekundäre Motive
   Motive lassen sich auch danach unterscheiden, ob sie angeboren sind oder im Laufe des Lebens entwickelt werden:
   - **Primäre Motive** sind instinktive Bedürfnisse, die biologisch verankert sind, wie das Bedürfnis nach Nahrung, Schlaf oder Schutz vor Gefahren. Diese Motive müssen erfüllt sein, damit Mitarbeitende überhaupt in der Lage sind, motiviert zu arbeiten. Eine Pflegekraft, die ständig unter Zeitdruck steht oder keinen ausreichenden Schutz vor Belastungen erfährt, wird langfristig demotiviert sein.
   - **Sekundäre Motive** entstehen durch Erfahrungen und den sozialen Kontext. Dazu zählen das Streben nach Geld, Status oder beruflicher Anerkennung. Im Pflegebereich spielen sekundäre Motive eine wichtige Rolle, um langfristige Arbeitszufriedenheit zu gewährleisten. Ein faires Gehalt, Karriereperspektiven und die Möglichkeit, sich innerhalb der Organisation weiterzuentwickeln, sind entscheidende Faktoren, um die Mitarbeitenden zu binden.

Diese Unterscheidung verdeutlicht, dass Motivation sowohl durch grundlegende Bedürfnisse als auch durch gesellschaftlich geprägte Erwartungen beeinflusst wird. Führungskräfte sollten deshalb sowohl die basalen Bedürfnisse ihrer Mitarbeitenden im Blick behalten als auch individuelle Entwicklungswünsche berücksichtigen.

3. **Intrinsische** und extrinsische Motive
   Eine weitere zentrale Kategorie unterscheidet zwischen **intrinsischer** und **extrinsischer Motivation**:
   - **Intrinsische Motive** entstehen durch die Freude an der Aufgabe selbst. Mitarbeitende, die intrinsisch motiviert sind, handeln aus eigenem Antrieb, weil sie ihre Tätigkeit als sinnvoll und erfüllend empfinden. Im Pflegealltag äußert sich dies beispielsweise durch den Wunsch, anderen Menschen zu helfen oder Verantwortung zu übernehmen.

- **Extrinsische Motive** werden durch äußere Anreize ausgelöst. Dazu gehören Gehalt, Anerkennung oder berufliche Sicherheit. Diese Anreize sind besonders wichtig, um kurzfristige Leistungsbereitschaft zu fördern. Eine Pflegekraft, die für ihre gute Arbeit regelmäßig gelobt wird oder finanzielle Vorteile erhält, fühlt sich in ihrem Engagement bestätigt.

Für eine nachhaltige Motivation braucht es beide Motivationsformen. Intrinsische Motivation führt dazu, dass Mitarbeitende auch in herausfordernden Situationen engagiert bleiben, während extrinsische Anreize kurzfristige Leistungsspitzen fördern können.

Die Bedürfnispyramide nach Maslow in der Pflegepraxis
Die Bedürfnispyramide nach Maslow (1999) ist ein bekanntes Modell zur Erklärung von Motivation. Sie beschreibt menschliche Bedürfnisse in einer hierarchischen Struktur aus fünf aufeinander aufbauenden Ebenen (s. Abb. 4.2). Maslow unterscheidet dabei zwischen **Defizitbedürfnissen** und **Wachstumsbedürfnissen**.

Defizitbedürfnisse umfassen die unteren vier Stufen der Pyramide: physiologische Bedürfnisse, Sicherheitsbedürfnisse, soziale Zugehörigkeit und Wertschätzung. Diese Bedürfnisse entstehen aus einem Mangel und müssen erfüllt werden, um ein Gefühl von Stabilität und Zufriedenheit zu erreichen. Sobald ein Defizit gedeckt ist, verliert dieses Bedürfnis an Motivationskraft.

Wachstumsbedürfnisse hingegen beziehen sich auf die oberste Ebene der Pyramide: die Selbstverwirklichung. Sie entstehen nicht aus einem Mangel, sondern aus dem Wunsch nach persönlicher Weiterentwicklung und Entfaltung. Im Gegensatz zu Defizitbedürfnissen nehmen Wachstumsbedürfnisse mit zunehmender Erfüllung weiter an Bedeutung zu, da sie auf kontinuierlichem Fortschritt und Lernprozessen basieren.

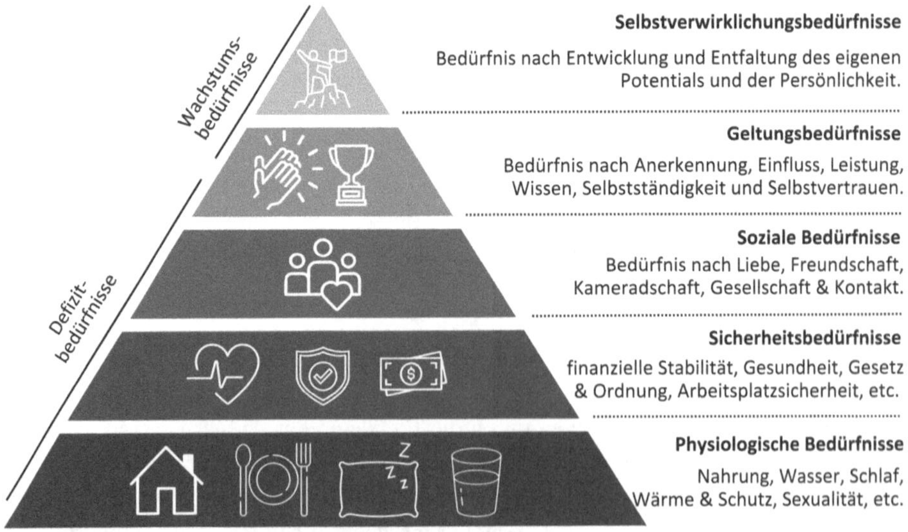

Abb. 4.2 Hierarchie der Bedürfnisse. (Eigene Darstellung)

Maslow betont, dass Defizitbedürfnisse die Grundlage bilden, während Wachstumsbedürfnisse das Potenzial für langfristige Motivation bieten. Erst wenn die grundlegenden Bedürfnisse gedeckt sind, wird der Mensch bestrebt sein, sein volles Potenzial zu entfalten.

In der Pflegepraxis könnte dies wie folgt aussehen:

1. **Grundbedürfnisse:** Ausreichende Pausen und ein geregelter Arbeitsalltag sind essenziell, um Überlastung zu vermeiden.
2. **Sicherheitsbedürfnisse**: Ein sicherer Arbeitsplatz und ein verlässliches Einkommen schaffen Stabilität.
3. **Soziale Bedürfnisse:** Ein kollegiales Team und ein wertschätzendes Arbeitsumfeld stärken das Zugehörigkeitsgefühl.
4. **Wertschätzungsbedürfnisse:** Anerkennung durch Vorgesetzte und Patient*innen steigert die Motivation erheblich.
5. **Selbstverwirklichung:** Weiterbildungsmöglichkeiten und die Übernahme von Verantwortung fördern das persönliche Wachstum.

Die Fähigkeit, die aktuelle Motivationsebene einer Mitarbeiterin oder eines Mitarbeiters situativ zu erkennen und darauf passend zu reagieren, ist eine hohe Kunst, die wesentlich zur Führungskompetenz beiträgt. Sie erfordert nicht nur fundiertes Wissen über menschliche Bedürfnisse, sondern vor allem Empathie und Aufmerksamkeit, um individuelle Situationen wahrzunehmen und angemessen darauf einzugehen. Nur durch ein solches Verständnis kann Motivation nachhaltig gefördert und das volle Potenzial der Mitarbeitenden entfaltet werden.

4.7.3 Maßnahmen zur Mitarbeitermotivation

Die Stärkung der Mitarbeitermotivation in der Pflege erfordert einen Ansatz, der zielführende und praxisnahe Maßnahmen miteinander verbindet. Dabei spielen sowohl die Förderung motivierender Faktoren als auch die Reduzierung potenzieller Demotivatoren eine zentrale Rolle. Ein besonderes Augenmerk gilt den unterschiedlichen Bedürfnissen und Wertvorstellungen der Generationen, die im Pflegealltag aufeinandertreffen, da diese erheblich variieren können.

1. **Attraktive Rahmenbedingungen**
   Herzbergs Zwei-Faktoren-Theorie macht deutlich, dass sogenannte Hygienefaktoren wie Arbeitsbedingungen, Gehalt, zwischenmenschliche Beziehungen und Unternehmenspolitik nicht direkt motivieren, jedoch unabdingbar sind, um Unzufriedenheit zu vermeiden. Fehlen diese Rahmenbedingungen oder sind sie unzureichend, wirkt dies stark demotivierend und beeinträchtigt die Arbeitszufriedenheit erheblich. Es ist daher essenziell, die grundlegenden Arbeitsbedingungen zu optimieren, um eine solide Basis für Motivation zu schaffen (Herzberg et al., 1959)

Motivierende Beispiele

- Regelmäßige Überprüfung der Arbeitsumgebung und der Ausstattung durch Mitarbeiterbefragungen.
- Klare Kommunikationsstrukturen und regelmäßige Meetings, um Transparenz und Verantwortlichkeiten sicherzustellen.
- Einführung von Feedbackrunden zur Identifikation und Behebung von strukturellen Problemen.
- Entwicklung einer gerechten und transparenten Tarifgestaltung, die sowohl branchenspezifische Standards als auch besondere Leistungen berücksichtigt.
- Einführung von Bonusprogrammen oder Zuschlägen für besonders belastende Schichten wie Nachtdienste oder Einsätze in Krisensituationen. ◀

2. **Anerkennung und Wertschätzung**
   Die Bedeutung von Anerkennung und Wertschätzung im Arbeitsalltag wird oft unterschätzt. Regelmäßige, individuelle Rückmeldungen über die geleistete Arbeit sowie die öffentliche Anerkennung von Erfolgen können das Engagement der Pflegekräfte deutlich steigern. Studien zeigen, dass Mitarbeitende, die sich wertgeschätzt fühlen, ein höheres Maß an Loyalität und Motivation aufweisen (Ryan & Deci, 2017).

Motivierende Beispiele

- Einführung eines monatlichen „Pflegehelden-Awards", bei dem besonders engagierte Mitarbeitende von Kolleg*innen und Patient*innen vorgeschlagen werden.
- Nutzung von internen Kommunikationskanälen, um Leistungen und besondere Einsätze hervorzuheben.
- Persönliche Dankesbriefe der Geschäftsführung für außerordentliche Leistungen.
- Jährliche Veranstaltungen, bei denen besondere Beiträge zum Team und zur Pflege geehrt werden.
- Einführung eines digitalen Feedback-Tools, über das Patient*innen und Angehörige anonym positives Feedback an die Pflegekräfte geben können. ◀

3. **Mitgestaltungsmöglichkeiten und Partizipation**
   Pflegekräfte profitieren von einer aktiven Einbindung in Entscheidungsprozesse. Das Gefühl, die eigene Arbeitsumgebung mitgestalten zu können, fördert die Motivation und steigert die Identifikation mit der Einrichtung (Hackman & Oldham, 1976).

Motivierende Beispiele

- Organisation von Workshops, in denen Pflegekräfte Verbesserungsvorschläge zu Arbeitsprozessen einbringen können.
- Einrichtung eines Mitarbeiterbeirats, der regelmäßig an Sitzungen der Leitungsebene teilnimmt.

- Durchführung von regelmäßigen Teambefragungen, um innovative Ideen aus der Belegschaft systematisch zu sammeln.
- Einrichtung eines digitalen Vorschlagswesens, bei dem Mitarbeitende jederzeit Ideen und Anregungen anonym oder offen einreichen können.
- Förderung bereichsübergreifender Projekte, bei denen Pflegekräfte die Möglichkeit haben, an strategischen Initiativen mitzuwirken. ◀

4. **Flexible Arbeitszeitmodelle und Work-Life-Balance**
   Die Arbeitsbelastung in der Pflege ist hoch, was zu einer Überforderung und schließlich zu einer Abnahme der Motivation führen kann. Flexible Arbeitszeitmodelle und Angebote zur Work-Life-Balance sind daher von großer Bedeutung.

Motivierende Beispiele

- Flexible Schichtmodelle, die individuelle Bedürfnisse berücksichtigen.
- Angebote wie Kinderbetreuung vor Ort oder Zuschüsse für externe Betreuung.
- Bereitstellung von Sabbaticals oder langfristigen Freistellungsoptionen, um persönliche Auszeiten zu ermöglichen.
- Zusätzliche freie Tage oder Bonusurlaub für besondere Einsätze oder langjährige Betriebszugehörigkeit. ◀

5. **Berücksichtigung der Generationenvielfalt**
   Unterschiedliche Generationen haben verschiedene Werte und Bedürfnisse, die bei der Mitarbeitermotivation berücksichtigt werden sollten.

Motivierende Beispiele

- **Generation Babyboomer (1946–1964):** Wertschätzung für Loyalität und Erfahrung durch Mentorenprogramme oder Ehrungen für langjährige Mitarbeitende.
- **Generation X (1965–1980):** Angebote zu Work-Life-Balance und flexible Arbeitszeitmodelle, um berufliche und private Verpflichtungen zu vereinbaren.
- **Generation Y (1981–1996):** Fokussierung auf Sinnhaftigkeit der Arbeit, regelmäßige Feedbackgespräche und Möglichkeiten zur Weiterbildung.
- **Generation Z (ab 1997):** Einbindung moderner Technologien, klare Karriereperspektiven und eine Unternehmenskultur, die auf Transparenz und Diversität setzt. ◀

6. **Weiterbildung und Karriereentwicklung**
   Pflegekräfte sollten nicht nur als Ausführer standardisierter Aufgaben wahrgenommen werden, sondern auch die Möglichkeit erhalten, sich weiterzuentwickeln. Weiterbildungsmöglichkeiten motivieren Mitarbeitende, ihre Kompetenzen zu erweitern, und stärken das Gefühl, dass ihre Arbeit geschätzt wird.

Motivierende Beispiele:

- Finanzierung von Fortbildungen und Zertifizierungen.
- Etablierung klarer Karrierewege, beispielsweise zur Stationsleitung oder zu spezialisierten Fachbereichen.
- Mentoring-Programme, bei denen erfahrene Pflegekräfte jüngere Kollegen bei ihrer beruflichen Entwicklung unterstützen.
- Angebote für interdisziplinäre Schulungen, um die Zusammenarbeit mit anderen Berufsgruppen zu fördern.
- Unterstützung bei der Teilnahme an Konferenzen oder Fachkongressen, um Wissen zu erweitern und Netzwerke aufzubauen. ◀

7. **Gesundheitsförderung am Arbeitsplatz**
   Die Förderung der physischen und psychischen Gesundheit der Mitarbeitenden ist ein wesentlicher Faktor für die Motivation. Programme zur Gesundheitsförderung tragen dazu bei, die Belastbarkeit der Pflegekräfte zu erhöhen und gleichzeitig die Zufriedenheit zu steigern (Siegrist, 2010).

Motivierende Beispiele:

- Bereitstellung von ergonomischen Arbeitsmitteln, um physische Belastungen zu reduzieren.
- Regelmäßige Angebote wie Yoga-Kurse oder Stressmanagement-Workshops.
- Einführung von betrieblichen Gesundheitschecks, die regelmäßig die Gesundheit der Mitarbeitenden erfassen und Verbesserungspotenziale aufzeigen.
- Zusammenarbeit mit Gesundheitsberatern und Physiotherapeut*innen, die individuelle Beratung und Behandlungen anbieten.
- Einrichtung von „Ruheräumen“ oder Pausenbereichen, die speziell zur Entspannung genutzt werden können.
- Angebote zur Ernährungsberatung und Bereitstellung gesunder Speisen in der Kantine.
- Unterstützung von Bewegungsprogrammen wie Laufgruppen oder Fitnessstudio-Kooperationen.
- Schulungen für Führungskräfte, um einen gesundheitsfördernden Führungsstil zu etablieren. ◀

8. **Motivation durch Sinnvermittlung**
   Die Arbeit in der Pflege bietet eine besondere Möglichkeit zur Sinnvermittlung, da Pflegekräfte täglich erleben, wie sie das Leben von Menschen positiv beeinflussen. Diese Sinnhaftigkeit sollte aktiv betont und in den Fokus gerückt werden. Sinnstiftende Arbeit führt nachweislich zu höherer Arbeitszufriedenheit und langfristigem Engagement (Frankl, 1992).

Motivierende Beispiele:

- Organisation von Team-Reflexionen, bei denen Pflegekräfte Geschichten und Erlebnisse teilen können, die den Wert ihrer Arbeit verdeutlichen.
- Etablierung einer Kultur, die regelmäßig die Bedeutung der Pflegearbeit für Patient*innen und Angehörige hervorhebt, etwa durch Feedbackschleifen oder Erfolgsgeschichten.
- Förderung von Projekten wie „Patientenbriefe", bei denen Patient*innen oder Angehörige Dankesnachrichten an die Pflegekräfte senden können. ◀

▶ Motivation stellt keinen statischen Zustand dar, sondern einen fortlaufenden Prozess, der beständiger Förderung und Aufmerksamkeit bedarf. Sie lässt sich nicht durch einmalige Impulse nachhaltig sichern, sondern erfordert eine kontinuierliche Auseinandersetzung mit den individuellen Bedürfnissen und Rahmenbedingungen, die Motivation begünstigen und langfristig aufrechterhalten.

4.7.4 Selbstmotivation für Führungskräfte

Die Selbstmotivation einer Führungskraft ist ein zentraler Erfolgsfaktor. Sie beeinflusst unmittelbar die Arbeitskultur, die Leistungsfähigkeit des Teams und die Qualität der Pflege. Als Bindeglied zwischen Management und Mitarbeitenden trägt die Führungskraft durch ihre innere Haltung und ihr Verhalten maßgeblich dazu bei, ein inspirierendes Arbeitsumfeld zu schaffen. Selbstmotivation, kontinuierliche Reflexion und gezielte Selbstmanagementstrategien sind entscheidend, um in einem anspruchsvollen Arbeitsumfeld langfristig motiviert zu bleiben.

Haltung und innere Einstellung: Das Fundament der Selbstmotivation
Eine reflektierte Haltung und innere Einstellung bilden die Grundlage für beruflichen Erfolg, Resilienz und die Fähigkeit, Herausforderungen in Lernchancen zu verwandeln. Führungskräfte mit einer positiven inneren Haltung strahlen nicht nur Sicherheit aus, sondern schaffen auch ein Klima, das Wachstum und Engagement fördert. Eine solche Haltung stärkt nicht nur das eigene Wohlbefinden, sondern wirkt sich auch auf die Motivation und Produktivität des gesamten Teams aus.

Ein zentrales Element dabei ist ein bewusst kultiviertes **Mindset**. Dieses umfasst Optimismus, Selbstwirksamkeit und Lösungsorientierung. Optimismus hilft dabei, Herausforderungen als Entwicklungsmöglichkeiten zu sehen und auch in schwierigen Situationen handlungsfähig zu bleiben. Selbstwirksamkeit bezeichnet das Vertrauen in die eigenen Fähigkeiten, gesetzte Ziele zu erreichen. Sie lässt sich durch Reflexion stärken und fördert ein selbstbewusstes Handeln. Lösungsorientierung lenkt den Fokus auf Möglichkeiten, anstatt sich von Problemen lähmen zu lassen. Diese Perspektive erleichtert es, Prioritäten zu setzen und Ressourcen effektiv einzusetzen.

Praktische Methoden zur Förderung dieser Haltung umfassen verschiedene **Reflexions- und Bewusstseinsübungen**, die langfristig zu einer positiven inneren Einstellung beitragen können.

Das **Führen von Reflexionstagebüchern** ist eine bewährte Methode, um Fortschritte sichtbar zu machen und wertvolle Einsichten über das eigene Verhalten und dessen Auswirkungen zu gewinnen. Durch das regelmäßige Festhalten von Erlebnissen und Erfolgen wird nicht nur Klarheit über den eigenen Entwicklungsprozess geschaffen, sondern auch das Gefühl der Selbstwirksamkeit gestärkt.

Achtsamkeitspraxis, wie sie beispielsweise durch kurze Meditationen oder gezielte Atemübungen umgesetzt werden kann, hilft dabei, Stress abzubauen und den Fokus auf das Wesentliche zu lenken. Sie ermöglicht es, bewusster mit Herausforderungen umzugehen und dadurch handlungsfähiger zu bleiben.

Affirmationen sind ein weiteres wirksames Instrument, um das Selbstvertrauen zu stärken. Positive Selbstbekräftigungen, wie „Ich bin in der Lage, schwierige Situationen zu meistern" oder „Meine Entscheidungen tragen zur Verbesserung bei", können gezielt genutzt werden, um negative Gedankenmuster zu durchbrechen und eine konstruktive innere Haltung aufzubauen.

Eingeplante **Zeiträume für Selbstreflexion** können wertvolle Momente der Ruhe und Einkehr bieten, in denen persönliche Ziele und Bedürfnisse überdacht und bei Bedarf angepasst werden. Solche Phasen tragen dazu bei, die eigene Motivation langfristig zu stärken, das eigene Verhalten kritisch zu hinterfragen und neue Handlungsmöglichkeiten zu erschließen.

Strategien zur Selbstmotivation

Um Selbstmotivation im Alltag nachhaltig umzusetzen, ist es entscheidend, gezielte Strukturen zu schaffen, die sowohl Motivation als auch Fokussierung unterstützen. Führungskräfte profitieren von Strategien, die ihren Arbeitsalltag klar strukturieren und gleichzeitig Raum für flexible Anpassungen lassen. Dies umfasst nicht nur langfristige Planungen, sondern auch kurzfristige Maßnahmen, die helfen, Stress abzubauen und Herausforderungen konstruktiv zu bewältigen.

- **Zielsetzung und Erfolgsbewusstsein**
  Klare und messbare Ziele sind essenziell. Die Zielsetzungstheorie von Locke und Latham (2002) zeigt, dass spezifische und herausfordernde Ziele die Motivation steigern. Motivationspläne dienen dabei als Orientierungshilfe, um langfristige Ziele in konkrete, erreichbare Schritte zu unterteilen. Die regelmäßige Überprüfung dieser Pläne macht Erfolge sichtbar und hilft, neue Prioritäten zu setzen. Dies fördert die intrinsische Motivation, da Fortschritte greifbarer werden und die Selbstwirksamkeit gestärkt wird.

  Ein sinnvoller Motivationsplan sollte sowohl berufliche als auch persönliche Ziele umfassen. Beispielsweise kann es hilfreich sein, regelmäßige Fortbildungen, Projektabschlüsse oder das Erreichen bestimmter Teamziele in den Plan zu integrieren. Die Erreichung dieser Meilensteine sollte bewusst reflektiert und gewürdigt werden.

Führungskräfte, die ihre Erfolge sichtbar machen, erfahren eine gesteigerte Selbstmotivation, da sie erkennen, dass ihre Anstrengungen konkrete Ergebnisse bringen.

- **Soziale Netzwerke und Austausch**
Der Austausch mit Gleichgesinnten bietet emotionale und fachliche Unterstützung. Peer-Netzwerke oder Mentoring-Programme helfen, neue Perspektiven zu gewinnen und Stress zu bewältigen (Schaufeli & Bakker, 2004). Besonders in der Pflege, wo der Arbeitsalltag oft von hohen emotionalen Belastungen geprägt ist, kann der Aufbau von sozialen Netzwerken eine wichtige Ressource sein. Führungskräfte profitieren von Gesprächen mit anderen Führungskräften, um Herausforderungen gemeinsam zu reflektieren und Lösungsmöglichkeiten zu erarbeiten.
Soziale Unterstützungsstrukturen außerhalb der Arbeit helfen Führungskräften, Stress besser zu bewältigen und neue Perspektiven auf berufliche Herausforderungen zu gewinnen. Familie und enge Freundschaften können Sicherheit und Geborgenheit vermitteln, was das emotionale Wohlbefinden stärkt.
- **Gesundheit und Lebensstil**
Eine bewusste Lebensführung fördert die physische und mentale Widerstandskraft. Regelmäßige Bewegung, gesunde Ernährung und ausreichend Schlaf sind wichtige Bestandteile. Entspannungstechniken wie Achtsamkeitstraining oder Meditation können ebenfalls integriert werden (Hammer & Sauter, 2013). Führungskräfte sollten darauf achten, ihre eigene Gesundheit nicht zu vernachlässigen, da sie als Vorbilder für ihr Team dienen.
Ein gesunder Lebensstil wirkt sich positiv auf die Energie und Belastbarkeit aus, die im Führungsalltag notwendig sind. Kurze Bewegungspausen, bewusste Ernährung und ausreichend Schlaf tragen dazu bei, die Konzentrationsfähigkeit zu erhöhen und Stress abzubauen. Zudem helfen Entspannungsübungen, den Geist zu beruhigen und Herausforderungen gelassener zu begegnen. Führungskräfte, die diese Praktiken in ihren Alltag integrieren, stärken ihre Resilienz und fördern eine nachhaltige Selbstmotivation.
- **Sinnstiftung**
Viktor Frankl (1992) betont, dass die Suche nach Sinn eine entscheidende Triebkraft des Menschen ist. Führungskräfte sollten daher den positiven Einfluss ihrer Arbeit auf das Team und die Patientinnen und Patienten bewusst reflektieren. Eine klare Sinnvermittlung hilft, den eigenen Beitrag im größeren Kontext zu erkennen und stärkt die intrinsische Motivation.
Die Sinnstiftung kann durch bewusste Reflexion über die eigene Rolle in der Organisation gestärkt werden. Führungskräfte, die ihre Arbeit als bedeutungsvoll erleben, entwickeln eine stärkere innere Motivation und geben diese an ihr Team weiter. Sie sollten regelmäßig darüber nachdenken, wie ihre Entscheidungen und Handlungen zur Verbesserung der Pflegequalität beitragen und welchen positiven Einfluss sie auf das Leben anderer haben.

- **Selbstmanagement**
  Gezielte Routinen bringen Stabilität in den oft hektischen Arbeitsalltag. Ein tägliches Morgenbriefing hilft, den Tag zu strukturieren, zentrale Aufgaben zu definieren und Prioritäten klar zu kommunizieren. Solche Rituale schaffen nicht nur Klarheit, sondern auch ein Gefühl von Kontrolle und Produktivität. Ergänzende Reflexionsphasen am Ende des Tages bieten die Möglichkeit, Erfolge zu würdigen und Verbesserungspotenziale zu erkennen.

  Routinen schaffen Orientierung und reduzieren Entscheidungsmüdigkeit. Führungskräfte können durch feste Abläufe effizienter arbeiten und Energie für wichtige Entscheidungen sparen. Beispielsweise können tägliche Check-ins mit dem Team helfen, offene Fragen zu klären und eine gemeinsame Ausrichtung zu schaffen. Auch kurze Pausen und bewusste Atemübungen während des Tages tragen dazu bei, den Fokus zu bewahren.
- **Fortbildung, Coaching und Mentoring**
  Fortbildungen liefern nicht nur neues Wissen, sondern stärken auch die Motivation durch neue Impulse und Perspektiven. Sie sollten gezielt ausgewählt werden, um sowohl fachliche als auch persönliche Kompetenzen weiterzuentwickeln. Führungskräfte profitieren von Schulungen zu Themen wie Kommunikation, Konfliktmanagement oder Resilienzförderung.

  Coaching bietet Führungskräften die Möglichkeit, konkrete Herausforderungen und Fragestellungen zu reflektieren, um hierfür individuelle Lösungen zu erarbeiten. Mentoring fördert den Erfahrungsaustausch zwischen verschiedenen Hierarchieebenen und eröffnet wertvolle Einblicke in spezifische Führungssituationen.

Durch eine Kombination dieser Ansätze können sowohl persönliche Fähigkeiten als auch die Kompetenzen des gesamten Teams nachhaltig gestärkt werden.

Strategien zur Selbstmotivation

Selbstmotivation ist somit ein zentraler Treiber erfolgreicher Führung und erfordert eine kontinuierliche, bewusste Pflege. Ein stabiles und positives Mindset, unterstützt durch erprobte Selbstmotivationsstrategien und einen ausgewogenen Lebensstil, schafft die Grundlage für eine nachhaltige, inspirierende Führungskultur. Führungskräfte, die sich selbst motivieren können, sind in der Lage, andere mit ihrem Engagement mitzureißen. Sie setzen Impulse für ein Arbeitsumfeld, das von Resilienz, Innovationskraft und einer hohen Zufriedenheit geprägt ist. Die Fähigkeit zur Selbstmotivation ist damit nicht nur eine persönliche Stärke, sondern ein essenzieller Baustein moderner Führung.

4.8 Teams erfolgreich führen

Teamarbeit stellt in der Pflege eine essenzielle Grundlage dar, um komplexe Aufgaben erfolgreich zu bewältigen und eine qualitativ hochwertige Versorgung zu gewährleisten. Teams sind nicht nur funktionale Einheiten, sondern auch soziale Systeme, die von Interaktionen, wechselseitigen Abhängigkeiten und gemeinsamen Zielen geprägt sind.

▶ **Definition Team** – Kauffeld (Rhein & Kauffeld, 2001) definiert Teams als „mehrere Personen, die interagieren, voneinander abhängig sind, ein gemeinsames Ziel verfolgen und ein Wir-Gefühl haben. Sie werden durch andere und durch sich selbst als Gruppe wahrgenommen."

Diese Definition verdeutlicht, dass Teams gezielt gefördert und in ihrer Entwicklung unterstützt werden sollten, um ihre volle Leistungsfähigkeit zu entfalten.

4.8.1 Arten von Teams

Die Pflege umfasst verschiedene Versorgungsbereiche, darunter Einrichtungen der Langzeitpflege, Krankenhäuser und Rehabilitationskliniken. Die Zusammenarbeit unterschiedlicher Teams ist dabei essenziell für eine effiziente und qualitativ hochwertige Patientenversorgung (Kauffeld, 2019, S. 213).

Formelle und informelle Teams

Teams in der Pflege lassen sich grundsätzlich in formelle und informelle Gruppen unterteilen:

- **Formelle Teams** entstehen durch organisatorische Vorgaben, etwa durch Stellenbeschreibungen oder Dienstpläne. Ein klassisches Beispiel ist das Pflegeteam einer Station, das in festgelegten Strukturen arbeitet und klar definierte Aufgaben hat (von Rosenstiel et al., 2020). Diese Teams stellen sicher, dass pflegerische Abläufe standardisiert und effizient durchgeführt werden.
- **Informelle Teams** bilden sich durch soziale Beziehungen und persönliche Sympathien. Sie entstehen spontan und unterstützen durch gegenseitige Unterstützung und informellen Wissensaustausch das Arbeitsklima. Informelle Gruppen können die Motivation steigern und zur Mitarbeiterzufriedenheit beitragen (von Rosenstiel et al., 2020).

Ein effektives Zusammenspiel beider Gruppenarten fördert die Arbeitsqualität sowie den sozialen Zusammenhalt innerhalb der jeweiligen Organisation.

Spezifische Teamstrukturen in der Pflege

Die Vielfalt an Teams spiegelt die Komplexität der pflegerischen Versorgung wider. Jedes Team erfüllt dabei eine spezifische Funktion:

- **Klassische Pflegeteams:** Diese Teams arbeiten eng zusammen, um die direkte Versorgung der zu Pflegenden sicherzustellen. Klare Strukturen und abgestimmte Prozesse sind entscheidend, um eine hohe Pflegequalität zu gewährleisten.
- **Projektteams:** Temporär gebildete Gruppen arbeiten an spezifischen Aufgaben, etwa der Implementierung eines neuen Dokumentationssystems oder der Entwicklung eines Qualitätsmanagementkonzepts.
- **Fachübergreifende Teams:** Diese Teams bestehen aus Angehörigen verschiedener Professionen, wie Ärztinnen und Ärzten, Therapeutinnen und Therapeuten sowie Pflegekräften. Ihre interdisziplinäre Zusammenarbeit ist essenziell für eine ganzheitliche Versorgung.
- **Unterstützungsteams:** Diese Teams sind für die Schulung neuer Mitarbeitender oder die Bewältigung von Personalengpässen zuständig. Sie tragen dazu bei, die Arbeitsbelastung des Stammpersonals zu reduzieren.
- **Führungsteams:** Diese Teams setzen sich aus Leitungspersonen zusammen, die strategische Entscheidungen treffen und strukturelle Prozesse innerhalb der Einrichtung steuern. Ein Beispiel ist die Entwicklung einer neuen Dienstplanstruktur zur Verbesserung der Work-Life-Balance der Mitarbeitenden.

Bedeutung für die Führungskraft

Die Vielfalt der Teamstrukturen verdeutlicht die Bedeutung einer gezielten Förderung der Teamarbeit durch die Führungsebene. Eine wirksame Führung zeichnet sich dadurch aus, dass sie die Dynamiken innerhalb und zwischen den Teams versteht und entsprechende Rahmenbedingungen schafft, die eine erfolgreiche Zusammenarbeit ermöglichen.

- **Teamentwicklung aktiv unterstützen:** Teams durchlaufen verschiedene Entwicklungsphasen, von der Formierung bis zur effizienten Zusammenarbeit. Führungskräfte sollten diese Prozesse begleiten und durch gezielte Maßnahmen wie Supervision oder Teambuilding-Workshops unterstützen.
- **Strukturen und Kommunikation optimieren:** Klare Verantwortlichkeiten und transparente Kommunikationswege sind essenziell, um Missverständnisse zu vermeiden und Effizienz zu steigern.
- **Konflikte konstruktiv lösen:** Teamarbeit kann zu Spannungen führen. Eine kompetente Moderation von Konflikten und die Förderung eines offenen Dialogs tragen zur Stabilität bei.
- **Motivation und Resilienz stärken:** Durch Anerkennung, wertschätzendes Feedback und gezielte Förderung der Teamkultur kann die Zufriedenheit der Mitarbeitenden gesteigert und ihre Widerstandsfähigkeit gegenüber Belastungen gestärkt werden.

Eine strategisch durchdachte Teamführung fördert nicht nur die Zusammenarbeit, sondern trägt auch langfristig zur Qualität der pflegerischen Versorgung und zur Mitarbeiterzufriedenheit bei.

4.8.2 Teamentwicklungsphasen

Die Entwicklung eines leistungsfähigen Teams ist ein komplexer und dynamischer Prozess, der Zeit, Geduld und gezielte Steuerung erfordert. Gerade in der Pflege, wo interdisziplinäre Zusammenarbeit und klare Kommunikation essenziell sind, hängt der Erfolg eines Teams maßgeblich von seiner Entwicklung ab. Unterschiedliche Persönlichkeiten, Arbeitsweisen und Erwartungen treffen aufeinander und müssen erst zu einer funktionierenden Einheit geformt werden.

Um diesen Prozess besser zu verstehen und bewusst zu gestalten, bietet das Phasenmodell von Tuckman (1965) eine bewährte Orientierungshilfe (s. Abb. 4.3). Dieses Modell beschreibt fünf typische Entwicklungsstufen, die Teams im Laufe ihrer Zusammenarbeit durchlaufen. Das Wissen um diese Phasen ermöglicht es Führungskräften, Teams gezielt zu unterstützen und frühzeitig auf Herausforderungen zu reagieren, um eine produktive und kooperative Arbeitsatmosphäre zu schaffen.

1. **Forming – Die Orientierungsphase**
   In der ersten Phase stehen Unsicherheiten und gegenseitiges Kennenlernen im Vordergrund. Die Mitglieder tasten sich aneinander heran und klären ihre Rollen. Führungskräfte sollten hier eine klare Orientierung bieten, Teambuilding-Maßnahmen initiieren und den Austausch aktiv fördern.

   Methoden: Einführungsgespräche, klare Kommunikation von Zielen, gegenseitige Vorstellungsrunden.

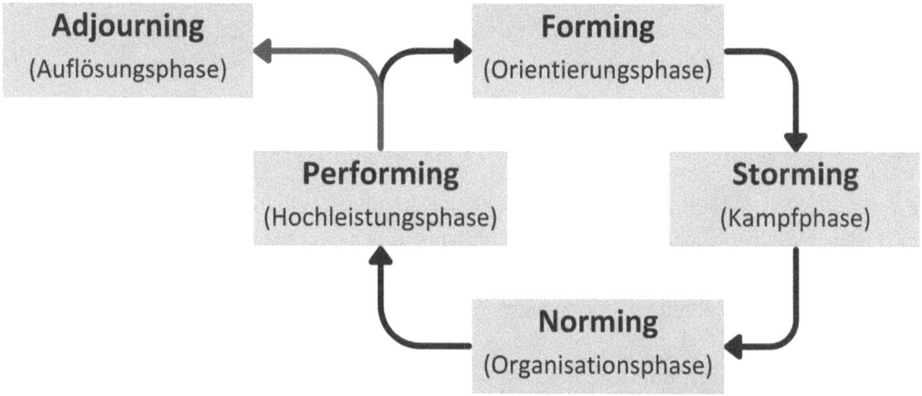

Abb. 4.3 Teamentwicklungsphasen. (Eigene Darstellung)

Beispiel: Ein neu zusammengestelltes Team in einer geriatrischen Station muss sich erst mit den Abläufen und Kolleginnen vertraut machen. Anfangs sind viele Fragen offen, etwa zur Aufgabenverteilung oder Dokumentationspflichten. Eine Führungskraft kann in dieser Phase durch strukturierte Einführungsgespräche Sicherheit schaffen.

2. **Storming – Die Konfliktphase**
In dieser Phase kommt es häufig zu Meinungsverschiedenheiten und Spannungen, da sich die Teammitglieder über Verantwortlichkeiten und Entscheidungsprozesse verständigen. Führungskräfte sollten Konflikte frühzeitig erkennen, moderieren und konstruktive Lösungsansätze fördern.
Methoden: Moderierte Feedbackrunden, Klärung von Erwartungen, Mediation bei Konflikten.
Beispiel: In einem Team kommt es zu Unstimmigkeiten über die gerechte Verteilung von Wochenendschichten. Die Führungskraft kann hier durch einen transparenten Dienstplan und moderierte Gespräche zur Konfliktlösung beitragen.
3. **Norming – Die Regelungsphase**
Das Team beginnt, gemeinsame Regeln und Werte zu etablieren. Führungskräfte sollten in dieser Phase gezielt die Teamkultur fördern und darauf achten, dass vereinbarte Strukturen eingehalten werden.
Methoden: Gemeinsame Erarbeitung einer Teamcharta, regelmäßige Reflexionstreffen.
Beispiel: Ein Pflegeteam einigt sich darauf, bestimmte Routinen, wie die Medikamentenübergabe, nach festgelegten Standards durchzuführen, um Fehler zu vermeiden.
4. **Performing – Die Leistungsphase**
Das Team hat sich gefestigt und arbeitet effizient zusammen. Führungskräfte sollten das Team weiterhin motivieren, Stärken gezielt fördern und Reflexionsprozesse begleiten.
Methoden: Regelmäßige Erfolgsanalysen, gezieltes Feedback, Förderung individueller Weiterentwicklung.
Beispiel: Ein gut eingespieltes Notfallteam bewältigt kritische Situationen schnell und koordiniert, weil alle genau wissen, welche Handgriffe nötig sind. Die Führungskraft unterstützt diesen Prozess, indem sie regelmäßige Feedbackgespräche initiiert und sicherstellt, dass sich alle Teammitglieder weiterentwickeln können.
5. **Adjourning – Die Auflösungsphase**
Besteht ein Team nur temporär, endet der Entwicklungsprozess mit der Auflösung. Führungskräfte sollten diesen Abschluss reflektieren und die gewonnenen Erkenntnisse für zukünftige Teams nutzbar machen.
Methoden: Abschlussgespräche, Feedbackrunden, Lessons-Learned-Workshops.
Beispiel: Nach der erfolgreichen Einführung eines neuen digitalen Dokumentationssystems trifft sich das Projektteam zu einer Nachbesprechung, um Erfahrungen und Verbesserungsvorschläge zu sammeln.

▶ Die Entwicklung eines Teams ist kein linearer, sondern ein zyklischer Prozess. Schon kleine Veränderungen, wie das Hinzukommen neuer Teammitglieder oder eine veränderte Aufgabenverteilung, können dazu führen, dass ein Team erneut frühere Entwicklungsphasen durchläuft. Die Führungskraft trägt hierbei eine zentrale Rolle, indem sie diese Prozesse aufmerksam beobachtet, die Dynamik steuert und gegebenenfalls interveniert.

Gerade in der Pflege, wo häufig Personalwechsel stattfinden, ist es entscheidend, dass Führungskräfte sensibel auf Veränderungen reagieren und entsprechende Maßnahmen ergreifen, um eine stabile und produktive Teamkultur zu erhalten. Durch regelmäßige Reflexionen, klare Kommunikation und gezielte Teamentwicklungsmaßnahmen kann sichergestellt werden, dass das Team auch bei Veränderungen leistungsfähig bleibt.

4.8.3 Einzel- vs. (Projekt-)Gruppenarbeit

Neben der gezielten Steuerung der Teamdynamik stellt sich häufig die Frage, wann Gruppenarbeit im Sinne von projekt- oder auftragsbezogener Zusammenarbeit sinnvoll ist und wann Aufgaben besser an Einzelpersonen delegiert werden sollten. Gruppenarbeit in diesem Kontext bezieht sich nicht auf das allgemeine Arbeiten innerhalb eines Teams, sondern auf die gezielte Zusammenstellung von Mitarbeitenden zur Bearbeitung spezifischer Aufgaben oder Projekte. Beide Arbeitsformen haben ihre Vor- und Nachteile und eignen sich für unterschiedliche Situationen.

Wann Einzelarbeit sinnvoll ist: Einzelarbeit bietet sich insbesondere dann an, wenn eine Aufgabe tiefgehendes Fachwissen oder absolute Vertraulichkeit erfordert. Beispiele hierfür sind die Erstellung individueller Pflegepläne für Bewohner mit komplexen Bedürfnissen oder die Bearbeitung sensibler Daten. In solchen Fällen können spezialisierte Mitarbeitende effizient arbeiten, ohne dass Abstimmungsprozesse erforderlich sind. Auch zeitkritische oder standardisierte Aufgaben lassen sich häufig schneller von Einzelpersonen erledigen (von Rosenstiel et al., 2020).

Wann (Projekt-)Gruppenarbeit sinnvoll ist: Gruppenarbeit entfaltet ihre Stärken, wenn Aufgaben Kreativität, vielfältige Perspektiven oder gemeinsames Urteilsvermögen erfordern. Ein Beispiel aus der Praxis könnte die Planung eines neuen Pflegeprogramms oder die Organisation eines Sommerfestes für Bewohner und Angehörige sein. Teams profitieren hier von der Vielfalt und den unterschiedlichen Kompetenzen ihrer Mitglieder. Laut Oppermann-Weber (2001) und von Rosenstiel et al. (2020) bietet Gruppenarbeit folgende Vorteile:

- Verknüpfung verschiedener Fachdisziplinen: Teams können Wissen aus unterschiedlichen Bereichen kombinieren.
- Vielfalt als Stärke: Unterschiedliche Hintergründe und Perspektiven fördern Kreativität und Innovation.
- Effiziente Informationsübermittlung: Informationen fließen direkt zwischen den Beteiligten.
- Hohe Kontaktintensität: Alle Mitglieder kommunizieren miteinander und tauschen sich aktiv aus.

Die Entscheidung zwischen Einzel- und Gruppenarbeit sollte auf einer Analyse der Aufgabe und der Rahmenbedingungen basieren. Mahlstedt (2022, S. 27)schlägt vor, folgende Fragen zu berücksichtigen:

- Ist die Aufgabe so komplex, dass sie nicht von einer Einzelperson bewältigt werden kann?
- Sind verschiedene Perspektiven und Fachkompetenzen erforderlich?
- Besteht Zeitdruck, der schnelle Abstimmungen erfordert?
- Gibt es verbindende Ziele, hinter denen sich alle Teammitglieder versammeln können?

Falls diese Fragen überwiegend mit „Ja" beantwortet werden, ist Gruppenarbeit meist die bessere Wahl. Die Entscheidung für eine bestimmte Arbeitsform sollte jedoch nicht nur anhand der Komplexität der Aufgabe getroffen werden, sondern auch unter Berücksichtigung der vorhandenen Ressourcen, der Teamstruktur und der erwarteten Zielsetzungen. Während Einzelarbeit oft eine schnellere und fokussiertere Bearbeitung ermöglicht, kann Gruppenarbeit kreative Lösungsansätze fördern und das Wissen mehrerer Personen bündeln. In vielen Fällen kann eine Kombination aus beiden Ansätzen sinnvoll sein, um sowohl Effizienz als auch Qualität zu gewährleisten.

4.8.4 Konflikte im Team

Konflikte sind ein unvermeidlicher Bestandteil des Arbeitsalltags. Sie entstehen durch unterschiedliche Meinungen, Erwartungen oder Arbeitsstile und können sowohl zwischen einzelnen Teammitgliedern als auch auf struktureller Ebene auftreten. Sie erzeugen Reibung, die einerseits innovative Prozesse fördern, andererseits aber auch destruktive Auswirkungen haben kann.

Wie bereits Kurt Lewin (1947) feststellte, sind Veränderungen und Entwicklungen in sozialen Gruppen oft mit Konflikten verbunden. Entscheidend ist jedoch die Art und Weise, wie mit diesen Spannungen umgegangen wird. Werden Konflikte konstruktiv gelöst, können sie das Team stärken und zu einer höheren Leistungsfähigkeit beitragen. Bleiben sie jedoch ungelöst, können sie Unzufriedenheit, gesundheitliche Beeinträchtigungen und eine erhöhte Fluktuation zur Folge haben (Glasl, 2013).

Führungskräfte tragen hierbei eine besondere Verantwortung. Sie müssen nicht nur Konflikte frühzeitig erkennen, sondern auch Rahmenbedingungen schaffen, die eine lösungsorientierte Auseinandersetzung ermöglichen. Eine professionelle Konfliktbewältigung trägt dazu bei, Spannungen zu reduzieren, die Zusammenarbeit zu verbessern und langfristig ein stabiles Arbeitsklima zu fördern.

Ursachen von Konflikten

Konflikte in der Pflege können auf eine Vielzahl von Ursachen zurückgeführt werden. Sie entstehen häufig durch unklare Arbeitsstrukturen, ineffiziente Kommunikation oder divergierende Erwartungen an die Zusammenarbeit. Zu den häufigsten Ursachen gehören:

- **Unklare oder widersprüchliche Arbeitsanweisungen:** Wenn Mitarbeitende nicht genau wissen, welche Aufgaben sie haben oder Verantwortung nicht eindeutig verteilt ist, führt dies oft zu Unsicherheiten und Konflikten.
- **Ungleichmäßige Arbeitsbelastung:** Wenn bestimmte Teammitglieder kontinuierlich überlastet werden, während andere entlastet sind, entsteht Frustration und ein Gefühl der Ungerechtigkeit.
- **Unterschiedliche Werte und Arbeitsweisen:** Divergierende berufliche Überzeugungen, z. B. in Bezug auf Pflegestandards oder Hierarchien, können zu Meinungsverschiedenheiten führen.
- **Fehlende oder unzureichende Kommunikation:** Missverständnisse und mangelnder Informationsfluss begünstigen Konflikte erheblich.
- **Personalmangel und hoher Zeitdruck:** Stress und Zeitknappheit erhöhen die Wahrscheinlichkeit von Spannungen, da weniger Raum für besonnene Konfliktlösungen bleibt.

Insbesondere in stressreichen Arbeitsumfeldern, in denen hoher Zeitdruck und Personalmangel herrschen, steigt das Risiko von Konflikten erheblich (Glasl, 2013).

Zusätzliche Herausforderungen ergeben sich im interdisziplinären Kontext, da verschiedene Berufsgruppen, wie Pflegekräfte, Ärztinnen und Ärzte sowie Therapeutinnen und Therapeuten, oft unterschiedliche Herangehensweisen und Prioritäten haben. Diese divergierenden Sichtweisen können Missverständnisse und Spannungen verursachen, insbesondere wenn es an klaren Kommunikationsstrukturen mangelt.

Ein weiteres Konfliktfeld ergibt sich durch generationsspezifische Unterschiede. Ältere Mitarbeitende bringen oft langjährige Erfahrung und bewährte Arbeitsweisen ein, während jüngere Teammitglieder moderne Technologien und neue Pflegekonzepte bevorzugen. Diese unterschiedlichen Erwartungen an Arbeitsmethoden und Hierarchien können zu Reibungen führen, wenn keine gemeinsamen Lösungen erarbeitet werden (Thiel, 2021, S. 68).

Strategien zur Konfliktbewältigung

Führungskräfte sollten Konflikte frühzeitig erkennen, präventiv darauf einwirken und eine konstruktive Dialogkultur fördern. Zur Lösung von Konflikten gibt es drei zentrale Strategien (Tjosvold & Wisse, 2009, S. 85 ff.):

1. **Konfliktprophylaxe:** Vorbeugung durch klare Strukturen und Kommunikation.
2. **Direkte Konfliktklärung:** Förderung von Verständnis und gegenseitigen Zugeständnissen.
3. **Mediation durch Dritte:** Neutrale Moderation festgefahrener Konflikte.

Um die verschiedenen Strategien zur Konfliktbewältigung optimal einzusetzen, werden im Folgenden die drei zentralen Ansätze näher erläutert

Konfliktprophylaxe

Ein gutes Arbeitsklima ist entscheidend für den Erfolg eines Teams. Doch wo Menschen zusammenarbeiten, entstehen unweigerlich auch Spannungen. Diese können, wenn sie nicht rechtzeitig erkannt und angegangen werden, die Zusammenarbeit erschweren und das Wohlbefinden der Mitarbeitenden beeinträchtigen. Führungskräfte spielen eine wesentliche Rolle dabei, ein Umfeld zu schaffen, in dem Konflikte gar nicht erst eskalieren. Eine vorausschauende. Konfliktprävention kann dazu beitragen, Missverständnisse zu vermeiden und eine produktive Zusammenarbeit zu fördern (Weider, 2018, S. 26 ff.)

Um potenzielle Spannungen frühzeitig zu entschärfen, können verschiedene präventive Maßnahmen ergriffen werden:

- **Klare Kommunikation und transparente Entscheidungsprozesse:** Ein regelmäßiger und offener Austausch reduziert Missverständnisse und stärkt das gegenseitige Vertrauen im Team.
  Beispiel: Wöchentliche Teambesprechungen mit einer offenen Fragerunde.
- **Eindeutige Aufgaben- und Rollenverteilung:** Eine klare Zuordnung von Verantwortlichkeiten verhindert Unklarheiten und minimiert potenzielle Konfliktquellen.
  Beispiel: Ein detaillierter Dienstplan, der regelmäßig überprüft und angepasst wird.
- **Förderung einer konstruktiven Feedback-Kultur:** Regelmäßige Rückmeldungen ermöglichen es, Probleme frühzeitig anzusprechen und Lösungen zu finden, bevor Konflikte eskalieren.
  Beispiel: Einführung eines anonymen Feedbacksystems zur besseren Kommunikation innerhalb des Teams.
- **Schulungen und Trainings im Konfliktmanagement:** Mitarbeitende und Führungskräfte sollten regelmäßig in Techniken der gewaltfreien Kommunikation und der Konfliktlösung geschult werden.
  Beispiel: Workshops zur Deeskalation in stressigen Arbeitssituationen.
- **Teambildende Maßnahmen:** Gemeinsame Aktivitäten außerhalb des Arbeitsalltags können das Teamgefühl stärken und das Verständnis für unterschiedliche Arbeitsweisen fördern.
  Beispiel: Teamtage mit interaktiven Übungen zur Verbesserung der Zusammenarbeit.

Neben präventiven Maßnahmen, die eine offene Kommunikation und klare Strukturen fördern, spielen jedoch auch reaktive Ansätze eine zentrale Rolle. Dazu gehören Mechanismen zur Konfliktbewältigung, die es ermöglichen, Spannungen frühzeitig zu erkennen und lösungsorientiert zu bearbeiten. Führungskräfte stehen vor der Herausforderung, einen Rahmen und Gesprächsangebote zu schaffen, bei denen Meinungsverschiedenheiten konstruktiv bearbeitet werden können.

Direkte Konfliktklärung

Konflikte lösen sich selten von selbst, weshalb eine gezielte Klärung notwendig ist. Eine direkte Konfliktklärung erfordert von Führungskräften ein hohes Maß an Kommunikationsfähigkeit und Neutralität. Oftmals wird sie jedoch vermieden, da Unsicherheiten bestehen, wie solche Gespräche optimal gestaltet werden können.

Erfolgreiche Konfliktgespräche sollten nach folgenden Prinzipien strukturiert sein:

- Eine **ruhige und sachliche Atmosphäre** schaffen, um emotionale Eskalationen zu vermeiden.
- **Aktives Zuhören** und Perspektiven ernst nehmen, sodass alle Beteiligten Gelegenheit haben, ihre Sichtweise auszuführen.
- Die **Ursachen herausarbeiten**, um nicht nur die Symptome eines Konflikts, sondern dessen Kernursachen zu identifizieren.
- **Lösungsorientierte Fragen** stellen, um eine konstruktive Zukunftsperspektive zu entwickeln.
- Verbindliche **Vereinbarungen treffen**, die von allen akzeptiert werden.

Beispiel

Wenn zwei Pflegekräfte wiederholt Konflikte über die Verteilung von Aufgaben haben, kann ein moderiertes Gespräch helfen, die Ursachen zu analysieren und gemeinsam eine tragfähige Lösung zu erarbeiten. ◀

Mediation durch Dritte

Ist ein Konflikt bereits eskaliert, kann eine neutrale Person als Vermittler fungieren. Mediation ist eine strukturierte Methode der Konfliktlösung, bei der eine unparteiische Drittperson den Beteiligten hilft, eine einvernehmliche Lösung zu erarbeiten (Glasl, 2013). Der Mediator steuert den Kommunikationsprozess, sorgt für eine faire Gesprächsatmosphäre und unterstützt die Parteien dabei, ihre Interessen klar zu formulieren. Dies kann eine Führungskraft oder ein externer Mediator sein. Erfolgreiche Mediation basiert auf:

- Gleichberechtigter Redezeit,
- Förderung des gegenseitigen Verständnisses,
- Entwicklung einer gemeinsamen Lösung.

Beispiel

Zwei Teammitglieder geraten über Monate hinweg immer wieder in Auseinandersetzungen über Arbeitsabläufe, was zu Spannungen im gesamten Team führt.

Eine erfahrene Moderationskraft führt ein strukturiertes Gespräch, in dem beide Seiten ihre Sichtweisen schildern. Durch gezielte Fragen werden die eigentlichen Ursachen des Konflikts herausgearbeitet – in diesem Fall Missverständnisse über die Zuständigkeiten.

Durch die Mediation gelingt es, eine neue Aufgabenverteilung zu vereinbaren, die für beide Seiten tragfähig ist. Die Führungskraft begleitet den Prozess weiter, um sicherzustellen, dass die vereinbarten Lösungen nachhaltig umgesetzt werden. ◀

Besondere Herausforderung: Mobbing
Mobbing ist eine destruktive Form des Konflikts, die in Organisationen gravierende Auswirkungen haben kann. Es äußert sich unter anderem durch systematische Ausgrenzung (Leymann, 1996), ungerechte Aufgabenzuteilung oder offene und subtile Schikanen. Auch das gezielte Verbreiten von Gerüchten sowie wiederholte Kritik oder die Abwertung der Arbeit einer Person sind häufige Ausdrucksformen.

Mobbing führt nicht nur zu individuellen Belastungen, sondern kann auch das gesamte Teamklima nachhaltig schädigen. Betroffene leiden oft unter psychischen und physischen Folgen wie Stress, Angst oder Schlafstörungen. Langfristig kann Mobbing zu einer erhöhten Fluktuation und einem schlechten Arbeitsklima führen (Thiel, 2021, S. 68).

▶ Maßnahmen zur Prävention und Intervention Führungskräfte sollten frühzeitig eingreifen, um Mobbing zu verhindern oder zu unterbinden. Eine frühzeitige Sensibilisierung durch Schulungen zum Thema Mobbing und Konfliktmanagement kann dazu beitragen, das Bewusstsein für dieses Problem zu schärfen (Glasl, 2013).

Offene und wertschätzende Kommunikation innerhalb des Teams minimiert Missverständnisse und Fehlinterpretationen.

Zudem sollten Betroffene die Möglichkeit haben, Vorfälle vertraulich zu melden.

In kritischen Fällen kann ein neutrales Konfliktgespräch helfen, Spannungen zu lösen und ein gemeinsames Verständnis zu entwickeln.

Eine wertschätzende Unternehmenskultur, die Respekt und Fairness betont, reduziert die Wahrscheinlichkeit für Mobbing erheblich.

Beispiel

In einer Pflegeeinrichtung fühlte sich eine langjährige Pflegekraft zunehmend von jüngeren Kolleginnen ausgegrenzt und unfair behandelt. Die Leitung organisierte ein moderiertes Gespräch mit den beteiligten Personen, um die Ursachen zu analysieren.

Es stellte sich heraus, dass Unklarheiten in der Arbeitsverteilung und ein Missverständnis über eine Beförderung die Spannungen verstärkt hatten.

Durch eine gezielte Anpassung der Arbeitsabläufe und ein Coaching der Beteiligten konnte der Konflikt entschärft und das Arbeitsklima verbessert werden. ◀

4.9 Förderung der Resilienz von Mitarbeitenden

Der Pflegebereich ist durch zahlreiche Herausforderungen geprägt, die die psychische und physische Belastung der Pflegenden erheblich erhöhen. Der anhaltende Personalmangel, hohe Arbeitsverdichtung sowie steigende Anforderungen durch den demografischen Wandel führen zu einer zunehmenden Überlastung der Mitarbeitenden (von Hirschhausen et al., 2021, S. 142). Hinzu kommen emotionale Dissonanzen im Kontakt mit den Patientinnen und Patienten, etwa das Zeigen von Emotionen, die nicht mit dem inneren Erleben übereinstimmen, sowie die oft schwierige Vereinbarkeit von Beruf und Privatleben. Diese Faktoren stellen ein erhebliches Risiko für die Entstehung von Burnout dar (von Hirschhausen et al., 2021, S. 122 f).

Ein zentraler Schutzmechanismus gegen diese Belastungen ist Resilienz – die Fähigkeit, Herausforderungen erfolgreich zu bewältigen und gestärkt aus schwierigen Situationen hervorzugehen (Heuel & Bischoff, 2023, S. 67).

Was ist Resilienz?

Resilienz beschreibt die psychische Widerstandsfähigkeit eines Menschen gegenüber Belastungen und Krisen. Sie setzt sich aus mehreren Schlüsselfaktoren zusammen, die individuell unterschiedlich ausgeprägt sind und sich gegenseitig beeinflussen (Thun-Hohenstein et al., 2020, S. 10):

- **Individuelle Schutzfaktoren:** Selbstwirksamkeit, emotionale Regulation, Optimismus, Flexibilität, Selbstreflexion, Problemlösekompetenz und Sinnorientierung.
- **Soziale Schutzfaktoren:** Soziale Unterstützung, Kommunikationsfähigkeit, Zugehörigkeit und Empathie.
- **Strukturelle Schutzfaktoren:** Sichere Lebensbedingungen, eine gesunde Lebensumgebung, stabile soziale Strukturen sowie kulturelle Werte und Rituale.

Diese Faktoren wirken nicht isoliert, sondern in ihrem Zusammenspiel. Untersuchungen zeigen, dass insbesondere soziale Unterstützung durch das Team und Vorgesetzte in der Pflege oft unzureichend ausgeprägt ist (Wesselborg & Bauknecht, 2023, S. 5). Dies ist jedoch ein entscheidender Faktor für die psychische Gesundheit, das Wohlbefinden sowie die Erholungsfähigkeit der Pflegenden (von Hirschhausen et al., 2021, S. 144). Zudem trägt eine resiliente Belegschaft zu einer verbesserten Patientenversorgung und einer hohen Leistungsfähigkeit bei (von Hirschhausen et al., 2021, S. 134). Führungskräfte tragen somit eine zentrale Verantwortung, gezielte Maßnahmen zur Förderung der Resilienz in Pflegeeinrichtungen zu etablieren.

Maßnahmen zur Förderung der Resilienz

- **Bildung erweiterter beruflicher Netzwerke und Mentoren**

  Ein wesentlicher Aspekt zur Stärkung der Resilienz ist der Aufbau und die **Förderung beruflicher Netzwerke**. Derartige Netzwerke bieten den Beschäftigten die Möglichkeit, auf Unterstützung, Beratung und Expertise zurückzugreifen, insbesondere in belastenden Situationen. Dabei ist es von hoher Bedeutung, gezielt auch externe Personen in diese Netzwerke einzubinden, um Herausforderungen wie beispielsweise einer schlechten Arbeitsmoral und einem mangelnden Vertrauen innerhalb der Teams entgegenzuwirken (Jackson et al., 2007).

  Besonders effektiv erweist sich die Kombination von Netzwerken mit **Mentoring-Programmen**. Ehemalige leitende oder ausbildende Pflegekräfte können als Mentoren für derzeitige Mitarbeitende eingesetzt werden (McDonald et al., 2010). Durch den kontinuierlichen Austausch mit ihren Mentees können sie ihre langjährige Erfahrung weitergeben und Unterstützung in herausfordernden Situationen bieten. Um eine einheitliche Ausgestaltung der Mentoring-Beziehung zu gewährleisten, ist eine vorbereitende Schulung für beide Seiten empfehlenswert. Mentoring bringt positive Effekte sowohl für die Mentees, die von beruflicher Erfahrung und Zielorientierung profitieren, als auch für die Mentoren, die ein vertieftes Verständnis für die aktuellen Belastungen in der Pflege gewinnen. Gleichzeitig bleibt das Wissen pensionierter Pflegekräfte erhalten und trägt zur Weiterentwicklung der Einrichtung bei (Haupt et al., 2021, S. 239).

- **Förderung der sozialen Unterstützung im Team**
  Soziale Unterstützung im beruflichen Kontext steht in direktem Zusammenhang mit einer geringeren Stressbelastung und einer erhöhten Resilienz (Heuel & Bischoff, 2023, S. 74 f.). Ein kooperatives Arbeitsumfeld kann den Arbeitsalltag erheblich erleichtern und langfristig zur psychischen Gesundheit der Pflegenden beitragen. Um dies zu fördern, sollten verschiedene Maßnahmen implementiert werden:
  - **Transparente Arbeitsorganisation:** Digitale Anzeigetafeln oder andere Visualisierungstools zur transparenten Verteilung von Aufgaben schaffen Klarheit und erleichtern die Zusammenarbeit. Dies unterstützt eine Reflexion über effektive Arbeitsstrategien und optimiert den Teamprozess.
  - **Regelmäßige Teamgespräche:** Vor- und Nachbesprechungen bieten Pflegekräften die Möglichkeit, Bedenken und Herausforderungen strukturiert zu äußern. Der offene Austausch über Erfahrungen und Unterstützungsangebote stärkt das Zusammengehörigkeitsgefühl und fördert gegenseitige Wertschätzung.

Ein unterstützendes, kommunikatives Arbeitsumfeld trägt dazu bei, dass Pflegende Herausforderungen besser bewältigen können und sich emotional gestützt fühlen.

Kognitiv-behaviorale Ansätze zur Resilienzförderung

Die kognitiv-behaviorale Therapie (KBT) stellt eine bewährte Methode zur Förderung der Resilienz dar. Sie hilft Pflegenden, dysfunktionale Denkmuster zu erkennen und durch wirksame Bewältigungsstrategien zu ersetzen (Heuel & Bischoff, 2023, S. 71 f.).

Ein zentraler Aspekt dieser Therapie ist die Umstrukturierung negativer Gedankenmuster. Pflegende lernen, belastende Gedanken zu hinterfragen und alternative, realistischere Sichtweisen zu entwickeln. Dies reduziert Stress und fördert ein konstruktives Problemlöseverhalten.

Weiterhin spielen Achtsamkeitstechniken eine wichtige Rolle, um den Fokus auf das Hier und Jetzt zu lenken. Durch gezielte Übungen wie Atemtechniken oder meditative Elemente können Pflegende lernen, ihren Stress besser zu regulieren und emotional belastende Situationen mit mehr Gelassenheit zu bewältigen.

Ein hoher Grad an Selbstwirksamkeit steigert die Arbeitszufriedenheit und trägt zur langfristigen Erhaltung der Leistungsfähigkeit bei. Die Vermittlung von Bewältigungsstrategien wie Zeitmanagement, Priorisierung von Aufgaben und der Umgang mit herausfordernden Patient*innen kann dazu beitragen, den Pflegealltag strukturierter und weniger belastend zu gestalten.

Zusätzlich hilft die Expositionstherapie, indem Pflegekräfte schrittweise an herausfordernde Situationen herangeführt werden, um ihre Stressresistenz zu stärken. Diese Methode kann insbesondere bei emotional anspruchsvollen Aufgaben wie der Betreuung schwerstkranker oder sterbender Patient*innen von Vorteil sein. Sie ist besonders dann empfehlenswert, wenn Pflegekräfte häufig mit belastenden Situationen konfrontiert sind, die eine starke emotionale Beanspruchung mit sich bringen. Durch die gezielte Konfrontation mit diesen Situationen lernen sie, ihre emotionale Reaktion besser zu regulieren und langfristig einen konstruktiven Umgang mit Belastungen zu entwickeln.

Die Durchführung dieser Therapie erfolgt in der Regel unter Anleitung erfahrener Psychologinnen und Psychologen oder spezialisierter Therapeutinnen und Therapeuten. In Pflegeeinrichtungen kann dies im Rahmen von Supervisionen, psychologischen Coachings oder durch Kooperationen mit externen Fachkräften umgesetzt werden. Wichtig ist dabei eine begleitende Reflexion, um sicherzustellen, dass die Exposition nachhaltig wirkt und individuell angepasste Bewältigungsstrategien entwickelt werden.

Stärkung der Sinnhaftigkeit

Die empfundene Sinnhaftigkeit der Arbeit kann ebenfalls einen wesentlichen Einfluss auf die Stärkung der Resilienz der Pflegekräfte ausüben (Heuel & Bischoff, 2023, S. 72). Studien zeigen, dass eine gesteigerte Sinnwahrnehmung mit einer Reduktion von Burnout-Symptomen und einer geringeren Fluktuationsneigung verbunden ist.

Auch wenn sich die Förderung der Sinnhaftigkeit als schwierig darstellt, existieren bereits erste Ansätze. Maßnahmen können beispielsweise Kommunikations- und Emotionserkennungstrainings sein, die Pflegende dabei unterstützen, zwischenmenschliche Interaktionen bewusster zu gestalten. In Kombination mit humorbasierten Workshops konnte eine positive Wirkung auf die Mitarbeiterzufriedenheit erzielt werden – bereits nach wenigen Stunden Training (Heuel & Bischoff, 2023, S. 72).

Erhöhung der Handlungsspielräume

Die Möglichkeit, den eigenen Arbeitsalltag aktiv mitzugestalten, wirkt sich positiv auf die Resilienz aus. Gerade in der Pflege, die durch Schichtarbeit geprägt ist, kann eine partizipative Schichtplanung zur besseren Vereinbarkeit von Beruf und Privatleben beitragen (Heuel & Bischoff, 2023, S. 75 f.).

Wenn Pflegekräfte aktiv an der Gestaltung ihrer Arbeitszeiten beteiligt werden, steigert dies nicht nur die Zufriedenheit, sondern auch das Gefühl der Selbstbestimmung und Eigenverantwortung. Studien zeigen, dass eine solche Beteiligung Stress reduziert und die Identifikation mit dem Arbeitgeber stärkt (Hielscher et al., 2019).

Ein bewährtes Modell ist die Einrichtung eines Planungsteams für die Dienstgestaltung. Dieses Team, bestehend aus mehreren Pflegekräften, koordiniert die Schichtpläne unter Berücksichtigung individueller Wünsche und betrieblicher Anforderungen. Die Mitglieder des Planungsteams wechseln regelmäßig, um eine gleichmäßige Verteilung der Verantwortung sicherzustellen und allen Mitarbeitenden die Möglichkeit zur aktiven Teilnahme zu bieten.

Die Einführung einer partizipativen Dienstplanung erfordert jedoch eine sorgfältige Umsetzung. Klare Regeln und Richtlinien sind notwendig, um einen fairen und effizienten Ablauf sicherzustellen. Die Unterstützung der Leitungsebene ist entscheidend, um den Prozess zu fördern und bei Bedarf moderierend einzugreifen (Wirth, L. M.; Schröer, L.; Völz, S.; Evans-Borchers, M.; Becka, D.;, 2024)

Insgesamt trägt die Mitbestimmung bei der Dienstplangestaltung erheblich zur psychischen Stabilität und langfristigen Arbeitszufriedenheit von Pflegekräften bei. Führungskräfte sollten daher Maßnahmen implementieren, um partizipative Dienstplanungsmodelle zu etablieren und so die Resilienz und Motivation der Mitarbeitenden nachhaltig zu fördern.

4.10 Fazit

Führungsprozesse als Grundlage für eine nachhaltige und effektive Führung
Die Gestaltung effektiver Führungsprozesse ist entscheidend für den langfristigen Erfolg von Teams und Organisationen im Pflegebereich. Kommunikation, Motivation, Teamführung und Resilienzförderung sind dabei zentrale Bausteine, die wesentlich zur Arbeitszufriedenheit und Qualität der Versorgung beitragen. Die zunehmende Digitalisierung und die veränderten Erwartungen an Führungskräfte erfordern zudem eine kontinuierliche Anpassung und Weiterentwicklung bestehender Methoden.

▶ Zusammenfassung der wichtigsten Punkte

- **Kommunikation als Basis wirksamer Führung**
  Eine klare, wertschätzende und zielgerichtete Kommunikation bildet das Fundament für erfolgreiche Führungsprozesse. Modelle wie das Sender-Empfänger-Modell oder das 4-Ohren-Modell von Schulz von Thun helfen, Missverständnisse zu reduzieren und eine transparente Interaktion zu gewährleisten. Gleichzeitig erfordern Störungen in der Kommunikation einen bewussten Umgang mit sprachlichen und nonverbalen Signalen.
- **Effektive Gesprächsführung und digitale Kommunikation**
  In der Pflege spielen sowohl verbale als auch nonverbale Kommunikation eine zentrale Rolle. Techniken wie aktives Zuhören, Ich-Botschaften und Fragetechniken sind essenziell, um eine offene und vertrauensvolle Gesprächskultur zu etablieren. Gleichzeitig eröffnet die digitale Kommunikation neue Möglichkeiten, stellt Führungskräfte aber auch vor Herausforderungen wie die Wahrung der Verbindlichkeit und eine klare Struktur in virtuellen Meetings.
- **Motivation als Führungsaufgabe**
  Die Motivation der Mitarbeitenden ist eine zentrale Voraussetzung für eine nachhaltige Arbeitszufriedenheit und Leistungsfähigkeit. Führungskräfte sollten in-

trinsische und extrinsische Anreize gezielt nutzen, um Engagement und Eigenverantwortung zu fördern. Die Selbstbestimmungstheorie zeigt, dass Autonomie, Kompetenzförderung und soziale Eingebundenheit wesentliche Faktoren für eine langfristige Motivation sind.

- **Teamentwicklung und Konfliktmanagement**
  Teams in der Pflege durchlaufen verschiedene Entwicklungsphasen, die gezielte Führungsinterventionen erfordern. Die Unterstützung durch Moderation, Konfliktmanagement und klare Rollenverteilung ist essenziell, um effektive Zusammenarbeit zu fördern. Gerade in interdisziplinären Teams sind Koordination, Vertrauen und eine offene Feedbackkultur entscheidend für eine funktionierende Teamdynamik.
- **Resilienzförderung als Führungskompetenz**
  Angesichts hoher Belastungen im Pflegealltag gewinnt die Förderung von Resilienz zunehmend an Bedeutung. Führungskräfte sollten Strategien zur Stressbewältigung und psychischen Stabilisierung in ihre Führungsarbeit integrieren. Dazu gehören unter anderem achtsame Führung, Gesundheitsförderung am Arbeitsplatz und der Aufbau eines unterstützenden Arbeitsumfelds.
- **Situative Führung und adaptive Führungskompetenzen**
  Die Fähigkeit, den eigenen Führungsstil flexibel an unterschiedliche Situationen und Teamkonstellationen anzupassen, ist ein entscheidender Erfolgsfaktor. Führungskräfte sollten je nach Bedarf zwischen direktiver, partizipativer und coachender Führung wechseln können. Insbesondere in herausfordernden oder konfliktbelasteten Situationen ist ein gezieltes Führungsverhalten erforderlich, das Sicherheit und Orientierung bietet.
- **Herausforderungen und Chancen der Digitalisierung**
  Digitale Kommunikationsmittel und neue Technologien verändern die Art und Weise, wie Führung in der Pflege gestaltet wird. Während digitale Tools eine effizientere Koordination ermöglichen, erfordern sie zugleich eine bewusste Steuerung und Anpassung der Führungsstrategien. Der Einsatz digitaler Kommunikationsplattformen sollte so gestaltet werden, dass er die Teaminteraktion fördert und Missverständnisse minimiert.

Reflexionsfragen

1. **Kommunikation und Gesprächsführung**
   - Wie kann ich Kommunikationsmodelle wie das 4-Ohren-Modell oder das Sender-Empfänger-Modell gezielt in meiner Führungsarbeit nutzen, um Missverständnisse zu vermeiden?
   - Welche typischen Kommunikationsbarrieren treten in meinem Team auf, und wie kann ich diesen aktiv entgegenwirken?
   - Wie kann ich in schwierigen Gesprächen (z. B. Kritik- oder Konfliktgesprächen) eine konstruktive Gesprächsatmosphäre fördern?

2. **Motivation und Teamführung**
   - Welche individuellen Motivationsfaktoren meiner Mitarbeitenden kenne ich, und wie setze ich diese gezielt zur Leistungssteigerung ein?
   - Wie kann ich intrinsische Motivation in meinem Team langfristig stärken, anstatt mich ausschließlich auf extrinsische Anreize wie finanzielle Boni zu verlassen?
   - In welchen konkreten Situationen kann ich mehr Verantwortung an mein Team übertragen, um Autonomie und Eigenverantwortung zu fördern?
3. **Resilienz und Stressmanagement**
   - Welche Frühwarnzeichen für Stress oder Überlastung nehme ich bei meinen Mitarbeitenden wahr, und wie reagiere ich darauf?
   - Welche konkreten Maßnahmen zur Gesundheitsförderung kann ich als Führungskraft einführen, um Belastungen zu reduzieren und die Resilienz im Team zu stärken?
   - Wie gehe ich mit meiner eigenen Stressbelastung als Führungskraft um, und welche Strategien nutze ich zur Selbstfürsorge?
4. **Digitale Führung und Anpassung an Veränderungen**
   - Wie nutze ich digitale Kommunikationsmittel in der Führung, und welche Herausforderungen oder Verbesserungsmöglichkeiten sehe ich dabei?
   - Wie kann ich den digitalen Kompetenzaufbau in meinem Team gezielt fördern, um Unsicherheiten und Widerstände zu minimieren?
   - In welchen Bereichen meiner Führungsarbeit erlebe ich digitale Tools als Unterstützung, und wo führen sie möglicherweise zu einer Verschlechterung der Teaminteraktion?
5. **Teamführung und Konfliktemanagement**
   - Welche Konflikte treten in meinem Team regelmäßig auf, und welche Strategien zur Konfliktbewältigung wende ich bereits an?
   - Wie kann ich als Führungskraft gezielt eine offene Feedbackkultur fördern, um Spannungen frühzeitig zu erkennen und zu entschärfen?
   - Welche Maßnahmen kann ich ergreifen, um die Zusammenarbeit und den Teamzusammenhalt nachhaltig zu stärken (z. B. regelmäßige Team-Meetings, Moderation von Teamprozessen, Teamentwicklungstage)?

Literatur

Alter, U. (2018). *Grundlagen der Kommunikation für Führungskräfte: Mitarbeitende informieren und Führungsgespräche erfolgreich durchführen* (2. Aufl.). Springer Fachmedien Wiesbaden GmbH. https://doi.org/10.1007/978-3-658-21680-1

Bundesanstalt für Arbeitsschutz und Arbeitsmedizin (BAuA). (2010). *Kommunikation und Interaktion in der Pflege.* Dortmund: Bundesanstalt für Arbeitsschutz und Arbeitsmedizin. https://www.baua.de/DE/Angebote/Publikationen/Kooperation/INQA-Kommunikation-Pflege. Zugegriffen am 28.02.2025

Doğan Merih, Y., Bochum, S., Fegeler, C., Martens, U., & Elsbernd, A. (2021). Keine Angst vor Technik – Potenziale neuer Technologie und Digitalisierung proaktiv erschließen. In R. Tewes & U. C. Matzke (Hrsg.), *Innovative Personalentwicklung im In- und Ausland*. Springer. https://doi.org/10.1007/978-3-662-62977-2_4

Frankl, V. E. (1992). *Man's search for meaning: An introduction to logotherapy* (4. Aufl.). Beacon Press.

Freimuth, L., & Freimuth, J. (2016). Klassiker der Organisationsforschung (21): Norbert Wiener. Die Entdeckung der Kybernetik. *OrganisationsEntwicklung, 3*, 92–96.

Glasl, F. (2013). *Konfliktmanagement: Ein Handbuch für Führung, Beratung und Mediation* (13. Aufl.). Verlag Freies Geistesleben.

Hackman, J. R., & Oldham, G. R. (1976). Motivation through the design of work: Test of a theory. *Organizational Behavior & Human Performance, 16*(2), 250–279. https://doi.org/10.1016/0030-5073(76)90016-7

Hammer, L. B., & Sauter, S. (2013). Total worker health and work–life stress. *Journal of Occupational and Environmental Medicine, 55*(12), 25–29. Von https://www.jstor.org/stable/48500339

Haupt, A., Wendelstein, B., Daly, J., Jackson, D., Bosch, A., Wangler, S., et al. (2021). New Generation – Vorausschauend qualifizieren. In I. R. Tewes & U. C. Matzke (Hrsg.), *Innovative Personalentwicklung im In- und Ausland* (S. 218–243). Springer. https://doi.org/10.1007/978-3-662-62977-2_5

Herzberg, F., Mausner, B. S., & Snyderman, B. (1959). *The motivation to work*. John Willey.

Heuel, L., & Bischoff, L. L. (2023). Gesundheitsfördernde Maßnahmen zum Ausbau psychischer Ressourcen von Pflegepersonal. In L. L. Bischoff, A. Otto, & B. Wollesen (Hrsg.), *Gesundheitsförderung und Präventionsarbeit im Pflegeheim* (S. 67–80). Springer. https://doi.org/10.1007/978-3-662-67020-0_6

Hielscher, V., Kreutzer, E., & Matthäi, I. (2019). *Schichtarbeit gut gestalten – Handlungshilfe für Praktikerinnen und Praktiker im Betrieb*. https://www.iso-institut.de/wp-content/uploads/2019/07/Broschuere-GUSAGO-19-07-03-100-Seiten.pdf. Zugegriffen am 26.02.2025.

von Hirschhausen, E., Thiry, L., Lux, V., Kreitzer, M. J., Smith, S., Andrews, G. J., et al. (2021). Mutig sein – Emotionale Intelligenz zahlt sich aus. In I. R. Tewes & U. C. Matzke (Hrsg.), *Innovative Personalentwicklung im In- und Ausland* (S. 111–171). Springer. https://doi.org/10.1007/978-3-662-62977-2_3

Hoos-Leistner, H. (2019). *Kommunikation im Gesundheitswesen*. Springer-Verlag GmbH Deutschland. https://doi.org/10.1007/978-3-662-59220-5

Hungenberg, H., & Wulf, T. (2007). *Grundlagen der Unternehmensführung* (3. Aufl.). Springer.

Jackson, C., Fitzgerald, M., & Haupt, S. (2007). Netzwerke im Gesundheitswesen. *Gesundheitsmanagement Journal, 23*(4), 238–240.

Jung, H. (2017). *Personalwirtschaft* (10. aktual. Ausg.). De Gruyter.

Kassenärztliche Bundesvereinigung (KBV). (2020). *Kommunikationsdienste: KIM – Kommunikation im Medizinwesen*. https://www.kbv.de/html/kim.php. Zugegriffen am 18.01.2025.

Kauffeld, S. (2019). *Arbeits-, Organisations- und Personalpsychologie für Bachelor* (3. Aufl.). Springer-Verlag GmbH Deutschland. https://doi.org/10.1007/978-3-662-56013-6

Lewin, K. (1947). Frontiers in group dynamics: Concept, method, and reality in social science; social equilibria and social change. *Human Relations, 1*(1), 5–41.

Leymann, H. (1996). The content and development of mobbing at work. *European Journal of Work and Organizational Psychology, 5*, 164–184.

Locke, E. A., & Latham, G. P. (2002). Building a practically useful theory of goal setting and task motivation: A 35 year Odyssey. *American Psychologist, 57*(9), 705–717. https://doi.org/10.1037/0003-066X.57.9.705

Mahlstedt, A. (2022). *Die Toolbox für die Teamentwicklung: Der Weg zum Spitzenteam*. Springer Fachmedien Wiesbaden. https://doi.org/10.1007/978-3-658-37446-4

Maslow, A. H. (1999). *Motivation und Persönlichkeit* (32.–34. Tsd. Ausg.). Rowohlt.

McDonald, G., Mohan, S., Jackson, D., Vickers, M., & Wilkes, L. (2010). Continuing connections: The experiences of retired and senior working nurse mentors. *Journal of Clinical Nursing, 19*(23–24), 3547–3554.

Oppermann-Weber, U. (2001). *Handbuch Führungspraxis – Führung, Führungskräfte, Führungskompetenzen – Organisation der Bereiche der Mitarbeiterführung – Zielvereinbarungen, Motivation und Delegation.* Cornelsen.

Rhein, R., & Kauffeld, S. (2001). Teamdiagnose. *Gruppendynamik* (35), 109–112 (2004). Von https://doi.org/10.1007/s11612-004-0010-0.

von Rosenstiel, L., Regnet, E., & Domsch, M. E. (2020). *Führung von Mitarbeitern: Handbuch für erfolgreiches Personalmanagement* (8. Aufl.). Schäffer-Poeschel.

Ryan, R. M., & Deci, E. L. (2017). *Self-determination theory: Basic psychological needs in motivation, development, and wellness.* Guilford Publications.

Schaper, N. (2023). *Arbeits- und Organisationspsychologie in der Pflege.* Kohlhammer.

Schaufeli, W. B., & Bakker, A. B. (2004). Job demands, job resources, and their relationship with burnout and engagement: A multi-sample study. *Journal of Organizational Behavior, 25*(3), 293–315. https://doi.org/10.1002/job.248

Schulz von Thun, F., Ruppel, J., & Stratmann, R. (2018). *Miteinander reden: Kommunikationspsychologie für Führungskräfte.* Rowohlt E-Book.

Siegrist, U. (2010). Das Resilienzkonzept. In U. Siegrist (Hrsg.), *Der Resilienzprozess* (S. 31–42). VS Verlag für Sozialwissenschaften. https://doi.org/10.1007/978-3-531-92168-6_4

Teuber, I., & Wiesenauer, M. (2022). Prozesse, Governance, Kommunikation beim Digitalisierungs-Change für das Krankenhaus. *Krankenhaus-IT Journal, 5*, 15–16.

Thiel, K. (2021). *Organisation, Motivation und Konflikte in der Freiwilligenarbeit: Eine organisationspsychologische Analyse freiwilligen Engagements in Non-Profit-Organisationen.* Springer Fachmedien Wiesbaden. https://doi.org/10.1007/978-3-658-36185-3

Thun-Hohenstein, L., Lampert, C., & Altendorf-Kling, A. (2020). Psychologische Schutzfaktoren in der Pflege. *Psychosoziale Medizin, 17*(3), 10–14.

Tjosvold, D., & Wisse, B. (2009). *Power and Interdependence in Organizations.* Cambridge University Press. https://doi.org/10.1017/CBO9780511626562

Tuckman, B. W. (1965). Developmental sequence in small groups. *Psychological Bulletin, 63*, 384–399.

Vordenbäumen, V., & Pfannstiel, M. A. (2024). Auswirkungen digitaler Technologien auf die Arbeitswelt im Krankenhaus. In M. A. Pfannstiel (Hrsg.), *Technologien und Technologiemanagement im Gesundheitswesen* (S. 783–800). Springer Gabler. https://doi.org/10.1007/978-3-658-43860-9_39

Weider, N. (2018). Erfolgreich kommunizieren in interdisziplinären Teams. *KU Gesundheitsmanagement* (7/2018), 26–28. https://www.nicole-weider.de/wp-content/uploads/2018/07/Beleg_Weider.pdf

Wesselborg, T., & Bauknecht, S. (2023). Sozialer Zusammenhalt im Pflegeberuf. *Wissenschaftliche Beiträge zur Gesundheitspsychologie, 15*(2), 5–8.

Wirth, L. M., Schröer, L., Völz, S., Evans-Borchers, M., & Becka, D. (2024). Arbeitszeiten in der Pflege – eine bunte Tüte voller Regelungen zwischen Flexibilität und Zuverlässigkeit. *Forschung aktuell* (12/2024), 1–13. https://doi.org/10.53190/fa/202412

5 Patienten- und Kundenmanagement: Führen mit Serviceorientierung

▶ **„Es fühlt sich wieder so an wie früher ..."**
In der Seniorenresidenz Sonnengarten herrschte lange Zeit ein vertrautes und familiäres Miteinander. Doch in den letzten Monaten war die Stimmung spürbar angespannt. Frau Becker, die Tochter einer langjährigen Bewohnerin, äußerte zunehmend Unzufriedenheit: „Früher fühlte ich mich hier willkommen. Aber jetzt bekomme ich kaum noch Rückmeldung von den Pflegekräften, und meine Mutter beschwert sich über lange Wartezeiten. Das war früher anders." Ihre Bedenken waren nicht unbegründet. Durch Personalengpässe und organisatorische Umstellungen hatte sich der Umgang mit Angehörigen verändert.

Um der Situation auf den Grund zu gehen, entschied sich die Einrichtungsleitung für eine umfassende Zufriedenheitsanalyse. Alle Bewohnerinnen und Bewohner sowie deren Angehörige wurden eingeladen, an einer anonymen Umfrage teilzunehmen. Die Ergebnisse waren ernüchternd. Besonders die Kommunikation und das Gefühl der Wertschätzung wurden als unzureichend bewertet.

Die Leitung reagierte sofort. Es wurden Maßnahmen ergriffen, um die persönliche Ansprache zu verbessern. Ein wöchentlicher Angehörigenabend, regelmäßige Feedbackgespräche und die Einführung eines festen Bezugspflegesystems wurden implementiert. Drei Monate später zeigte sich ein deutlicher Wandel. Frau Becker berichtete: „Es fühlt sich wieder so an wie früher. Ich habe das Gefühl, dass meine Anliegen ernst genommen werden. Meine Mutter ist zufriedener und ich auch."

P. Rudolph, *Neue Leadership-Ansätze in der Pflege*,
https://doi.org/10.1007/978-3-658-48360-9_5

Dieses Fallbeispiel zeigt, wie wichtig Kundenzufriedenheit und -bindung für den langfristigen Erfolg einer Pflegeeinrichtung sind. Es verdeutlicht, dass selbst kleine Veränderungen im Umgang mit Patientinnen und Patienten sowie deren Angehörigen eine große Wirkung entfalten können.

Im weiteren Verlauf des Kapitels werden zentrale Elemente eines professionellen Kundenmanagements vorgestellt, darunter die Bedeutung der Kundenzufriedenheit, die Analyse von Kundenbedürfnissen sowie die Implementierung eines effektiven Beschwerdemanagements. Diese Aspekte bilden zentrale Bausteine für eine moderne, patienten- und kundenorientierte Unternehmensführung.

Die theoretischen Konzepte werden praxisnah erläutert, damit Führungskräfte die wesentlichen Stellhebel zur Verbesserung der Servicequalität erkennen und gezielt Maßnahmen ergreifen können, um sowohl die Zufriedenheit zu steigern als auch eine langfristige Bindung zu fördern.

5.1 Patienten- und Kundenorientierung als strategischer Erfolgsfaktor

Der demografische Wandel führt in Pflegeeinrichtungen zu tiefgreifenden Veränderungen. Die Alterung der Gesellschaft bringt einen steigenden Bedarf an Pflegeleistungen mit sich. Schätzungen des Statistischen Bundesamtes zeigen, dass bis zum Jahr 2049 zwischen 280.000 und 690.000 Pflegekräfte fehlen könnten (Statistisches Bundesamt (Destatis), 2024). Dies stellt Pflegeeinrichtungen vor große Herausforderungen in der Personalplanung und der Bindung von Patient*innen und Angehörigen. Diese Berechnungen machen auch deutlich, dass die Zahl der Pflegeeinrichtungen steigen und somit der Wettbewerb im Pflegemarkt zunehmen wird.

Ähnliche Auswirkungen des demografischen Wandels gibt es ebenso im Krankenhaussektor. Hier wird der wachsende Pflegebedarf zu einer erhöhten Nachfrage nach spezialisierten stationären und ambulanten Angeboten führen. Insbesondere im Bereich der geriatrischen Versorgung und bei chronischen Erkrankungen wird erwartet, dass Kliniken stärker um Patientengruppen konkurrieren, was eine konsequente Patientenorientierung und eine optimierte Versorgungsqualität erfordert (Bundesverband Geriatrie (BVG), 2023; Robert Koch-Institut (RKI), 2015).

Daher ist es für Pflegeeinrichtungen und Krankenhäuser von immenser Bedeutung, ein effektives Kundenmanagement aufzubauen, um neue Patientengruppen zu gewinnen und bestehende langfristig zu binden (Rosenbrock & Gerlinger, 2006). Dabei kommt es insbesondere auf eine klare Kundenorientierung an, die als Leitprinzip im täglichen Umgang mit Pflegebedürftigen, Patientinnen und Patienten sowie deren Angehörigen verankert werden sollte.

Die Hauptziele einer kundenorientierten Unternehmensführung sind die Steigerung der Kundenzufriedenheit und der Aufbau einer nachhaltigen Kundenbindung. Beide Faktoren haben einen direkten Einfluss auf den Erfolg von Pflegeeinrichtungen und Krankenhäusern. Zufriedene Patientengruppen empfehlen die Einrichtung weiter und nutzen zusätzliche Dienstleistungen, wodurch langfristig die Auslastung und Wirtschaftlichkeit verbessert werden können. Ein kundenorientiertes Management ist damit nicht nur eine wirtschaftliche Notwendigkeit, sondern auch ein entscheidender Beitrag zur positiven Wahrnehmung und zum Vertrauen aller Beteiligten.

Um eine solche Kundenorientierung systematisch zu fördern, stehen Pflegeeinrichtungen und Krankenhäusern verschiedene Managementsysteme zur Verfügung. Besonders das Beschwerdemanagement und das Kundenbindungsmanagement haben sich in der Praxis bewährt. Das Beschwerdemanagement dient dazu, Unzufriedenheit frühzeitig zu erkennen und zielgerichtet Lösungen zu entwickeln, während das Kundenbindungsmanagement darauf abzielt, die Beziehung zu den bereits vorhandenen Patientengruppen durch kontinuierliche Interaktionen zu stärken. Beide Ansätze tragen dazu bei, die Qualität der Versorgung zu sichern und langfristig die Stabilität der Einrichtung im Wettbewerb zu gewährleisten.

Im Folgenden werden beide Instrumente anschaulich dargestellt und mit konkreten Praxisbeispielen untermauert.

5.1.1 Kundenzufriedenheit

Die Kundenzufriedenheit beschreibt das in einer Einrichtung bestehende Verhältnis zwischen den Erwartungen der Patientengruppen und dem Grad der Bedürfnisbefriedigung. Die Zufriedenheit der Kundschaft ist jedoch auch als psychologisches Phänomen zu verstehen, da die Empfindungen der Menschen unterschiedlich sind und von verschiedenen Faktoren abhängen (Boldt, 2008; Hinterhuber & Matzler, 2000).

5.1.2 Auswirkung von Kundenzufriedenheit auf das Unternehmen

Die Kundenzufriedenheit hat unterschiedliche und weitreichende Auswirkungen auf den Erfolg von Pflegeeinrichtungen und Krankenhäusern. Töpfer und Mann (2008) beschreiben in diesem Zusammenhang die Effektivitäts- und Effizienzwirkung:

Eine hohe Kundenzufriedenheit führt dazu, dass die behandelten Personen weitere Dienstleistungen der Einrichtung in Anspruch nehmen (Cross-Selling). Dadurch entsteht eine Effektivitätswirkung. In Pflegeeinrichtungen könnte bspw. die Nutzung des hauseigenen Friseurs als Cross-Selling bezeichnet werden. Im Krankenhaus hingegen könnten sich die Behandelten nach einem positiven Aufenthalt bspw. für eine ambulante Nachsorge im gleichen Haus entscheiden.

Weiterhin tragen zufriedene Patientengruppen zur Effizienz einer Einrichtung bei, da die Bindung dieser kostengünstiger ist als der Aufwand für die Neukundenakquise und Marketingmaßnahmen (Töpfer & Mann, 2008). Denn Patientinnen und Patienten sowie deren Angehörige kehren bei Bedarf für weitere Behandlungen zurück oder generieren oft durch Weiterempfehlungen neue Kundschaft. Die Einrichtungen profitieren so von einer stabilen Auslastung.

Für Führungskräfte in Pflegeeinrichtungen und Krankenhäusern ist die Messung der Kundenzufriedenheit ein zentrales Instrument, um die Qualität der Kundenbindungsmaßnahmen und des gesamten Qualitätsmanagements zu bewerten. Eine hohe Zufriedenheit des Patientenkreises ist essenziell für hohe Gewinne einer Einrichtung. Damit das Unternehmen diese Vorteile nutzen kann, ist es nötig, die genaue Entstehung der Kundenzufriedenheit zu analysieren.

5.1.3 Entstehung von Kundenzufriedenheit

Die Entstehung von Kundenzufriedenheit hängt maßgeblich davon ab, inwieweit die Patientengruppen die Bedürfniserfüllung wahrnehmen. Diese Wahrnehmung jedoch ist subjektiv und von individuellen Erfahrungen geprägt. Zufriedenheit entsteht erst, wenn die Bedürfnisse nicht nur erfüllt, sondern idealerweise übertroffen werden. Sie bildet die Grundlage für Kundenloyalität und -bindung (Töpfer & Mann, 2008).

In Pflegeeinrichtungen und Krankenhäusern liegen die Erwartungen der Patientinnen und Patienten klar bei der professionellen Erfüllung pflegerischer und medizinischer Leistungen. Hinzu kommen Aspekte wie Freundlichkeit und Empathie im zwischenmenschlichen Umgang sowie eine abwechslungsreiche und qualitativ hochwertige Verpflegung.

Durch die Erfüllung dieser Erwartungen können Einrichtungen eine hohe Zufriedenheit erreichen und langfristig sichern. Jedoch müssen dafür die Anforderungen der Kundschaft systematisch analysiert und erfüllt werden. Bei den Kundenanforderungen werden Basis-, Leistungs- und Begeisterungsanforderungen unterschieden (Töpfer & Mann, 2008):

- **Basisanforderungen**: Diese werden als selbstverständlich wahrgenommen. Ihre Nichterfüllung führt sofort zu Unzufriedenheit (z. B. Durchführung grundlegender pflegerischer Tätigkeiten).
- **Leistungsanforderungen**: Diese stellen eine Steigerung der Erwartungen dar und werden als konkrete Wünsche aktiv von den Patientinnen und Patienten sowie deren Angehörigen geäußert (z. B. Durchführung der Pflegemaßnahmen zu einer Wunschzeit in einem bestimmten Rahmen). Ihre Erfüllung wird erwartet.
- **Begeisterungsanforderungen**: Diese beinhalten nicht erwartete Zusatzleistungen, die positiv überraschen und zu einer emotionalen Bindung führen (z. B. Blumenstrauß zum Geburtstag von den Mitarbeitenden der Einrichtung) (Töpfer & Mann, 2008).

Nach einer ausführlichen Analyse der spezifischen Kundenanforderungen und der aktuellen Wettbewerbsposition können Ansätze zur Verbesserung der Kundenzufriedenheit entwickelt werden (Töpfer & Mann, 2008). Hierbei lassen sich die Anforderungen der Patientengruppen den Stufen einer Wirkungskette zuordnen, die im Ergebnis die Kundenzufriedenheit zeigt. Aus der Zufriedenheit entsteht dann wiederum Loyalität und Bindung an die Pflegeeinrichtung oder das Krankenhaus.

Die Entwicklung von Kundenzufriedenheit beginnt demnach mit der Analyse der Bedürfnisse. Diese sind im Gegensatz zu den Anforderungen häufig ungenau formuliert und müssen zunächst genauer untersucht werden. Aus diesen Anforderungen entstehen dann die klaren Erwartungen der Kundschaft.

Die einzelnen Stufen auf dem Weg zur Kundenbindung werden wie folgt dargestellt (Töpfer & Mann, 2008):

- **Kundenbedürfnisse** – Was der Patient braucht
- **Kundenanforderungen** – Was der Patient haben will
- **Kundenerwartungen** – Was der Patient auch von anderen Unternehmen bekommt
- **Kundenwahrnehmungen** – Was der Patient sieht und versteht
- **Kundenzufriedenheit** – Wie der Patient die Leistung bewertet
- **Kundenloyalität** – Wie der Patient dem Unternehmen gegenüber eingestellt ist
- **Kundenbindung** – Wie der Patient sich in Zukunft gegenüber dem Unternehmen verhalten wird (Töpfer & Mann, 2008)

Eine eindeutige Differenzierung zwischen den Begriffen Bedürfnisse, Anforderungen und Erwartungen ist allerdings oft schwierig, weshalb in der Praxis meist von Kundenerwartungen gesprochen wird. Wichtig ist, dass die Erfüllung dieser Erwartungen systematisch geplant und umgesetzt wird.

5.1.4 Messung der Kundenzufriedenheit

Die Messung der Kundenzufriedenheit stellt ein unverzichtbares Instrument dar, um die Bedürfnisse und Erwartungen der Patientengruppen und Bewohner sowie deren Angehörigen in Krankenhäusern und Pflegeeinrichtungen präzise zu verstehen.

Diese Informationen sind essenziell, um gezielte Verbesserungsmaßnahmen zu entwickeln und eine hochwertige Versorgung sicherzustellen. Darüber hinaus bietet sie Einblicke in die Wahrnehmung der Dienstleistungsqualität durch die Patientengruppen selbst und zeigt auf, in welchen Bereichen Optimierungen erforderlich sind.

Ein systematischer Ansatz zur Messung der Zufriedenheit ist dabei entscheidend. Die meisten Einrichtungen folgen einem strukturierten Prozess, der in der Praxis eine wertvolle Orientierung bietet. Beispielhaft kann der Ablauf einer Kundenzufriedenheitsmessung in Krankenhäusern und Pflegeeinrichtungen wie folgt beschrieben werden (Matzler & Bailom, 2000):

1. **Festlegung der Zielgruppe:** Für eine erfolgreiche Messung ist es unerlässlich, die Zielgruppe genau zu definieren. Sowohl kranke Personen als auch Pflegebedürftige sind eine heterogene Gruppe mit unterschiedlichen Bedürfnissen und Erwartungen. Umso wichtiger ist es, das Instrument der Zufriedenheitsmessung auf die spezifischen Anforderungen der jeweiligen Gruppe anzupassen. Mögliche Zielgruppen sind bspw.

der aktuelle Patientenkreis, abgewanderte oder verlorene Kundschaft, Personen, die Dienstleistungen der Konkurrenz nutzen, sowie Angehörige und andere Kontaktpersonen.

2. **Entwicklung eines Verständnisses der Patientenprobleme:** Häufig unterscheiden sich die Sicht der Einrichtungen enorm von denen der behandelten Personen. Deshalb ist es essenziell, die Kundschaft bereits frühzeitig in die Messung der Zufriedenheit zu integrieren, um ein Verständnis für die jeweilige Zielgruppe zu schaffen. Hierfür können bspw. Beschwerdeanalysen, Fokusgruppenanalysen oder auch Patientenprozessanalysen zum Einsatz kommen.
3. **Entwicklung eines Messinstrumentariums:** Abhängig von der zu untersuchenden Fragestellung können unterschiedliche Aspekte und Ebenen erfasst werden. Hierfür stehen verschiedene Varianten der Messung zur Verfügung, wobei grundlegend zwischen objektiven und subjektiven Messmethoden unterschieden wird. Bei der **objektiven Messung** werden Indikatoren verwendet, die nicht der persönlichen Wahrnehmung einer Person unterliegen. Es werden z. B. Umsatz, Marktanteil und die Abwanderungsrate bestimmt. Die **Messung von subjektiven Merkmalen** hingegen dient der Quantifizierung von Kundenzufriedenheit. Von den jeweiligen Zielgruppen werden demnach subjektiv wahrgenommene Zufriedenheitswerte ermittelt. Die Messverfahren lassen sich weiterhin hinsichtlich ihrer Orientierung unterteilen. Eine merkmalsbezogene Messung untersucht die Zufriedenheit der Zielgruppe bezüglich der Produkt-, Service- und Interaktionsmerkmale (z. B. Zufriedenheit mit der Pflegetätigkeit). Bei den ereignisorientierten Verfahren werden die Zufriedenheitswerte nach einem bestimmten Kontaktereignis (z. B. erste Bekanntschaft mit den Pflegekräften) ermittelt. Problemorientierte Verfahren werten die Zufriedenheit beim Umgang mit Beschwerden aus (Boldt, 2008; Nerdinger & Neumann, 2007; Töpfer & Mann, 2008). Dieses Verfahren wird in Abschn. 5.3 näher beschrieben.
4. **Durchführung der Kundenzufriedenheitsmessung:** Die nächste Phase besteht darin, die von den Patientengruppen und Angehörigen geäußerten Erwartungen, Wünsche und Probleme sowie deren Erfüllung bzw. Lösung zu messen. Die wichtigsten Befragungsarten stellen hier persönliche Interviews, aber auch telefonische und schriftliche Befragungen dar.
5. **Auswertung, Interpretation und Entwicklung von Maßnahmen:** Die Auswertung und Interpretation der erhobenen Daten können für Einrichtungen wichtige Erkenntnisse bieten. Bspw. können die Anforderungen aus Patientensicht oder Angehörigensicht herausgearbeitet und in die einzelnen Stufen eingeordnet, aber auch gezielt Stärken und Schwächen der Einrichtung in einem Konkurrenzvergleich erkannt werden. Basierend auf den Ergebnissen können spezifische Maßnahmen zur Verbesserung der Kundenzufriedenheit entwickelt und umgesetzt werden (Boldt, 2008; Nerdinger & Neumann, 2007; Töpfer & Mann, 2008).

Die Besonderheit bei Pflegeeinrichtungen und Krankenhäusern liegt allerdings darin, dass sich die Kunden dieser Einrichtungen in außergewöhnlichen Lebenssituationen befinden. Die eigenen Emotionen spielen dabei eine große Rolle. Demzufolge ist bei der Auswahl der Messmethoden und bei der Interpretation der Ergebnisse dieser Aspekt besonders zu berücksichtigen und einzubeziehen.

5.2 Kundenbindung im Gesundheitswesen

Kundenbindung umfasst im Gesundheitswesen alle Maßnahmen, die darauf abzielen, die Verhaltensabsichten und Einstellung der Patientinnen und Patienten und deren Angehörigen gegenüber der Einrichtung und den Leistungen positiv zu beeinflussen. Gleichzeitig soll deren tatsächliches Verhalten entsprechend gestaltet werden (Boldt, 2008). Dies schließt ein, dass behandelte und betreute Personen erneut Leistungen einer Einrichtung in Anspruch nehmen oder diese weiterempfehlen. Denn für Pflegeeinrichtungen und Krankenhäuser ist die Bindung bestehender Kundschaft *weitaus kosteneffizienter und strategisch sinnvoller als die Neugewinnung dieser.*

Somit zielt Kundenbindung bzw. Kundenbindungsmanagement darauf ab, die Bindung zu den bestehenden Patientengruppen aufzubauen oder zu intensivieren. Denn Stammkundschaft trägt durch ihre Loyalität nicht nur zur Stabilität der Auslastung bei, sondern unterstützt durch positive Rückmeldungen auch das Ansehen der Einrichtung.

5.2.1 Entstehung von Kundenbindung

In Pflegeeinrichtungen und Krankenhäusern ist die Kundenbindung eng mit der Zufriedenheit der behandelten/betreuten Personen verbunden. Die beiden Konzepte – Kundenzufriedenheit und Kundenbindung – sind zwar eigenständig, weisen jedoch deutliche Wechselwirkungen auf. Um diese besser zu verstehen und gezielt zu nutzen, kommt ein weiterer Begriff ins Spiel: Kundenloyalität. Diese beschreibt ein grundlegendes Vertrauensverhältnis sowie eine positive Einstellung der Patientengruppen sowie der Angehörigen gegenüber der Einrichtung (Boldt, 2008; Homburg & Bruhn, 2005).

In der Forschung ist der Wirkungszusammenhang zwischen Kundenzufriedenheit, Kundenloyalität und Kundenbindung in zahlreichen empirischen Arbeiten untersucht worden. Dabei zeigte sich, dass eine hohe Kundenzufriedenheit eine notwendige Grundlage für Kundenbindung ist, aber nicht automatisch dazu führt. Demnach ist eine hohe Kundenzufriedenheit zwar eine entscheidende Voraussetzung, aber noch kein Garant für eine hohe Kundenbindung. Pflegebedürftige können mit einer Leistung zufrieden sein, sich aber dennoch nicht langfristig an eine Einrichtung binden. Entscheidend ist, dass die Zufriedenheit durch Maßnahmen ergänzt wird, die Loyalität fördern und das Vertrauen in die Einrichtung stärken (Töpfer, 2008a).

Die Kundenbindung entwickelt sich oft in einem bestimmten Muster, das von der Zufriedenheit der Kundschaft beeinflusst wird. Für die Entwicklung von Kundenbindungsmaßnahmen in Pflegeeinrichtungen und Krankenhäusern ist es essenziell, Kenntnisse über den zeitlichen Verlauf der Kundenbindung zu besitzen. In der Fachliteratur werden dazu verschiedene Ansätze diskutiert, so z. B. der progressive und der sattelförmige Verlauf (Homburg & Bruhn, 2005; Töpfer, 2008a):

1. **Progressiver Verlauf** – Kundenbindung stellt im Idealfall den progressiven Verlauf dar. Hier steigt die Kundenbindung zunächst langsam und schrittweise an. Nach der Erfüllung sogenannter Basisanforderungen wie bspw. grundlegende pflegerische oder medizinische Leistungen, entsteht eine sehr geringe Bindung. Werden die Leistungsanforderungen der Patientengruppen und den Angehörigen erfüllt, steigt diese weiterhin kaum merklich an. Erst wenn die Begeisterungsanforderungen erfüllt sind, kommt es zu einer massiven Erhöhung der Kundenbindung. Diese Anforderungen entsprechen bspw. einer persönlichen Ansprache durch das Pflegepersonal oder kleine Gesten wie Geburtstagskarten oder Blumen zum Geburtstag.
2. **Sattelförmiger Verlauf** – Bei diesem Verlauf kann nach Erfüllung der Basisanforderungen eine gewisse Kundenbindung nachgewiesen werden. Werden jedoch weitere Anforderungen, die Leistungsanforderungen, erfüllt, steigt die Patientenzufriedenheit und -bindung kaum noch an und erreicht ein Plateau. Dieser nahezu gleichbleibende Bereich wird als Indifferenzbereich bezeichnet. Erst wenn dieser Bereich durch Erfüllung der Begeisterungsanforderungen überschritten werden kann, führt dies zu einem starken Anstieg der Bindung. Dazu können bereits sehr kleine Verbesserungen der Kundenzufriedenheit beitragen. So kann z. B. eine qualitativ hochwertige, aber standardisierte Verpflegung und planmäßige Abläufe zwar die Kundenbindung erhöhen, langfristig aber dazu führen, dass die Patientenbindung und -zufriedenheit auf dem Plateau verharrt. Mit der Einführung individueller Speisepläne oder flexibler Besuchszeiten können Einrichtungen nachhaltig eine hohe Bindung der Patientengruppen generieren.

Anhand der Verlaufskurven ist erkennbar, dass Führungskräfte in Pflegeeinrichtungen und Krankenhäusern die Dynamik der Kundenbindung verstehen und gezielte Maßnahmen entwickeln sollten, die die Zufriedenheit und Loyalität stärken:

- **Feedbacksysteme einführen** – Führungskräfte sollten regelmäßige Umfragen und Gespräche mit Patientengruppen und Angehörigen durchführen, um Bedürfnisse und Wünsche direkt zu ermitteln und die Zufriedenheit gezielt zu verbessern.
- **Kommunikationsplattformen und Sprechstunden für Angehörige** – Das Einrichten von Plattformen und Sprechstunden, die nahestehenden Personen aktuelle Informationen über Pflegeprozesse ihrer Liebsten liefern, können Transparenz schaffen und das Vertrauen stärken. Dies wiederum fördert die Bindung an die Eirichtung.
- **Paten-System etablieren** – Erfahrene Pflegekräfte betreuen neue Patientinnen und Patienten oder Angehörige und stehen ihnen zur Seite. So kann eine persönliche Bindung und Vertrauen aufgebaut werden.
- **Patientenbeteiligung fördern** – Die aktive Einbindung des Patientenkreises und der Angehörigen, z. B. durch Beiräte oder gemeinsame Besprechungen, vermittelt Wertschätzung und stärkt die Bindung.

- **Verstärkter Fokus auf ganzheitliche Pflege** – Eine verstärkte Fokussierung auf eine ganzheitliche Pflege (physisch, psychisch, sozial), die über die rein medizinische und pflegerische Versorgung hinausgeht, kann die Patientenzufriedenheit erhöhen. Die Integration zusätzlicher Angebote wie Seelsorge, Freizeitaktivitäten oder soziale Programme, vertieft außerdem die Bindung.
- **Regelmäßige Gemeinschaftsaktivitäten** – Veranstaltungen wie regelmäßige Feste, Ausflüge oder „Tag der offenen Tür", bieten den Patientinnen und Patienten und ihren Angehörigen die Möglichkeit, sich mit der Einrichtung stärker zu identifizieren und eine engere Bindung aufzubauen.

Eine Kosten-Nutzen-Analyse ist hierbei jedoch unerlässlich, da in bestimmten Phasen nur kleine Erfolge in der Kundenbindung zu erwarten sind. Demnach kann eine solche Analyse erforderlich sein, um zu erfahren, ob bestimmte Maßnahmen für das Unternehmen rentabel sind (Homburg & Bruhn, 2005; Töpfer, 2008a).

Beispiel: Telefonsprechstunde

Eine Pflegeeinrichtung richtet regelmäßige Telefonsprechstunden ein, bei denen Angehörige direkt mit den Pflegekräften über den Zustand und die Betreuung ihrer Liebsten sprechen konnten. Die persönliche und unkomplizierte Kommunikation führt dazu, dass die Angehörigen sich besser informiert fühlen und die Einrichtung häufiger weiterempfehlen. Die geringen zusätzlichen Kosten für die Organisation der Sprechstunden werden schnell durch die erhöhte Zufriedenheit und Weiterempfehlungen ausgeglichen. ◀

5.2.2 Ursachen und Einflussgrößen der Kundenbindung

Die Patientenbindung in Pflegeeinrichtungen und Krankenhäusern wird durch eine Vielzahl von Faktoren beeinflusst. Diese können grob in rationale und emotionale Bindungsursachen unterteilt werden. Ein tiefes Verständnis dieser Ursachen ermöglicht es Führungskräften, gezielte Maßnahmen zur Förderung der Bindung von Patient*innen und Bewohner*innen zu entwickeln.

Rationale Bindungsursachen beruhen auf praktischen und objektiven Überlegungen der Kundschaft. Sowohl situative und ökonomische als auch rechtliche und technologische Bindungen schaffen eine Art „Zwang", bei der Einrichtung zu bleiben – die **Gebundenheit**. Diese Form der Bindung entsteht meist aus externen Umständen, die wenig mit der emotionalen Beziehung zur Einrichtung zu tun haben (Töpfer, 2008a):

1. **Situative Bindung** – Ein nahe liegender Standort der Einrichtung oder die Bequemlichkeit bei der Erreichbarkeit können eine entscheidende Rolle spielen. Beispielsweise die Wahl eines Pflegeheims in der Nähe der Familie.

2. **Ökonomische Bindung** – Hohe Wechselkosten, wie die Notwendigkeit einer neuen Aufnahmeprozedur oder zusätzliche Kosten bei einem Wechsel, halten Patientengruppen oft bei einer Einrichtung.
3. **Rechtliche Bindung** – Verträge mit Laufzeitvereinbarungen, wie sie bei Pflege- oder Betreuungsverträgen üblich sind, schaffen eine rechtliche Bindung.
4. **Technologische Bindung** – Eine technologische Abhängigkeit kann entstehen, wenn spezielle Geräte oder Technologien nur in einer bestimmten Einrichtung genutzt werden können (Boldt, 2008; Homburg & Bruhn, 2005; Töpfer, 2008a).

Emotionale Bindungsursachen basieren hingegen auf subjektiven Wahrnehmungen und positiven Erfahrungen der Patientengruppen und Angehörigen. Kundenzufriedenheit, Vertrauen, Commitment und Involvement führen zu einer echten Bindung – der **Verbundenheit** – die auf positiven Erfahrungen und Interaktionen basiert. Diese Art der Bindung sorgt dafür, dass Patientinnen und Patienten auch bei Problemen oder Alternativen der Einrichtung oder dem Krankenhaus loyal bleiben (Töpfer, 2008a):

1. **Kundenzufriedenheit** – Zufriedenheit entsteht, wenn die Erwartungen der Kundschaft erfüllt oder übertroffen werden. Dies ist die Grundlage für eine emotionale Bindung (Boldt, 2008; Homburg & Bruhn, 2005; Töpfer, 2008a).
2. **Vertrauen** – Vertrauen entwickelt sich durch transparente Kommunikation und konstante Qualität der medizinischen sowie der Pflege- und Betreuungsleistungen.
3. **Commitment** – Patient*innen und Pflegebedürftige, die sich mit der Einrichtung identifizieren und sich als Teil der Gemeinschaft fühlen, zeigen eine starke emotionale Bindung.
4. **Involvement** – Die aktive Einbindung der Patient*innen und der Pflegebedürftigen sowie ihrer Angehörigen in Entscheidungsprozesse – etwa bei der Gestaltung des Betreuungsplans – schafft ein Gefühl der Verbundenheit (Boldt, 2008; Homburg & Bruhn, 2005; Töpfer, 2008a).

Die stärkste Kundenbindung entsteht durch das Zusammenspiel von rationalen und emotionalen Faktoren. Während rationale Ursachen oft eine kurzfristige Bindung gewährleisten, sorgen emotionale Bindungen für langfristige Loyalität. Für das Unternehmensmanagement bedeutet dies, dass beide Dimensionen in den Maßnahmen zur Kundenbindung berücksichtigt werden sollten, um die größten Erfolgschancen im Wettbewerb um Kundschaft und deren Zufriedenheit zu erreichen.

Beispiel: Digitales Kommunikationssystem

Ein Pflegeheim führte ein digitales Kommunikationssystem ein, mit dem Angehörige jederzeit Kontakt mit den Bezugspflegekräften aufnehmen können. Dabei können sie nicht nur Informationen über den Pflegeprozess und den Tagesablauf ihrer Liebsten erhalten, sondern auch Einblicke in die sozialen und emotionalen Entwicklungen ihrer Liebsten, etwa durch Anekdoten und Situationen aus dem Alltag. Gleichzeitig können Angehörige eigene Fragen stellen und Wünsche äußern.

Das förderte bei den Angehörigen sowohl die emotionale als auch die rationale Bindung in besonderer Weise. Durch die regelmäßige Bereitstellung von Informationen und die Möglichkeit zur direkten Kommunikation fühlten sie sich enger in den Pflegeprozess eingebunden. Dieses Gefühl von Vertrautheit und aktiver Teilhabe (Involvement) stärkte ihre Zufriedenheit und Loyalität gegenüber der Einrichtung, da sie den Eindruck gewannen, dass die Pflege auf ihre individuellen Bedürfnisse abgestimmt ist und ihre Sorgen ernst genommen werden (Boldt, 2008; Homburg & Bruhn, 2005; Töpfer, 2008a).

Gleichzeitig schafft die Plattform eine technologische Bindung, da die Transparenz und Benutzerfreundlichkeit des Systems eine praktische Abhängigkeit von der Einrichtung erzeugen. Angehörige wissen, dass womöglich nur hier ein derart umfassender und moderner sowie persönlicher Kommunikationszugang geboten wird, was die Verbindung zur Einrichtung weiter festigt (Boldt, 2008; Homburg & Bruhn, 2005; Töpfer, 2008a).

Durch diese effektive Kombination aus rationalen und emotionalen Bindungsursachen konnte die Pflegeeinrichtung eine starke Bindung zu den Patient*innen, besonders aber auch zu den Angehörigen schaffen. Diese entschieden sich aufgrund ihrer hohen Zufriedenheit langfristig für die Einrichtung. ◀

5.2.3 Ziele der Kundenbindung

Für Pflegeeinrichtungen und Krankenhäuser ist Kundenbindung ein strategisches Element, das sowohl den wirtschaftlichen Erfolg als auch die Qualität der Versorgung beeinflusst. Die Ziele der Kundenbindungsmaßnahmen sind dabei unterschiedlich zu betrachten, je nachdem ob es sich um ein etabliertes oder ein neues Unternehmen handelt. Hier lassen sich zwei Hauptkategorien unterteilen – die Sicherung bestehender Patientengruppen und die Neugewinnung dieser.

Ziele etablierter Einrichtungen und Krankenhäuser

1. **Sicherung der Marktposition** – Durch eine langfristige Bindung der Patientenschaft bleibt die Auslastung stabil. Eine hohe Auslastung sichert die finanzielle Basis der Einrichtung und stärkt ihre Position gegenüber Mitbewerbern.
2. **Erhalt und Ausbau der Kundenbasis** – Bestehende Patientengruppen sind häufig Botschafter für die Einrichtung. Positive Mundpropaganda, insbesondere durch Angehörige, kann die Gewinnung neuer Pflegebedürftiger oder Patientengruppen unterstützen und trägt auf langfristige Sicht gleichzeitig zum Erhalt der Einrichtung bei.
3. **Schaffung von Wechselbarrieren** – Durch hochwertige Dienstleistungen, individuelle Betreuung und emotionale Bindung wird der Anreiz minimiert, zu einer anderen Einrichtung zu wechseln.
4. **Erhöhung der Wiederkehrrate** – Für Krankenhäuser beispielsweise ist es wichtig, dass Patientinnen und Patienten nach einer positiven Behandlung auch Anschlussbehandlungen oder ambulante Nachsorge in derselben Einrichtung durchführen lassen.

Ziele neuer Pflegeeinrichtungen und Krankenhäuser

1. **Schneller Aufbau einer stabilen Patientenbasis** – Um die wirtschaftliche Grundlage der Einrichtung zu sichern, ist es entscheidend, rasch eine solide Anzahl von Patientinnen und Patienten oder Pflegebedürftigen zu gewinnen und einen schnellen Einrichtungswechsel (Hopping) dieser zu verhindern. Dazu können attraktive Einführungsangebote, flexible Vertragsmodelle oder spezielle Schnupperprogramme beitragen.
2. **Aufbau eines positiven Images** – Der erste Eindruck ist entscheidend. Neue Einrichtungen sollten die ersten Kontakte mit Patientengruppen und Angehörigen besonders sorgfältig gestalten. Freundliche Begrüßung, umfassende Informationen und die schnelle Klärung von Fragen tragen dazu bei, eine positive Wahrnehmung zu schaffen. Denn ein exzellenter Ruf erleichtert die Akquise neuer Kundschaft und senkt somit auch die Akquisations- und Werbekosten.
3. **Reduktion von Unsicherheiten** – Neue Einrichtungen müssen potenziellen Patientengruppen und deren Angehörigen Sicherheit vermitteln und ihr Vertrauen gewinnen. Dies gelingt durch transparente Informationen, die Einführung von Probetagen oder das Angebot von unverbindlichen Beratungsgesprächen.
4. **Erhöhung des Cross-Selling-Potenzials** – Zufriedene Patient*innen und Pflegebedürftige sind eher dazu bereit, auch weitere Dienstleistungen der Einrichtung in Anspruch zu nehmen. Sie sollten sich dabei nicht nur für die Dienstleistung, sondern im besten Fall für die gesamte Einrichtung entscheiden, um deren Erfolg nachhaltig zu sichern.

In Pflegeeinrichtungen und Krankenhäusern ist eine erfolgreiche Kundenbindung entscheidend, um den Erfolg der Einrichtung langfristig zu sichern. Die Umsetzung der Ziele der Kundenbindung sollte dabei nicht nur in den Prozessen, sondern auch den Strukturen innerhalb der Einrichtung berücksichtigt werden.

Es gilt dafür, konkrete Strategien für unterschiedliche Phasen der Einrichtung zu entwickeln. Dazu gehört auch, dass in jeder Phase des Patientenkontakts eine durchgängige positive Erfahrung geschaffen werden muss, um das Vertrauen zu stärken und gleichzeitig die Bindung zu fördern.

In etablierten Einrichtungen liegt der Fokus deutlich auf der Festigung der bestehenden Patientenbeziehungen und der Sicherung der Marktposition. Durch gezielte Maßnahmen kann die Zufriedenheit und Loyalität der Kundschaft gesteigert werden. Ein regelmäßiger Austausch mit den Patientengruppen, Pflegebedürftigen und deren Angehörigen ist demnach unerlässlich, um deren Bedürfnisse zu erkennen und zu adressieren. Des Weiteren ist es hilfreich, Programme zur Förderung der Mundpropaganda zu implementieren, beispielsweise durch Empfehlungsboni oder Patientenbotschaftern, die ihre positiven Erfahrungen teilen. Das kann dazu beitragen, die Auslastung der Einrichtung stabil zu halten oder sogar neue Kundschaft zu generieren.

Bei neuen Einrichtungen hingegen stehen schnelle Erfolge und die Schaffung von Vertrauen im Mittelpunkt. Insbesondere der erste Eindruck spielt hier eine wichtige Rolle, da dieser langfristig entscheidend für die Bindung ist. Dazu gehören eine transparente Kommunikation, klare Informationen zu den Leistungen und das Angebot von Probetagen oder unverbindlichen Beratungsgesprächen. Um das Vertrauen der potenziellen Kundschaft zu gewinnen, sollte sichergestellt werden, dass jede Interaktion eine positive Erfahrung vermittelt und Unsicherheiten abgebaut werden. Denn die Schaffung eines positiven Images in der Anfangsphase hat einen entscheidenden Einfluss auf die Entwicklung einer stabilen Patientenbasis.

In beiden Fällen – sowohl bei etablierten als auch bei neuen Einrichtungen – ist es wichtig, dass die Ziele der Kundenbindung in die strategische Planung einbezogen werden. Dazu gehört auch, dass Maßnahmen regelmäßig evaluiert werden, etwa durch Zufriedenheitsbefragungen oder die Analyse von Wiederkehrraten. Auf diese Weise kann die Grundlage für den langfristigen Erfolg der Einrichtung gesichert und eine nachhaltige Kundenbindung gewährleistet werden (Boldt, 2008; Homburg & Bruhn, 2005; Töpfer, 2008a).

5.2.4 Instrumente zur Kundenbindung

Das Kundenbindungsmanagement in Pflegeeinrichtungen und Krankenhäusern ist eine zentrale Herausforderung, die gezielte Maßnahmen erfordert. Dabei geht es jedoch nicht nur um die Schaffung von Zufriedenheit, sondern auch darum, langfristige Loyalität zu fördern und Kunden sowie deren Angehörige emotional und rational an die Einrichtung zu binden. Der gezielte Einsatz von Kundenbindungsinstrumenten ermöglicht es Führungskräften, diese Ziele systematisch zu verfolgen.

Die Instrumente zur Kundenbindung adressieren die Produkt-, Preis- und Kommunikationspolitik und lassen sich in drei Kategorien einteilen, die auf spezifische Bedürfnisse und Zielsetzungen ausgerichtet sind (Homburg & Bruhn, 2005):

Maßnahmen zur Schaffung von Wechselbarrieren
Wechselbarrieren reduzieren die Anreize, eine Einrichtung zu verlassen, und machen es für die erkrankten Personen und zu Pflegenden sowie deren Angehörige attraktiver, bei der bestehenden Einrichtung zu bleiben. Dazu gehören:

- **Individuelle Vertragsmodelle** – Flexible Vertragsgestaltungen, wie anpassbare Pflegepakete oder kurzfristig kündbare Optionen, bieten Sicherheit und passen sich an wechselnde Bedürfnisse der Patientengruppe und Pflegebedürftigen an. Auch die Integration persönlicher Wünsche in den Pflegeplan oder die Einrichtung einer Bezugspflegekraft kann zu einer emotionalen Bindung führen.
- **Rabatt- und Bonussysteme** – Stammkundschaft oder regelmäßig wiederkehrende Personen könnten von Treueprogrammen profitieren, wie etwa Vergünstigungen auf Zusatzleistungen oder die kostenfreie Nutzung bestimmter Angebote (z. B. Physiotherapie oder Ergotherapie).

- **Technologische Integration** – Einrichtungen, die moderne und individuelle Technologien nutzen, wie elektronische Patientenakten, Apps oder Portale für Angehörige oder digitale Therapie-Tools, schaffen nicht nur Komfort, sondern auch Exklusivität (Homburg & Bruhn, 2005).

Maßnahmen zur Förderung der Interaktion
Eine enge und persönliche Kommunikation ist entscheidend, um das Vertrauen und die emotionale Bindung der Patientengruppen und Angehörigen zu stärken (Homburg & Bruhn, 2005):

- **Feste Bezugspersonen** – Eine zugewiesene Pflegekraft oder Betreuung, die kontinuierlich für dieselben Pflegebedürftigen oder Patientin und Patient zuständig ist, fördert eine persönliche Beziehung und das Gefühl von Stabilität.
- **Transparente Informationswege** – Regelmäßige Updates zur Behandlung oder Betreuung, beispielsweise durch Patientengespräche, Angehörigenabende oder digitale Plattformen, schaffen Vertrauen.
- **Soziale Aktivitäten** – Gemeinsame Veranstaltungen, wie Themenabende, kulturelle Aktivitäten oder Feiertagsfeiern, stärken das Gemeinschaftsgefühl und fördern positive Assoziationen mit der Einrichtung.
- **Gemeinsame Dienstleistungsentwicklung** – Die aktive Einbindung der Patientenschaft und Angehörigen in die Planung und Verbesserung von Dienstleistungen erhöht nicht nur die Zufriedenheit, sondern fördert auch ein Gefühl der Mitgestaltung und Wertschätzung. Ein Beispiel wäre die Mitbestimmung bei der Gestaltung von Freizeitprogrammen oder Ernährungsplänen (Homburg & Bruhn, 2005).

Maßnahmen zur Steigerung der Zufriedenheit
Zufriedenheit ist der Schlüssel zur Kundenbindung und sollte durch durchdachte Maßnahmen gefördert werden (Homburg & Bruhn, 2005):

- **Qualitäts- und Servicestandards** – Die kontinuierliche Schulung von Mitarbeitenden, regelmäßige interne Audits und der Fokus auf individuelle Bedürfnisse der Patientengruppen und Pflegebedürftigen stellen sicher, dass die Qualität der Pflege und Betreuung auf höchstem Niveau bleibt.
- **Angebot von Zusatzleistungen** – Kleine Extras wie Wellness-Angebote, Freizeitprogramme oder persönliche Wünsche, die in die Betreuung integriert werden, sorgen für Begeisterung. In Krankenhäusern können dies spezielle Ernährungspläne oder Nachsorgeprogramme sein. Wohingegen sich bei der Langzeitpflege beispielsweise die Möglichkeit bietet, die Zimmer persönlich gestalten zu lassen.
- **Individuelle Einbindung in Entscheidungen** – Patientengruppen und Angehörige sollten aktiv in Entscheidungen eingebunden werden, sei es bei der Gestaltung des Pflegeplans oder der Auswahl bestimmter Dienstleistungen. Dies schafft ein Gefühl der Kontrolle und Mitbestimmung

- **Etablieren eines Beschwerdemanagements** – Ein positiver Umgang mit Unzufriedenheitsäußerungen, sowohl von Patientinnen und Patienten als auch durch Angehörige, und eine effektive Konfliktlösung gewährleisten langfristige Zufriedenheit und bieten die Chance, die Einrichtung strategisch zu optimieren (Homburg & Bruhn, 2005).

Die Vielfalt an Instrumenten zur Kundenbindung eröffnet Pflegeeinrichtungen und Krankenhäusern zahlreiche Möglichkeiten, langfristige Beziehungen zu ihrer Patient*innen- und Bewohnerschaft sowie deren Angehörigen zu gestalten. Führungskräfte in Pflegeeinrichtungen und Krankenhäusern sollten die Instrumente deshalb sorgfältig auswählen, an den Bedürfnissen der Zielgruppe ausrichten und regelmäßig deren Wirksamkeit überprüfen. Durch eine strategische Kombination der Maßnahmen können sie so die Zufriedenheit, Loyalität und Bindung ihrer Kundschaft langfristig sichern und ihre Einrichtung erfolgreich positionieren.

5.2.5 Integriertes Kundenbindungsmanagement

Ein integriertes Kundenbindungsmanagement bedeutet, dass alle Maßnahmen und Instrumente zur Kundenbindung gezielt aufeinander abgestimmt und in eine umfassende Strategie eingebunden werden. In der Praxis wird hauptsächlich nach den folgenden fünf übergeordneten Prinzipien gearbeitet:

- Die Kundschaft sollte über alle Maßnahmen Informationen erhalten.
- Investitionen sollten ausgewogen sein.
- Individualität der Kundschaft bzw. der Kundengruppe sollte ausgeglichen sein.
- Interaktionen mit der Kundschaft sind zu achten, da diese Voraussetzung für die Kundenbindung ist.
- Kundschaft sollte in das Unternehmen integriert werden (Homburg & Bruhn, 2005).

Das Unternehmen muss der Kundschaft einen positiven Gesamteindruck vermitteln. Für Pflegeeinrichtungen und Krankenhäuser bedeutet das, dass eine kundenorientierte und strukturierte Gesamtstrategie erforderlich ist, die nicht nur einzelne Maßnahmen isoliert betrachtet, sondern diese miteinander verknüpft und auf die Bedürfnisse der Patientengruppen und deren Angehörigen ausrichtet. Das Prinzip der Kundenintegration hat sich dabei besonders bewährt. Die Patientengruppen werden dafür in Prozesse und die Angebote der Einrichtung integriert. Dies kann etwa durch regelmäßige Feedbackmöglichkeiten oder die aktive Einbindung in Entscheidungsprozesse geschehen.

Die Aufgabe der Einrichtung ist es dann, klare Ziele zu definieren, die durch das Kundenbindungsmanagement erreicht werden sollen. Die verschiedenen Maßnahmen – von der Einführung eines Beschwerdemanagements über zusätzliche Serviceleistungen bis hin zu individuell zugeschnittenen Angeboten – müssen dabei aufeinander abgestimmt und kontinuierlich überprüft werden. So können unnötige Überschneidungen vermieden und Ressourcen effizient eingesetzt werden.

Neben der Leitungsebene ist es wichtig, dass auch die Mitarbeitenden in die Auswahl und Implementierung von Kundenbindungsmaßnahmen eingebunden werden. Dies steigert die Identifikation mit den Zielen der Einrichtung und fördert die Akzeptanz neuer Instrumente. Regelmäßige Workshops und Feedbackrunden mit den Mitarbeitenden gewährleisten, dass deren eigene Erfahrungen und Verbesserungsvorschläge eingebracht werden können.

Weiterhin können Schulungen sicherstellen, dass das Personal in der Lage ist, neue Maßnahmen und Instrumente erfolgreich einzusetzen. Eine schrittweise Einführung hilft außerdem, Überforderung zu vermeiden und den Mehraufwand an Arbeit besser zu managen. Dazu ist es hilfreich, zunächst mit kleinen Pilotgruppen anzufangen und den Mitarbeitenden Zeit zu geben, sich an die Prozesse zu gewöhnen. So wird langfristig eine Gesamtstrategie entwickelt, die dazu beigeträgt, dass das Personal positiv auf die Kundschaft wirkt, was wiederum die Erfolgsbasis der Einrichtung sichert.

5.3 Umgang mit Beschwerden: Grundlagen des Beschwerdemanagements

Beschwerden werden von vielen Einrichtungen als negativ empfunden, da die Bearbeitung von Kundenproblemen Zeit kostet, die für diese Zwecke nicht eingeplant ist und so den bereits bestehenden Zeitdruck in Pflegeeinrichtungen und Krankenhäusern noch weiter verschärft.

Die meisten Vorurteile gegenüber Beschwerden sind jedoch nicht gerechtfertigt. Es kursiert die allgemeine Aussage: „Beschwerden verursachen immer Kosten!" Diese Aussage ist für sich allein betrachtet nicht richtig, da nicht nur Kosten entstehen, sondern Schwachstellen in der Betreuung oder Organisation erkannt und behoben werden können.

Gleichzeitig sind sie eine Gelegenheit, die Beziehung zur den Patienten- und Bewohnerschaft sowie deren Angehörigen zu stärken, indem sie zeigen, dass ihre Anliegen ernst genommen und lösungsorientiert bearbeitet werden. Der zu erwartende Nutzen, in Form von Kundenerhaltung und Verbesserung der Dienstleistung, ist dann i. d. R. höher als die verursachten Kosten.

Führungskräfte sollten Beschwerden daher nicht als Belastung, sondern als Chance betrachten, die Qualität und Reputation der Einrichtung zu verbessern. Ein positiver Umgang mit den Unzufriedenheitsäußerungen ist mithilfe eines guten Beschwerdemanagements möglich.

5.3.1 Grundlagen des Beschwerdemanagements

Jeder Handlungsbereich, der sich in der Einrichtung mit Beschwerden beschäftigt, ist im Beschwerdemanagement, einem Teil des Qualitätsmanagements, integriert. Dazu zählen Planung, Durchführung und Kontrolle aller Maßnahmen, die sich mit den Beschwerden beschäftigen (Stauss, 2005).

Dabei werden zunächst alle Unzufriedenheitsäußerungen gegenüber der Einrichtung als Beschwerde bezeichnet. Mit dieser Erklärung wird auf ein Verhalten der Einrichtung aufmerksam gemacht, welches die Patientengruppen oder Angehörigen subjektiv als schädigend bzw. unangenehm empfunden haben.

Mit der Äußerung einer Beschwerde verfolgt dieser die Absicht, auf Missstände aufmerksam machen und oft auch eine Verbesserung oder Wiedergutmachung zu erreichen. Im schlimmsten Fall können Schadensersatzansprüche von der Kundschaft geltend gemacht werden.

Die **Reklamation** stellt einen Sonderfall von Beschwerden dar, bei denen ein rechtlicher Anspruch auf Schadensbeseitigung von den Patientinnen und Patienten geltend gemacht wird, wie z. B. bei fehlerhaften Abrechnungen (Stauss & Seidel, 2002). **Allgemeine Beschwerden** hingegen beziehen sich lediglich auf subjektive Wahrnehmungen, wie etwa eine als unfreundlich empfundene Kommunikation.

In Pflegeeinrichtungen und Krankenhäusern kann es häufiger zu Beschwerden kommen. Beispielsweise, wenn aus Kundensicht falsche pflegerische Entscheidungen getroffen werden oder organisatorische Abläufe nicht den Erwartungen entsprechen. Weiterhin nimmt das persönliche Verhalten wie Freundlichkeit eine zentrale Rolle in der Kundenzufriedenheit ein.

Ob diese jedoch geäußert werden, hängt zumeist von verschiedenen Einflussfaktoren ab. Stauss (2005) beschreibt diese wie folgt:

Rollenverständnis der Kundschaft: Manche Patientinnen und Patienten oder Angehörige sehen sich eher als passive Empfänger, andere als aktive Partner im Versorgungsprozess.

Relevanz des Problems: Je stärker ein Problem den Alltag oder die Gesundheit betrifft, desto eher wird eine Beschwerde geäußert.

Wahrgenommene Verantwortung: Beschwerden werden häufiger geäußert, wenn der Anbieter – also die Einrichtung – als verantwortlich für das Problem angesehen wird.

Beschwerdeerfahrung: Positive Erfahrungen mit früheren Beschwerden erhöhen die Bereitschaft, erneut Kritik zu äußern.

Letztlich obliegt es der Einrichtung und seiner Führungskraft sowie seinen einzelnen Mitarbeitenden, adäquat auf diese Unzufriedenheitsäußerungen zu reagieren.

5.3.2 Ziele des Beschwerdemanagements

Ein gut strukturiertes Beschwerdemanagement zielt darauf ab, sowohl die Zufriedenheit der Kundschaft als auch die Effizienz der Einrichtung zu fördern. Diese Ziele lassen sich in Global- und Teilziele unterteilen:

Globalziel

Das übergeordnete Ziel des Beschwerdemanagements ist es, die Wettbewerbsfähigkeit der Einrichtung zu stärken und ihren Gewinn zu erhöhen. Darunter sind weitere umsatzrelevante, als auch kostenrelevante Teilziele anzuordnen:

Umsatzrelevante Teilziele

- Stabilisierung gefährdeter Patientenbeziehungen durch Herstellung von (Beschwerde-) Zufriedenheit,
- Erhöhung von Kaufintensität und Kauffrequenz,
- Umsetzung und Verdeutlichung einer kundenorientierten Unternehmensstrategie,
- Schaffung zusätzlicher werbender Effekte durch Kommunikation im sozialen Umfeld,
- Verbesserung der Dienstleistungsqualität durch Nutzung der in Beschwerden enthaltenen Informationen,

Kostenrelevante Teilziele

- Vermeidung von Abwanderungskosten,
- Vermeidung von Auseinandersetzungskosten,
- Vermeidung von Fehlerkosten (Stauss, 2005).

Durch eine schnelle und unbürokratische Beschwerdebearbeitung ist es möglich, die Kundenbeziehungen zu stabilisieren. Gleichzeitig kann eine hohe Zufriedenheit auf Seiten der Patienten- und Bewohnerschaft entstehen, da Beschwerdelösungen einen positiven Eindruck hinterlassen. Sie vermitteln darüber hinaus Sicherheit und das Gefühl, etwas Besonderes für die Einrichtung zu sein.

Gleichzeitig können Einrichtungen Beschwerden nutzen, um Schwächen im eigenen Betrieb aufzudecken. An dieser Stelle sollte beachtet werden, dass die Kundschaft eine kostenlose Beratung für die Einrichtung darstellt (Stauss, 2005).

Idealerweise sollten Pflegeeinrichtungen und Krankenhäuser infolge von Beschwerden den Bezug zur Verbesserung der Wettbewerbsfähigkeit und Effizienz der Einrichtung herstellen. Für Führungskräfte ist ein gut organisiertes Beschwerdemanagement daher ein unverzichtbarer Bestandteil der Qualitäts- und Kundenbindungsstrategie.

5.3.3 Der Beschwerdemanagementprozess im Überblick

Ein effektives Beschwerdemanagement ist ein strukturierter Prozess, der sowohl die direkte Interaktion mit den Kunden und deren Angehörigen als auch interne Analysen und Verbesserungsmaßnahmen umfasst. Dieser Prozess gliedert sich in zwei Hauptabschnitte: den direkten und den indirekten Beschwerdemanagementprozess.

Dabei werden alle die Kundschaft betreffenden Aufgaben dem direkten Prozess zugeordnet. Es geht hierbei vorrangig um die Herstellung von Kunden- und Beschwerdezufriedenheit. Der indirekte Prozess beschäftigt sich mit allen Aufgaben, die innerhalb des Unternehmens ablaufen, an denen die Kundschaft nicht beteiligt ist.

Der direkte Beschwerdemanagementprozess

Der direkte Beschwerdemanagementprozess umfasst die Aufgaben der Beschwerdestimulierung, -annahme, -bearbeitung und -reaktion. Es geht darum, Beschwerden aufzunehmen, schnell und angemessen darauf zu reagieren und die Zufriedenheit wiederherzustellen.

Im Zusammenhang mit der **Beschwerdestimulierung** sollen unzufriedene Patientengruppen und Angehörige dazu gebracht werden, ihre Beschwerde zu äußern. Um das zu erreichen, müssen Beschwerdekanäle eingerichtet werden, die eine Kommunikation zwischen der Kundschaft und den verantwortlichen Mitarbeitenden sicherstellen und die leichte Zugänglichkeit gewährleisten.

Die Beschwerdekanäle können unterschiedlicher Art sein, je nachdem um welches Unternehmen es sich handelt und welche Kundenstruktur vorherrscht. Für die Betroffenen gibt es die Möglichkeit, sich mündlich, schriftlich oder telefonisch zu beschweren (Stauss, 2005; Stauss & Seidel, 2002).

In Pflegeeinrichtungen und Krankenhäusern werden Beschwerden jedoch meistens in mündlicher oder schriftlicher Form geäußert. Der direkte Kontakt zu den Mitarbeitenden ermöglicht es, bei Problemen schnell Abhilfe zu schaffen.

Obwohl dieser Weg i. d. R. für die Patienten- und Bewohnerschaft der einfachste ist, kann er für die Pflegekräfte Mehrarbeit bedeuten, da sie aus den gewohnten Arbeitsabläufen herausgerissen wird. Durch verschiedene Systeme ist es jedoch möglich, dass alle Beteiligten zufrieden gestellt werden können.

Einrichtung von Feedbackboxen: Diese können anonym genutzt werden und senken die Hemmschwelle für kritische Rückmeldungen.

Regelmäßige Feedbackgespräche: Pflegekräfte oder die Leitung können gezielt nachfragen, ob es Verbesserungswünsche oder Kritikpunkte gibt. Beispielsweise nach abgeschlossenen Behandlungen oder wöchentlich/monatlich.

Digitale Plattformen: Apps oder Online-Formulare bieten Angehörigen und Patientinnen und Patienten einfache und anonyme Wege, ihre Beschwerden einzureichen, auch außerhalb der Einrichtung.

Meinungskarten: Diese werden vom Unternehmen entwickelt und an die Kundschaft verteilt, mit der Bitte diese (anonym) auszufüllen. Je detaillierter diese gestaltet sind, desto besser kann auf Beschwerden eingegangen werden. Sollten persönliche Daten abgefragt werden, können Betriebe zudem auf Einzelfälle eingehen (Stauss, 2005; Stauss & Seidel, 2002).

Die **Beschwerdeannahme** ist ein sensibler Prozess, der Fingerspitzengefühl und Empathie von den zuständigen Mitarbeitenden abverlangt. Die Kundschaft kommt durch die Beschwerde in einen direkten Kontakt mit dem Unternehmen, weshalb hier bereits der Grundstein für spätere Zufriedenheit gelegt wird. Beschwerden sollten deshalb mit Respekt und ohne Unterbrechungen angehört werden. Auch sollten die Mitarbeitenden klarstellen, dass die Beschwerde geschätzt wird und zur Verbesserung beiträgt. Eine Schulung des entsprechenden Personals im Umgang mit Beschwerden kann hier essenziell sein, um professionell und deeskalierend zu reagieren. Weiterhin geht es in diesem Prozessschritt um die Organisation und die detaillierte Erfassung der Beschwerdeinformation.

Zunächst muss die Klärung der Verantwortungsstrukturen innerhalb des Unternehmens organisiert werden. Hierfür gibt es zwei Möglichkeiten: entweder übernimmt der erstkontaktierte Mitarbeitende die gesamte Verantwortung oder die Verantwortungen werden übertragen. Wenn die gesamte Verantwortung allein bei dem Mitarbeitenden liegt, müssen alle Aufgaben, die zur Beseitigung der Beschwerde führen, selbst übernommen werden. Dies ist jedoch selten und nur schwer umsetzbar, insbesondere in Pflegeeinrichtungen und Krankenhäusern, wo jeder einzelne selbst schon ein hohes Maß an Verantwortung trägt. I. d. R. wird die Beschwerde deshalb vom ersten Mitarbeitenden aufgenommen und dieser entscheidet, an wen die Problemlösung übertragen wird.

So kann z. B. bei einer Beschwerde über das Essen in einer Pflegeeinrichtung eine Mitteilung an die Küche erfolgen. Die Küche wird dann ihrerseits die Schwachstellen analysieren und verbessern. Nachdem die Verantwortung übertragen wird und erste interne Lösungen erfolgen, wird ein Feedback an den ersten Mitarbeitenden gegeben. Dieser wiederum kann der Kundschaft eine adäquate Lösung präsentieren (Stauss, 2005; Stauss & Seidel, 2002).

Für die lückenlose Erfassung der Beschwerden ist es notwendig, ein internes System zu entwickeln. Diese Kategorisierung sollte für alle Mitarbeitenden zugänglich und transparent sein. Folgende Inhalte der Beschwerde sollten erfasst werden:

Beschwerdeführerinformation

- Identität des Beschwerdeführenden (Angaben zur Person und Erreichbarkeit),
- Rolle des Beschwerdeführers im gesamten Prozess,
- Verärgerungsgrad und geäußerte Verhaltenskonsequenzen.

Beschwerdeproblem

- Art des Problems,
- genaue Umstände (betroffene Abteilung, Zeitpunkt, spezifische Situation des Problems),
- Problemursache,
- Erst- oder Folgebeschwerde.

Beschwerdelösung

- verantwortliche Mitarbeitende,
- Lösung des Problems,
- Zufriedenheit der Patientenschaft und Angehörigen nach Lösung.

Anhand einer Beschwerde können nie alle Punkte, der eben genannten Aufzählung eruiert werden. Durch gezieltes Nachfragen können jedoch alle grundlegenden Faktoren erfasst werden.

Damit in einer Einrichtung einheitlich gearbeitet werden kann, müssen Richtlinien und Standards von der Leitung entwickelt werden. Einerseits müssen diese die Unternehmensphilosophie widerspiegeln, andererseits sollten sich alle Mitarbeitenden damit identifizieren können (Stauss, 2005; Stauss & Seidel, 2002).

Im weiteren Verlauf des direkten Prozesses erfolgt die **Beschwerdebearbeitung**, die sich nach festgelegten Prozessen und Terminen richtet. Für unterschiedliche Beschwerdetypen sollten spezifische Leitfäden entwickelt werden, nach denen der Mitarbeitende handeln kann. Weiterhin müssen in solchen Leitlinien Termine festgelegt und Dokumentationswege beschrieben werden. Die Festlegung dieser Prozesspunkte beinhaltet gleichzeitig die Ausgestaltung interner Kommunikationswege und Mahnsysteme. Die Erarbeitung von Leitlinien kann in Arbeitszirkeln entstehen oder durch Systeme wie z. B. TQM (Total Quality Management) festgelegt werden (Stauss, 2005; Stauss & Seidel, 2002).

Die **Beschwerdereaktion** steht in unmittelbarem Zusammenhang mit der Beschwerdebearbeitung. Hier geht es darum dem/der Beschwerdeführerenden eine Lösung zu präsentieren und die Beziehung zur Einrichtung zu stärken. Dabei werden alle Reaktionen, die die Patientinnen und Patienten oder die Angehörigen durch den Mitarbeitenden erfahren, in diesem Prozessschritt zusammengefasst. Mit den Leitlinien sollte geregelt sein, wie Mitarbeitende je nach Beschwerdesituation zu reagieren haben (Stauss, 2005; Stauss & Seidel, 2002).

Bei der Beschwerdereaktion sind außerdem weitere Aspekte zu beachten wie bspw.:

- **Zeitnahe Rückmeldung:** Beschwerdeführende sollten möglichst schnell über den Stand der Bearbeitung informiert werden.
- **Empathie und Verständnis:** Selbst, wenn die Lösung nicht vollständig zufriedenstellend ist, sollte die Rückmeldung respektvoll und ehrlich erfolgen.
- **Transparenz:** Es ist dazustellen, welche Schritte unternommen und warum eine bestimmte Entscheidung getroffen wurde.

Mit den Schritten Beschwerdestimulierung, -annahme, -bearbeitung und -reaktion ist der direkte Prozess abgeschlossen. Die beschriebene Prozessstruktur ist in ihren Grundzügen auf alle Unternehmen übertragbar, es ist jedoch notwendig spezifische Leitlinien und Standards sowie Handlungsstränge zu entwickeln.

Der indirekte Beschwerdemanagementprozess

Der indirekte Beschwerdemanagementprozess umfasst alle internen Schritte, die ohne direkten Kontakt zu der Patienten- und Bewohnerschaft und deren Angehörigen ablaufen und kann in die Schritte Beschwerdeauswertung, -controlling, -reporting und -informationsnutzung eingeteilt werden.

Der erste Schritt ist die **Beschwerdeauswertung** auf quantitativer und qualitativer Ebene. Dadurch werden die Informationen der Beschwerden systematisiert.

Die quantitative Auswertung beschreibt die Häufigkeit und die Verteilung der Beschwerden. Dabei können spezifische Kategorien wie „Kommunikationsprobleme", „Versorgungsqualität" oder „Umgang mit Angehörigen" genutzt werden, um Probleme systematisch zu erfassen. Mithilfe der Datenverarbeitung können Rückschlüsse auf häufig wahrgenommene Probleme der Patient*innen und darüber hinaus auf innerbetriebliche Schwachstellen gezogen werden (Stauss, 2005; Stauss & Seidel, 2002).

Die qualitative Beschwerdeauswertung betreibt eine systematische Analyse der vorangegangenen quantitativen Datenerhebung. Hier werden die Inhalte der Beschwerden detailliert untersucht, um tiefer gehende Ursachen und Zusammenhänge zu identifizieren. Dabei geht es darum, Schwächen oder wiederkehrende Probleme in den Prozessen zu verstehen (Stauss, 2005; Stauss & Seidel, 2002).

Die Datenerhebung und -auswertung stellt die Grundlage für die weiteren internen Prozesse dar. In den darauffolgenden Schritten bilden die Kontrolle der Evidenz, der Maßnahmen und des Kosten-Nutzen-Verhältnisses die Gebiete des **Beschwerdecontrollings** (Stauss, 2005; Stauss & Seidel, 2002).

Das **Evidenzcontrolling** ermittelt, wie gut es dem Beschwerdemanagement gelingt, bestehende Unzufriedenheit bei der Leitung präsent bzw. bekannt zu machen. Dabei werden zwei Arten der Beschwerdeartikulation unterschieden.

Ein Teil der Beschwerden wird von der Patienten- und Bewohnerschaft geäußert und auch von den Mitarbeitenden aufgenommen, sodass diese nach bestimmten Leitlinien bearbeitet werden können. Weiterhin gibt es Artikulationen von Patientinnen und Patienten und den Angehörigen, die von der Einrichtung nicht registriert werden. Der wichtigste Ansatzpunkt ist hier, diese zu ermitteln. Denn, wenn die verborgenen Beschwerden fassbar sind, ist es möglich, weitreichendere Verbesserungsschritte einzuleiten (Stauss, 2005; Stauss & Seidel, 2002).

Die Überwachung aller Aufgaben, die das Beschwerdemanagement betreffen, obliegt dem **Aufgabencontrolling**. Dafür werden im Zusammenhang mit der Leitfadenentwicklung Standards und Indikatoren (z. B. Zeitfenster und Zufriedenheitswerte) festgelegt. Das hat zum Ziel, sicherzustellen, dass Beschwerden zügig bearbeitet werden. Denn lange Reaktionszeiten können das Vertrauen der Patientengruppen und Angehörigen beeinträchtigen. Die Überprüfungen sollten deshalb kontinuierlich durchgeführt und bei Abweichungen der Toleranzwerte Verbesserungsmaßnahmen eingeleitet werden (Stauss, 2005; Stauss & Seidel, 2002).

Nach Abschluss der Beschwerdebearbeitung wird die Zufriedenheit der Beschwerdeführenden evaluiert, um die Qualität der Reaktion des Beschwerdemanagements zu bewerten. Beispielsweise kann ein kurzer Fragebogen nach der Bearbeitung einer Beschwerde ermitteln, ob die Lösung als zufriedenstellend empfunden wurde.

Das **Kosten-Nutzen-Controlling** bewertet sowohl die Kosten als auch die Nutzeneffekte. Der Bereich des Kosten-Controllings umfasst all jene Kosten, die mit den direkten und indirekten Prozessschritten zusammenhängen. Danach erfolgt ein Vergleich des Nutzens auf den unterschiedlichen Ebenen (Informations-, Einstellungs-, Wiederkauf- und Kommunikationsnutzen), wodurch überprüft wird, ob der Nutzen der umgesetzten Maßnahmen die Kosten rechtfertigt. Die Maßnahmenumsetzung bzw. -weiterführung ist demnach abhängig vom Ergebnis dieses Vergleichs. Dies hilft, die Effizienz des Beschwerdemanagements langfristig zu optimieren (Stauss, 2005; Stauss & Seidel, 2002).

Informationen, die durch Beschwerdeauswertung und -controlling gewonnen werden, können durch das **Beschwerde-Reporting** unternehmensintern weitergegeben werden. Das sorgt dafür, dass die gewonnenen Erkenntnisse aus der Beschwerdeauswertung regelmäßig an die relevanten Entscheidungstragenden kommuniziert werden. Dies erfolgt – je nach Hierarchieebene – zumeist zeitlich unterschiedlich. Es ist zudem wichtig, alle Informationen nutzungsgerecht aufzubereiten.

Die **Beschwerdeinformationsnutzung** leistet einen wesentlichen Beitrag zur nachhaltigen Verbesserung aller Prozesse und Strukturen, indem es die gewonnenen Informationen systematisch nutzt. Durch die Erhebung, Auswertung und Verbreitung der Daten ist es beispielsweise möglich, mithilfe von Arbeitskreisen oder Mitarbeiterzirkeln wesentliche Veränderungsimpulse erarbeitet werden. Unter Nutzung verschiedener Managementinstrumente und Problemlösungsstrategien können dann gezielt Optimierungsprozesse herbeigeführt werden (Stauss, 2005; Stauss & Seidel, 2002).

▶ Die Umsetzung eines Beschwerdemanagements stellt demnach einen wichtigen Bereich in Pflegeeinrichtungen und Krankenhäusern dar. Deshalb sollten alle Mitarbeitenden die kundenorientierte Unternehmensführung und somit auch das Beschwerdemanagement akzeptieren und leben. Dadurch erfährt der Kunde die bestmögliche Betreuung (Stauss, 2005; Stauss & Seidel, 2002).

5.3.4 Die Implementierung von Beschwerdemanagement

Die Einführung eines Beschwerdemanagementsystems in Pflegeeinrichtungen erfordert sowohl eine strategische Planung als auch eine operative Umsetzung. Die Herausforderung besteht insbesondere darin, eine innerbetriebliche Struktur herzustellen. Wobei vorrangig entschieden werden muss, ob das Beschwerdemanagement zentral oder dezentral aufgebaut wird, was wiederum von der Einrichtungsgröße, der Kundenanzahl und internen Organisationsstrukturen abhängt.

Zentraler Aufbau – Mit der Einrichtung einer zentralen Beschwerdestelle wird eine Anlaufstelle geschaffen, die unabhängig von Raum und Zeit alle Beschwerden bündelt, analysiert und an die zuständigen Abteilungen weiterleitet. Dies ist insbesondere in größeren Einrichtungen oder Krankenhausverbünden hilfreich (Löber, 2024).

Dezentraler Aufbau – In kleineren Einrichtungen ist ein dezentraler Ansatz oft effektiver. Hier werden Beschwerden direkt in den jeweiligen Abteilungen entgegengenommen und bearbeitet, in denen der vermeintliche Beschwerdeursprung liegt. Dies fördert kurze Kommunikationswege und schnellere Lösungen (Löber, 2024).

Hybrider Aufbau – In Krankenhäusern und Pflegeeinrichtungen hat sich insbesondere aber auch der hybride Ansatz bewährt. Die Kombination aus zentralen und dezentralen Bestandteilen bietet der Kundschaft so nicht nur die Möglichkeit zur direkten Beschwerdebegegnung, sondern auch zur Beschwerdeäußerung unabhängig vom Beschwerdeführenden. Denn oft kommt es vor, dass Patientinnen und Patienten nicht den Mut haben, ihre Beschwerde direkt zu äußern, es aus anderen Gründen nicht schaffen oder dies erst nach Abschluss der Behandlung tun (Löber, 2024).

Ein weiterer Punkt für ein erfolgreiches Beschwerdemanagement ist die Umsetzung einer Unternehmensphilosophie, die von allen Mitarbeitenden getragen wird. Beschwerden sollten als eine Chance zur Verbesserung und nicht als persönliche Kritik aufgenommen werden. Mitarbeitende sollten sich damit nicht nur offiziell einverstanden erklären, sondern auch persönlich überzeugt sein. Denn die Philosophie der Einrichtung wirkt sich auf jede Abteilung und damit auf alle kundenorientierten Maßnahmen aus.

Für die erfolgreiche Implementierung eines Beschwerdemanagementsystems gilt es ebenfalls, folgende Faktoren zu beachten (Löber, 2024):

- personalpolitische Aspekte (z. B. Sozialkompetenz bei Mitarbeitenden, die direkt an der Kundschaft arbeiten),
- technologische Infrastruktur (z. B. spezielle Software zur Erfassung der Beschwerden),
- hierarchische Verankerung (Stabsstelle oder Linienfunktion),
- Funktionen und Befugnisse gegenüber anderen Abteilungen.

Die Implementierung eines Beschwerdemanagementsystems muss effizient und in klaren Strukturen erfolgen. Dafür werden folgende Implementierungsschritte allgemein beschrieben:

- Beschlussphase,
- Projektorganisationsphase,
- Analysephase,
- Konzeptionsphase,
- Einführungsphase.

Wenn seitens der Unternehmensleitung ein fester Entschluss zur Einführung eines Beschwerdemanagementsystems besteht, befindet es sich in der **Beschlussphase**. Für diese Phase wird ein Ist-Zustand der Einrichtung erhoben und daraus der zukünftige Soll-Zustand definiert. Dabei werden die Schwachstellen im aktuellen Umgang mit Beschwerden identifiziert (Stauss, 2005; Töpfer, 2008b).

In der **Projektorganisationsphase** wird ein interdisziplinärer Lenkungsausschuss gebildet, der den Implementierungsprozess steuert. Dieser Lenkungsausschuss wiederum bildet weitere Projektteams und Arbeitsgruppen aus, die aus ihrem eigenen Ausschuss und Mitarbeitenden unterschiedlicher Abteilungen bestehen (Stauss, 2005; Töpfer, 2008b).

In der darauffolgenden Phase, der **Analysephase,** wird eine detailliertere Bestandsaufnahme in den unterschiedlichen Bereichen der Einrichtung durchgeführt. Die genauen Informationen der personalpolitischen, organisatorischen und informationstechnologischen Bereiche bilden dann die Grundlage aller weiteren Maßnahmen (Stauss, 2005; Töpfer, 2008b).

Im nächsten Schritt geht es nun darum, die Durchführung eines Beschwerdemanagementsystems schrittweise zu planen. Dabei muss beachtet werden, dass eine solche Durchführung nach festen Vorgaben häufig jedoch gar nicht möglich ist. Denn meist werden Beschwerden aufgrund von Erfahrungen im Umgang mit Patientinnen und Patienten oder Angehörigen nach bestimmten Mustern bearbeitet, ohne dass verbindliche Standards vorliegen. Die Aufgabe der Pflegedienstleitung besteht also darin, zusammen mit Mitarbeitervertretungen Leitlinien zu entwickeln.

So werden in der **Konzeptionsphase** generelle Ziele und Aufgaben des Beschwerdemanagements festgelegt. Die konkrete Umsetzung obliegt dann den entsprechenden Arbeitsgruppen bzw. Projektteams. Hierbei sind detailliertere Konzepte stets unter Berücksichtigung der gestellten Ziele und innerbetrieblichen Umstände der jeweiligen Einrichtung zu entwickeln. In diesem Zusammenhang wird ein Beschwerdemanagementhandbuch entworfen, welches die Prozesse und Standards beschreibt. Ebenso wird ein Zeit- und Kostenplan für die Umsetzung entwickelt. Während des gesamten Prozesses sollte die Führungskraft eng mit ihren Mitarbeitenden zusammenarbeiten, um praxisnahe Leitlinien zu entwickeln, die von allen akzeptiert und getragen werden (Stauss, 2005; Töpfer, 2008b).

Der Einsatz der jeweiligen Maßnahmen, in diesem Fall des Beschwerdemanagementsystems, wird in der **Einführungsphase** organisiert. Es ist zu beachten, dass an vielen Stellen Probleme auftreten können, die erneute Konzeptionsveränderungen nach sich ziehen können. Beispielsweise bedeutet für die Mitarbeitenden, hauptsächlich Pflegekräfte, eine solche Umsetzung zunächst einen Mehraufwand an Arbeit. Um auf Seiten der Mitarbeitenden jedoch keine Unzufriedenheit entstehen zu lassen, müssen Arbeitsabläufe vorab genauestens besprochen und der Umgang mit den Patientengruppen und deren Angehörigen geübt werden. So gilt es, bereits im Vorfeld durch Schulungen der Mitarbeitenden und einer langwierigen Vorbereitung, bestimmte Barrieren zu vermeiden, sodass ein reibungsloser Start möglich wird (Stauss, 2005; Töpfer, 2008b).

5.3.5 Kontinuierliche Verbesserung im Kundenmanagement: Der PDCA-Zyklus

Die Einführung eines Beschwerdemanagementsystems in Pflegeeinrichtungen und Krankenhäusern ist ein anspruchsvoller Prozess. Um sicherzustellen, dass dieses System nicht nur erfolgreich gestartet, sondern auch kontinuierlich verbessert wird, bietet der PDCA-Zyklus (plan-do-check-act) eine bewährte methodische Grundlage.

Entwickelt von W. Edwards Deming, basiert der Ansatz auf der Grundidee, dass alle Vorgänge in Form eines Prozesses kontinuierlich verbessert werden können. Dazu werden schrittweise immer wieder die vier Phasen – Planen (plan), Ausführen (do), Überprüfen (check) und Verbessern (act) – durchlaufen. Der Zyklus stellt sicher, dass die Ergebnisse regelmäßig überprüft werden und dabei Schwachstellen erkannt sowie Maßnahmen zur Verbesserung eingeleitet werden (Haubrock, 2007).

So ermöglicht dieser iterative Prozess Führungskräften in Pflegeeinrichtungen und Krankenhäusern, die Einführung strukturiert anzugehen und flexibel auf neue Herausforderungen zu reagieren, ohne dabei die übergeordneten Ziele der jeweiligen Einrichtung aus den Augen zu verlieren.

Der PDCA-Zyklus im Überblick

Der PDCA-Zyklus basiert auf vier Phasen, die aufeinander aufbauen und kontinuierlich wiederholt werden. Diese werden wie folgt beschrieben (Lange et al., 2022) und exemplarisch an einem Beispiel veranschaulicht:

1. **Planen (plan): Vorbereitung und Zielsetzung**
   In der Plan-Phase wird der Grundstein für die jeweiligen Maßnahmen gelegt. Hier werden auf Grundlage des Ist-Standes konkrete Ziele definiert, die zur Verbesserung der Ausgangslage beitragen und daraus Standards abgeleitet. Hier gilt: je konkreter, desto besser. Denn wer genau weiß, wo und bis zu welchem Zeitpunkt er später einmal hinwill, dem wird es leichter fallen spezifische Maßnahmen zur Erreichung dieser Ziele zu konzipieren.

Beispiel

Eine Pflegeeinrichtung hat festgestellt, dass Beschwerden bisher nur sporadisch bearbeitet werden. Aufgrund dessen bleiben viele Rückmeldungen von Patientinnen und Patienten sowie Angehörigen unberücksichtigt. Als Folge können sie beobachten, dass unzufriedene Patientengruppen vermehrt abwandern. Eine interne Befragung zeigte außerdem, dass Beschwerden oft informell an Pflegekräfte herangetragen werden, diese jedoch nicht wissen, wie sie weiter vorgehen sollen.

Das festgelegte Ziel der Pflegeeinrichtung ist es nun, ein zentrales System zu schaffen, das Beschwerden zuverlässig erfasst, zeitnah bearbeitet und Rückmeldungen dokumentiert. Dazu gehört sowohl die Einführung eines standardisierten Beschwerdeformulars und die klare Definition von Zuständigkeiten, als auch die Schulung der Mitarbeitenden im Umgang mit Beschwerden.

Weiterhin soll ein Zeitrahmen definiert werden, in welchem die Beschwerden bearbeitet werden sollen. Dieser wird auf sieben Tage festgelegt. ◀

2. **Umsetzen (do): Pilotprojekte und erste Schritte**
   In der Umsetzungsphase wird die geplante Maßnahme dann in die Praxis umgesetzt. Dies kann beispielsweise Pilotprojekte oder kleinere Testläufe umfassen, um die Effektivität und Praxistauglichkeit der Maßnahmen zu überprüfen.

Beispiel

Die geplanten Maßnahmen der Pflegeeinrichtung sollen in der Umsetzungs-Phase zunächst in einem kleinen Rahmen getestet werden. Für einen Zeitraum von zwei Monaten wählen sie deshalb den Bereich mit den meisten Beschwerden für das Pilotprojekt aus. Hier werden alle festgelegten Maßnahmen umgesetzt und zusätzlich ein Beschwerdebuch eingeführt, in dem alle eingehenden Beschwerden und deren Bearbeitungsstatus festgehalten werden. So kann das System über diesen Zeitraum erprobt, und die Ergebnisse überwacht werden. ◀

3. **Überprüfen (check): Analyse und Feedback**
Nach der Umsetzung wird evaluiert, ob die Maßnahme die gewünschten Ergebnisse erzielt hat. Hierzu können sowohl qualitative, als auch quantitative Daten herangezogen werden, wie zum Beispiel Feedback von Patientengruppen, Angehörigen und Beschäftigten oder spezifische Kennzahlen. Letztlich kann also festgehalten werden, dass der Schritt „check" nur noch überprüft, wie nah der Ist-Stand im Vergleich zu den Zielen steht.

Beispiel

Nach Abschluss der Testphase überprüft die Pflegeeinrichtung, ob das neue System die gewünschten Ziele erreicht hat und wo Verbesserungen notwendig sind.

Zur Analyse ziehen sie einerseits verschiedene Kennzahlen heran, wie beispielsweise die Anzahl der erfassten Beschwerden, die Bearbeitungszeit dieser, als auch die Zufriedenheit der Beschwerdeführenden mit der Bearbeitung.

Dabei konnte evaluiert werden, dass sich die Erfassung der Beschwerden verbessert hat, jedoch die Bearbeitungszeit und die Qualität der Rückmeldungen optimiert werden müssen. Angehörige gaben beispielsweise an, dass sie sich über die professionelle Bearbeitung freuen, aber die Rückmeldungen oft zu allgemein sind.

Mithilfe einer Umfrage unter den Beschäftigten der Einrichtung konnte außerdem herausgefunden werden, dass das standardisierte Beschwerdeformular einfach zu nutzen ist, doch oft unklar ist, wer anschließend für die Rückmeldung an die Beschwerdeführenden verantwortlich ist. ◀

4. **Verbessern (act): Optimierung und Weiterentwicklung**
Die Erkenntnisse aus der Check-Phase werden nun genutzt, um die umgesetzte Maßnahme anzupassen und zu verbessern Diese Phase markiert den Übergang zu einem neuen Zyklus, bei dem die verbesserten Maßnahmen erneut getestet und implementiert werden. Konnten die Ziele mithilfe der festgelegten Maßnahmen erreicht werden, müssen diese nicht angepasst werden. Nichtsdestotrotz sollte auch hier weiterhin ein kritischer Blick erhalten bleiben.

Beispiel

Um das System weiter zu optimieren, nutzt die Einrichtung die Erkenntnisse aus der Check-Phase.

So entwickelt die Einrichtung unter Einbeziehung der Pflegekräfte zunächst einen Leitfaden für die Rückmeldung an Beschwerdeführenden, um die Rückmeldungen klarer und spezifischer zu gestalten. Außerdem erhalten die zentralen Ansprechpersonen zusätzliche Schulungen zur Koordination von Beschwerden.

Anschließend wird das optimierte Beschwerdemanagement in allen Bereichen der Pflegeeinrichtung etabliert. Auch dafür werden zuvor alle Mitarbeitenden der Einrichtung geschult, um das neue System einheitlich umzusetzen. Der Zyklus beginnt nun von vorne. ◀

▶ Die Grundidee des PDCA-Zyklus – schrittweise Verbesserungen durch iterative Prozesse zu generieren – kann auf nahezu alle Maßnahmen angewendet werden, die etabliert werden oder einer Optimierung bedürfen. Ob es um die Einführung eines Beschwerdemanagementsystems, die Verbesserung der Pflegequalität oder die Umsetzung spezifischer Kundenbindungsstrategien geht, der PDCA-Zyklus bietet eine universelle und klar strukturierte Methodik zur Sicherung von Qualität und Effizienz. Für Führungskräfte in Pflegeeinrichtungen und Krankenhäusern ist der PDCA-Zyklus deshalb ein unverzichtbares Instrument, um den wirtschaftlichen Erfolg ihrer Einrichtung zu sichern.

5.4 Fazit

Patienten- und Kundenmanagement als Wettbewerbs- und Erfolgsfaktor

Ein wirkungsvolles Patienten- und Kundenmanagement ist ein wesentlicher Baustein für den langfristigen Erfolg von Pflegeeinrichtungen und Krankenhäusern.

Das Kapitel verdeutlicht, dass es nicht allein um die Erfüllung der Grundbedürfnisse von Patientengruppen geht, sondern um den Aufbau nachhaltiger Beziehungen, die auf Vertrauen, Wertschätzung und individueller Betreuung basieren.

Die beiden zentralen Säulen des Kundenmanagements – Kundenzufriedenheit und Kundenbindung – wirken dabei wechselseitig aufeinander ein und sind entscheidend für die Stabilität und Reputation der Einrichtung.

Kundenzufriedenheit wird maßgeblich durch die Qualität der Versorgung, transparente Kommunikation und eine empathische Betreuung beeinflusst. Zufriedene Patientengruppen und deren Angehörige sind eher bereit, die Einrichtung weiterzuempfehlen und zusätzliche Leistungen in Anspruch zu nehmen. Dabei ist die Rolle der Führungskraft von zentraler Bedeutung. Führungskräfte schaffen durch ihr Verhalten die Voraussetzungen für eine kundenorientierte Unternehmenskultur und sorgen dafür, dass Verbesserungen im Alltag umgesetzt werden.

Das Beschwerdemanagement ist ein entscheidendes Werkzeug, um frühzeitig auf Unzufriedenheit zu reagieren. Es zeigt, dass Kritik nicht als Belastung, sondern als Chance zur Qualitätsverbesserung gesehen werden sollte. Eine offene Feedbackkultur stärkt das Vertrauen der Patienten- und Bewohnerschaft und signalisiert, dass ihre Anliegen ernst genommen werden.

Das Kundenbindungsmanagement zielt darauf ab, bestehende Kundengruppen langfristig an die Einrichtung zu binden. Dies gelingt durch kontinuierliche Interaktionen, individuell zugeschnittene Angebote und eine transparente Kommunikation. Hierbei ist es wichtig, nicht nur auf funktionale Aspekte wie die medizinische Versorgung zu setzen, sondern auch emotionale Bindungen aufzubauen. Zufriedene Kunden entwickeln eine Loyalität zur Einrichtung und tragen somit wesentlich zur Stabilität und Auslastung bei.

▶ Ein professionelles Kundenmanagement geht somit über reine organisatorische Abläufe hinaus und sollte tief in der Unternehmenskultur verankert sein. Kundenzufriedenheit und -bindung sollten als gemeinsames Ziel von allen Mitarbeitenden verstanden und aktiv gelebt werden. Die Führungskraft spielt dabei eine unterstützende Rolle, indem sie Impulse setzt, den Prozess begleitet und Rahmenbedingungen schafft, die es dem Team erleichtern, kundenorientiertes Handeln im Alltag umzusetzen.

Reflexionsfragen für Führungskräfte

Um das eigene Patienten- und Kundenmanagement zu reflektieren und gezielt zu optimieren, können folgende Fragen helfen:

1. **Kundenzufriedenheit:** Wie erfassen wir die Zufriedenheit unserer Patientengruppen und deren Angehörigen? Gibt es strukturierte Feedbackprozesse, und wie werden die gewonnenen Erkenntnisse genutzt?
2. **Kommunikation:** Ist unsere Kommunikation nach innen und außen offen, transparent und wertschätzend? Wie fördern wir den Austausch zwischen Mitarbeitenden und den Menschen, die unsere Dienstleistungen in Anspruch nehmen?
3. **Beschwerdemanagement:** Haben wir ein funktionierendes Beschwerdemanagement? Werden Beschwerden als Verbesserungspotenziale erkannt und zeitnah bearbeitet?
4. **Kundenbindung:** Welche Maßnahmen setzen wir ein, um bestehende Patientengruppen langfristig an unsere Einrichtung zu binden? Bieten wir zusätzliche Leistungen an, die über die Grundversorgung hinausgehen?
5. **Führungskultur:** Wie fördern wir als Führungskräfte eine Kultur der Kundenorientierung? Welche Vorbildfunktion nehmen wir dabei ein, und wie vermitteln wir diese Werte an unser Team?
6. **Servicequalität:** Wie entwickeln wir unser Angebot weiter, um den individuellen Bedürfnissen unserer Patientengruppen gerecht zu werden? Welche Innovationen könnten unsere Servicequalität verbessern?

Literatur

Boldt, S. (2008). Kundenzufriedenheit und Kundenbindung als strategische Zielgröße im Marketing. *Fokus Kunde, 19*, 10–20.

Bundesverband Geriatrie (BVG). (2023). *Zahlen, Daten, Fakten zur geriatrischen Versorgung. Prognosen für die geriatrische Rehabilitation.* https://www.bv-geriatrie.de/positionen/zahlen-daten-fakten/bundesebene.html. Zugegriffen am 17.01.2025.

Haubrock, M. (2007). Managementmethoden. In I. M. Haubrock & W. Schär (Hrsg.), *Betriebswirtschaft und Management im Krankenhaus* (4. Aufl.). Verlas Hans Huber.

Hinterhuber, H. H., & Matzler, K. (2000). *Kundenorientierte Unternehmensführung: Kundenorientierung – Kundenzufriedenheit – Kundenbindung*. Gabler.

Homburg, C., & Bruhn, M. (2005). Kundenbindungsmanagement – Eine Einführung in die theoretischen und praktischen Problemstellungen. In C. Homburg & M. Bruhn (Hrsg.), *Handbuch Kundenbindungsmanagement* (5. Aufl., S. 3–33). Gabler. https://doi.org/10.1007/978-3-658-13650-5_1

Lange, M., Matusiewicz, D., & Walle, O. (2022). Prozesse im BGM. In M. Lange, D. Matusiewicz, & O. Walle (Hrsg.), *Praxishandbuch Betriebliches Gesundheitsmanagement* (S. 225–332). Haufe.

Löber, N. (2024). Beschwerdemanagement. In A. Euteneier (Hrsg.), *Handbuch Klinisches Risikomanagement. Erfolgskonzepte Praxis- & Krankenhausmanagement* (S. 387–398). Springer. https://doi.org/10.1007/978-3-662-67565-6_28

Matzler, K., & Bailom, F. (2000). Messung von Kundenzufriedenheit. In H. H. Hinterhuber & K. Matzler (Hrsg.), *Kundenorientierte Unternehmensführung: Kundenorientierung – Kundenzufriedenheit – Kundenbindung* (2. Aufl., S. 213–244). Gabler. https://doi.org/10.1007/978-3-663-10593-0_11

Nerdinger, F. W., & Neumann, C. (2007). Kundenzufriedenheit und Kundenbindung. In K. Moser (Hrsg.), *Wirtschaftspsychologie: Springer-Lehrbuch* (S. 127–146). Springer. https://doi.org/10.1007/978-3-540-71637-2_8

Robert Koch-Institut (RKI). (2015). *Gesundheit in Deutschland 2015.* Gesundheitsberichterstattung des Bundes. https://www.rki.de/DE/Content/Gesundheitsmonitoring/Gesundheitsberichterstattung/GBEDownloadsGiD/2015/09_gesundheit_in_deutschland.pdf. Zugegriffen am 17.01.2025.

Rosenbrock, R., & Gerlinger, T. (2006). *Gesundheitspolitik: Eine systematische Einführung* (2. Aufl.). Huberverlag.

Statistisches Bundesamt (Destatis). (2024). *Bis 2049 werden voraussichtlich mindestens 280 000 zusätzliche Pflegekräfte benötigt.* https://www.destatis.de/DE/Presse/Pressemitteilungen/2024/01/PD24_033_23_12.html. Zugegriffen am 03.05.2024.

Stauss, B. (2005). Kundenbindung durch Beschwerdemanagement. In C. Homburg & M. Bruhn (Hrsg.), *Handbuch Kundenbindungsmanagement* (5. Aufl., S. 411–438). Gabler.

Stauss, B., & Seidel, W. (2002). *Beschwerdemanagement. Kundenbeziehungen erfolgreich managen durch Customer Care* (3. Aufl.). Hanserverlag.

Töpfer, A. (2008a). Ursachen-Wirkungs-Konzepte für Kundenloyalität und Kundenbindung. In A. Töpfer (Hrsg.), *Handbuch Kundenmanagement – Anforderungen, Prozesse, Zufriedenheit, Bindung und Wert von Kunden* (4. Aufl., S. 81–103). Springer. https://doi.org/10.1007/978-3-540-49924-4_3

Töpfer, A. (2008b). Konzepte und Instrumente für das Beschwerdemanagement. In A. Töpfer (Hrsg.), *Handbuch Kundenmanagement – Anforderungen, Prozesse, Zufriedenheit, Bindung und Wert von Kunden* (4. Aufl., S. 819–860). Springer. https://doi.org/10.1007/978-3-540-49924-4_32

Töpfer, A., & Mann, A. (2008). Kundenzufriedenheit als Basis für Unternehmenserfolg. In A. Töpfer (Hrsg.), *Handbuch Kundenmanagement – Anforderungen, Prozesse, Zufriedenheit, Bindung und Wert von Kunden* (4. Aufl., S. 37–79). Springer. https://doi.org/10.1007/978-3-540-49924-4_2

Personalentwicklung im Gesundheitswesen: Strategien, Instrumente und Führungsansätze

6

▶ **Ein unerwartetes Angebot**

Marie, 29 Jahre alt, arbeitet seit sechs Jahren als Pflegefachkraft in einer Senioreneinrichtung. Sie liebt ihre Arbeit und schätzt besonders den engen Kontakt zu den Bewohnerinnen. Doch in letzter Zeit spürt sie, dass sie sich beruflich weiterentwickeln möchte. Als Praxisanleiterin könnte sie ihr Wissen an junge Kolleginnen weitergeben und gleichzeitig neue Impulse für ihre eigene Arbeit gewinnen.

Eines Tages bittet die Pflegedienstleitung sie zu einem Gespräch. „Marie, wir haben festgestellt, wie sehr Sie das Team mit Ihrem Wissen und Ihrer Geduld bereichern", beginnt die Leitung. „Hätten Sie Interesse, eine Weiterbildung zur Praxisanleiterin zu machen? Wir würden Sie dabei unterstützen."

Marie ist überrascht, aber auch begeistert. Sie hatte sich bereits Gedanken über eine Weiterbildung gemacht, war aber unsicher, ob der richtige Zeitpunkt gekommen ist. Die Möglichkeit, von der Einrichtung gefördert zu werden, gibt ihr das Vertrauen, den nächsten Schritt zu wagen. „Es fühlt sich großartig an, dass meine Arbeit gesehen und geschätzt wird", denkt sie, während sie den Plan für ihre neue Rolle skizziert.

Diese Geschichte verdeutlicht, wie entscheidend gezielte Personalentwicklungsmaßnahmen für die Motivation und Bindung von Mitarbeitenden sein können. Maries Wunsch nach Weiterentwicklung wurde erkannt und aktiv unterstützt – ein klarer Beleg dafür, dass die Einrichtung nicht nur kurzfristige personelle Bedürfnisse im Blick hat, sondern auch langfristig in ihre Mitarbeitenden investiert.

Durch angebotene Weiterbildungen, wie z. B. zur Praxisanleitung oder zur Wohnbereichsleitung, entsteht eine Win-Win-Situation. Die Mitarbeitenden fühlen sich gefördert und wertgeschätzt, während die Organisation von gestärkten, qualifizierten Fach-

P. Rudolph, *Neue Leadership-Ansätze in der Pflege*,
https://doi.org/10.1007/978-3-658-48360-9_6

und Führungspersönlichkeiten profitiert. Solche Maßnahmen tragen dazu bei, die Fluktuation zu senken und gleichzeitig die Attraktivität der Einrichtung als Arbeitgeberin zu erhöhen.

Ziel der Personalentwicklung ist es, nicht nur den Status quo zu sichern, sondern Mitarbeitende aktiv in ihrer beruflichen Entwicklung zu begleiten. Dies fördert sowohl die fachliche Kompetenz, als auch die persönliche Identifikation mit der Organisation und ihrem Auftrag.

6.1 Personalentwicklung: Schlüssel zur Zukunft

Die Relevanz der Personalentwicklung rückt vor dem Hintergrund des demografischen Wandels, der Corona-Pandemie und der Digitalisierung immer stärker in den Fokus. Insbesondere das ärztliche und pflegerische Personal ist von den Veränderungen betroffen und somit die wertvollste Ressource der Einrichtungen. Geschäftsleitungen stehen vor der Herausforderung, ihre Personalmanagementstrategie anzupassen, wobei die Personalentwicklung einen zentralen Fokus einnehmen muss. Personalentwicklungsmaßnahmen sind entscheidend, um das Personal auf zukünftige Anforderungen vorzubereiten und sicherzustellen, dass es diesen gewachsen ist (Schulz & Pfannstiel, 2016, S. 6). Hierbei nehmen Führungskräfte eine zentrale Schlüsselrolle ein.

Von den Personalverantwortlichen in den Krankenhäusern und Pflegeeinrichtungen wird diese Notwendigkeit erkannt. 50 % der Verantwortlichen betrachten Personalentwicklung und Qualifizierung als zukunftsweisende Themen des Personalmanagements (Gießler et al., 2013, S. 17).

Allerdings wird Personalentwicklung nicht immer als zentrale strategische Aufgabe angesehen. In der Vergangenheit herrschte das „Schönwetter-Image", wodurch Personalentwicklung nur dann vorangetrieben wurde, wenn ausreichende Ressourcen vorhanden sind (Dahlgaard & Stratmeyer, 2008, S. 22). Zudem fehlt es häufig an einer klaren Definition der Aufgaben und Verantwortlichkeiten im Bereich der Personalentwicklung (Jung, 2010, S. 67 f.).

Trotz der hohen Priorität, die der fachlichen Fortbildung, insbesondere im medizinischen und pflegerischen Bereich, eingeräumt wird, tritt die allgemeine Personalentwicklung oft in den Hintergrund. Eine umfassende Personalentwicklung, die über die rein fachliche Fortbildung hinausgeht, ist jedoch entscheidend (Jung, 2010, S. 67 f.; Gießler et al., 2013, S. 18). Mitarbeitergespräche werden oft nicht effizient genutzt, um Weiterbildungsbedarfe zu ermitteln, was eine verpasste Gelegenheit darstellt, Mitarbeiterfeedback zur Steuerung der Personalentwicklung zu nutzen (Gaedke & Scholz, 2016, S. 11 ff.).

Die folgenden Abschnitte werden eine umfassende Betrachtung der Personalentwicklung bieten, angefangen bei der Definition und den Zielen über den Prozess der Personalentwicklung bis hin zur Rolle der Führungskraft und den Instrumenten, die in diesem Zusammenhang eingesetzt werden.

6.2 Bedeutung der Personalentwicklung für Führungskräfte

Pflegeeinrichtungen und Krankenhäuser stehen vor der Herausforderung, ihre Teams nicht nur zu motivieren, sondern auch auf zukünftige Anforderungen vorzubereiten. Der demografische Wandel, der Fachkräftemangel und der steigende Arbeitsdruck machen deutlich: Ohne eine strategisch ausgerichtete Personalentwicklung ist es kaum möglich, die Pflegequalität langfristig zu sichern und eine Einrichtung als attraktiven Arbeitgeber zu positionieren.

Personalentwicklung: Definition und Ziele

► **Definition** **Personalentwicklung** umfasst sämtliche Maßnahmen, die darauf abzielen, die Qualifikationen und Kompetenzen der Mitarbeitenden gezielt zu fördern. Sie geht dabei über die reine Vermittlung fachlicher Kenntnisse hinaus und berücksichtigt auch soziale und persönliche Fähigkeiten. Die Personalentwicklung verfolgt zwei zentrale Ziele:

1. **Sicherung der Pflegequalität**: Qualifizierte Mitarbeitende sind die Grundlage für eine hochwertige Versorgung und die Einhaltung professioneller Standards.
2. **Mitarbeiterbindung und Motivation**: Durch gezielte Entwicklungsangebote fühlen sich Mitarbeitende wertgeschätzt und stärker mit ihrer Einrichtung verbunden.

Ein strategisch ausgerichtetes Personalentwicklungskonzept verbindet die individuellen Bedürfnisse der Mitarbeitenden mit den langfristigen Zielen der Organisation. Dies erfordert eine regelmäßige Analyse von Qualifizierungsbedarfen, die sowohl durch operative Anforderungen als auch durch strukturelle Veränderungen wie Digitalisierung oder gesetzliche Vorgaben entstehen können (Schulz & Pfannstiel, 2016, S. 6 f.; Dahlgaard & Stratmeyer, 2008, S. 20).

Die Rolle der Führungskraft in der Personalentwicklung

Führungskräfte sind Schlüsselakteure in der Umsetzung von Personalentwicklungsmaßnahmen. Ihre Aufgaben reichen dabei von der Identifikation von Entwicklungsbedarfen bis hin zur Förderung einer positiven Lern- und Entwicklungskultur im Team. Besonders hervorzuheben sind folgende Aspekte:

- **Bedarfsanalyse**: Führungskräfte erkennen durch ihre Nähe zum Team, welche Kompetenzen gestärkt werden müssen, um aktuelle und zukünftige Herausforderungen zu bewältigen.
- **Förderung von Entwicklungschancen**: Sie motivieren Mitarbeitende, sich weiterzuentwickeln, und unterstützen sie durch individuelle Beratung und passende Angebote.
- **Schaffung eines unterstützenden Umfelds**: Ein lernförderndes Arbeitsklima, das Fehler als Chancen begreift und Innovationen unterstützt, ist essenziell.

Personalentwicklung als strategischer Erfolgsfaktor

Die Bedeutung der Personalentwicklung zeigt sich besonders in ihrer Funktion als strategisches Instrument zur Qualitätssicherung. In einer dynamischen Arbeitswelt, die durch technologische Entwicklungen und komplexe Patientenbedarfe geprägt ist, ist sie ein zentraler Hebel, um Mitarbeitende zu befähigen, den steigenden Anforderungen gerecht zu werden.

Besonders wichtig ist die Ausgewogenheit zwischen der Förderung individueller Kompetenzen und der Entwicklung des gesamten Teams. Maßnahmen wie Workshops, Mentoring-Programme oder digitale Lernplattformen können sowohl die persönliche Weiterentwicklung fördern als auch die Zusammenarbeit und Kommunikation im Team stärken.

Zudem ist Personalentwicklung eng mit der Attraktivität der Einrichtung als Arbeitgeber verbunden. Mitarbeitende, die gezielte Entwicklungsmöglichkeiten erhalten, berichten häufiger von einer höheren Arbeitszufriedenheit und sind weniger geneigt, die Organisation zu verlassen. Personalentwicklung sichert somit nicht nur die Pflegequalität, sondern stärkt auch die Innovationskraft und die langfristige Bindung der Mitarbeitenden an die Einrichtung (Dahlgaard & Stratmeyer, 2008, S. 20; Schulz & Pfannstiel, 2016, S. 6 f.; Stockinger, 2014, S. 12).

6.3 Strategische Personalentwicklung

Eine strategisch ausgerichtete Planung der Personalentwicklung ist essenziell, um Pflegeeinrichtungen langfristig erfolgreich aufzustellen. Sie bildet die Grundlage, um die Kompetenzen und Potenziale der Mitarbeitenden gezielt zu fördern, sie in die strategischen Ziele der Organisation einzubinden und gleichzeitig auf künftige Herausforderungen wie den demografischen Wandel oder die Digitalisierung vorbereitet zu sein.

Die strategische Planung umfasst mehrere Phasen von der Analyse der Anforderungen über die Entwicklung und Umsetzung passender Maßnahmen bis hin zur kontinuierlichen Evaluation ihrer Wirksamkeit. Dieser systematische Prozess gewährleistet nicht nur die Sicherung der Pflegequalität, sondern auch die langfristige Bindung und Motivation der Mitarbeitenden.

Der Prozess der Personalentwicklung

Personalentwicklung ist kein statischer Vorgang, sondern ein kontinuierlicher Prozess, der alle Phasen der beruflichen Laufbahn eines Mitarbeitenden umfasst. Dieser Prozess gliedert sich in fünf zentrale Schritte (Oppermann-Weber, 2001):

1. **Anforderungsanalyse**: Die Anforderungen an eine Position werden definiert und mit den strategischen Zielen der Organisation abgestimmt.
2. **Abgleich von Anforderungen und Qualifikationen**: Durch regelmäßige Mitarbeitergespräche und Zielvereinbarungen wird geprüft, inwieweit die Kompetenzen der Mitarbeitenden den Anforderungen entsprechen.

3. **Entwicklung und Umsetzung von Maßnahmen**: Lern- und Weiterbildungsangebote fördern sowohl fachliche als auch soziale und persönliche Kompetenzen. In der Pflege spielt die praxisnahe Gestaltung eine besondere Rolle.
4. **Transfersicherung**: Nach Abschluss der Maßnahmen sorgen praxisorientierte Lernformate und Transfergespräche dafür, dass das Gelernte nachhaltig in den Arbeitsalltag integriert wird.
5. **Evaluation**: Die Wirksamkeit der Maßnahmen wird regelmäßig überprüft, um ihren Beitrag zu den strategischen Zielen der Organisation sicherzustellen (Dahlgaard & Stratmeyer, 2008, S. 30 f.; Stockinger, 2014, S. 12).

Dieser Ablauf verdeutlicht, dass Personalentwicklung als langfristige Investition in die Zukunft der Mitarbeitenden und der Organisation betrachtet werden muss. Die einzelnen Schritte sind eng miteinander verzahnt und bauen aufeinander auf. Besonders in der Pflege, wo der Arbeitsalltag von hohen Anforderungen und stetigem Wandel geprägt ist, sind praxisnahe und individuelle Maßnahmen entscheidend.

Beispiel

In einer Pflegeeinrichtung wurden durch eine Anforderungsanalyse Schwächen in der Teamkommunikation identifiziert. Daraufhin wurde ein Schulungsprogramm entwickelt, das auf die spezifischen Bedarfe der Mitarbeitenden zugeschnitten war.

Die anschließende Evaluation zeigte eine deutliche Verbesserung der Zusammenarbeit und trug dazu bei, die Qualität der Pflege nachhaltig zu steigern (Dahlgaard & Stratmeyer, 2008, S. 30 f.; Backhaus et al., 2022). ◀

Bedarfs- und Potenzialanalyse

Die strategische Personalentwicklung beginnt mit einer fundierten Analyse der Bedarfe und Potenziale, da diese den Ausgangspunkt für gezielte Entwicklungsmaßnahmen bilden. Pflegeeinrichtungen stehen vor der Herausforderung, eine Balance zwischen aktuellen Qualifikationsanforderungen und der langfristigen Sicherung von Talenten zu schaffen.

- **Bedarfsanalyse**: Hierbei werden die Anforderungen einer Position mit den Qualifikationen der Mitarbeitenden verglichen. Instrumente wie Feedbackgespräche, Beobachtungen im Arbeitsalltag und die Analyse von Stellenbeschreibungen helfen, Qualifikationslücken systematisch zu erfassen (Dahlgaard & Stratmeyer, 2008, S. 23 f.; Eichhorn & Schmidt-Rettig, 1995, S. 289; Schulz & Pfannstiel, 2016). Diese Methode stellt sicher, dass sowohl individuelle als auch organisationale Anforderungen berücksichtigt werden.
- **Potenzialanalyse**: Diese fokussiert auf die zukünftige Entwicklung der Mitarbeitenden. Ziel ist es, Talente frühzeitig zu identifizieren und gezielt zu fördern. Methoden wie Assessment-Center oder strukturierte Zielvereinbarungsgespräche bieten wertvolle Einblicke in die Potenziale der Mitarbeitenden und ermöglichen die Erstellung indivi-

dueller Entwicklungspläne (Eichhorn & Schmidt-Rettig, 1995, S. 290; Tewes & Matzke, 2021). Diese Ansätze tragen zur strategischen Sicherung von Schlüsselkompetenzen bei.

Die Ergebnisse dieser Analysen bilden die Grundlage für strategische Entscheidungen. So kann beispielsweise durch die Identifikation von Entwicklungspotenzialen gezielt auf künftige Führungspositionen vorbereitet werden. Gleichzeitig werden Mitarbeitende gefördert, was deren Motivation und langfristige Bindung an die Einrichtung erhöht.

Ein Beispiel aus der Praxis zeigt, wie diese Ansätze erfolgreich umgesetzt werden können:

Beispiel

Ein großes Krankenhaus in Deutschland setzte ein umfassendes Führungskräfteentwicklungsprogramm auf, das aus einer Kombination von Assessment-Center, individuellen Coaching-Angeboten und Workshops zu Themen wie Change-Management und Kommunikation bestand.

Laut einer Evaluation des Programms verbesserten sich nicht nur die Führungskompetenzen der Teilnehmenden, sondern auch die Mitarbeitermotivation und die Qualität der Zusammenarbeit im Team (Tewes & Matzke, 2021). ◀

Diese Best-Practice-Ansätze verdeutlichen die Bedeutung einer systematischen und anpassungsfähigen Personalentwicklung.

▶ Abschließend ist zu betonen, dass die kontinuierliche Anpassung dieser Analysen an sich wandelnde Anforderungen unabdingbar ist. Nur durch eine regelmäßige Überprüfung und Aktualisierung können Pflegeeinrichtungen sicherstellen, dass sie ihre Mitarbeitenden optimal entwickeln und gleichzeitig auf kommende Herausforderungen vorbereitet sind.

Weiterbildungs- und Entwicklungsmanagement als zentraler Bestandteil

Das Weiterbildungs- und Entwicklungsmanagement ist weit mehr als eine Methode zur Erhaltung von Kompetenzen. Es repräsentiert ein breites Spektrum an innovativen Ansätzen, die es Organisationen im Gesundheitswesen, Pflegeeinrichtungen und Krankenhäusern ermöglichen, auf dynamische Anforderungen flexibel zu reagieren. Von modernen E-Learning-Plattformen über personalisierte Mentoring-Programme bis hin zu kollaborativen Lernformaten. Weiterbildung kann den Arbeitsalltag bereichern und gleichzeitig die Innovationskraft der Mitarbeitenden fördern.

Angesichts des schnellen technologischen Fortschritts und der zunehmenden Komplexität im Gesundheitswesen müssen Weiterbildung und Entwicklung ganzheitlich gedacht werden. Dabei sind nicht nur fachliche Kompetenzen zu berücksichtigen, sondern auch soziale, kommunikative und digitale Fähigkeiten. Diese Vielfalt an Ansätzen ermöglicht es, Weiterbildungsstrategien flexibel und innovativ zu gestalten.

Im Folgenden werden zentrale Prinzipien und Herangehensweisen aufgeführt, die in der strategischen Personalentwicklung zum Einsatz kommen können, um Organisationen zukunftsfähig aufzustellen:

1. **Bedarfsorientierte Planung**: Regelmäßige Mitarbeitergespräche und Feedbackrunden helfen, Weiterbildungsbedarfe zu identifizieren und individuell anzupassen.
2. **Individuelle Entwicklungspläne**: Diese sollten die persönlichen Stärken und Entwicklungsziele der Mitarbeitenden berücksichtigen und in Einklang mit den strategischen Zielen der Organisation gebracht werden.
3. **Praxisorientierte Maßnahmen**: Interne Schulungen, Mentoring-Programme und digitale Lernplattformen fördern eine flexible und praxisnahe Weiterbildung.
4. **Erfolgskontrolle und Anpassung**: Die Wirksamkeit der Maßnahmen sollte durch regelmäßige Evaluationen überprüft und an neue Herausforderungen angepasst werden (Bettig et al., 2015)

Abschließend lässt sich festhalten, dass ein effektives Weiterbildungs- und Entwicklungsmanagement nicht nur die individuelle Leistungsfähigkeit der Mitarbeitenden steigert, sondern auch eine wesentliche Grundlage für die langfristige Wettbewerbsfähigkeit und Innovationskraft von Gesundheitseinrichtungen bildet.

Im Vergleich zu anderen Branchen zeigt sich jedoch, dass der Gesundheitssektor aufgrund seiner spezifischen Herausforderungen, wie dem hohen Zeitdruck und den stark reglementierten Arbeitsabläufen, häufig mehr Aufwand betreiben muss, um innovative und flexible Entwicklungsmaßnahmen umzusetzen (Dahlgaard & Stratmeyer, 2008). Dennoch bietet gerade die Vielfalt an praxisnahen und digitalen Formaten eine Chance, diesen Rückstand auszugleichen und gleichzeitig Vorreiter in der Förderung interdisziplinärer Kompetenzen zu werden.

Durch eine kontinuierliche Anpassung der Maßnahmen an die sich wandelnden Bedürfnisse von Organisationen und Mitarbeitenden kann zudem ein wertvoller Beitrag zur Stabilität und Attraktivität der Einrichtung als Arbeitgeber geleistet werden.

Führungskräfte als Treiber der strategischen Personalentwicklung

Führungskräfte spielen eine Schlüsselrolle in der strategischen Personalentwicklung, da sie die Verbindung zwischen den operativen Aufgaben des Personalmanagements und den langfristigen strategischen Zielen der Organisation herstellen. Ihre Verantwortung geht über die Förderung eines lernorientierten Arbeitsklimas hinaus und umfasst insbesondere die aktive Gestaltung von Entwicklungsprozessen, die an den spezifischen Anforderungen des Gesundheitswesens ausgerichtet sind.

- **Strategische Bedarfsanalyse**: Führungskräfte tragen dazu bei, strategische Entwicklungsziele zu definieren, die sowohl auf die Anforderungen des klinischen Alltags als auch auf langfristige organisatorische Ziele ausgerichtet sind. Beispielsweise kann die Förderung digitaler Kompetenzen gezielt dazu beitragen, den steigenden Einsatz von Gesundheitstechnologien effektiv zu unterstützen (Dahlgaard & Stratmeyer, 2008).

- **Ressourcenplanung und Innovation**: Im Gesundheitswesen besteht die Herausforderung, Ressourcen für Weiterbildungsmaßnahmen trotz hoher Arbeitsbelastung bereitzustellen. Führungskräfte fördern in diesem Kontext innovative Ansätze wie E-Learning-Module, die eine flexible und zeitsparende Weiterbildung ermöglichen und zugleich den spezifischen Anforderungen des Klinikbetriebs gerecht werden (Schulz & Pfannstiel, 2016).
- **Förderung von Führungskompetenzen**: Gerade im Gesundheitswesen, wo interdisziplinäre Zusammenarbeit essenziell ist, unterstützen Führungskräfte die Entwicklung von Kompetenzen, die für die Leitung von Teams und die Förderung eines kooperativen Arbeitsumfelds entscheidend sind. Zielgerichtete Programme für Nachwuchsführungskräfte tragen dazu bei, strategische Rollen nachhaltig zu besetzen (Tewes & Matzke, 2021).

Beispiel: LUTZ-Lernwelt

Ein besonders innovativer Ansatz ist die LUTZ-Lernwelt, eine digitale Plattform zur Führungskräfteentwicklung im Gesundheitswesen. Sie simuliert realitätsnahe Führungssituationen, etwa die Dienstplangestaltung oder den Umgang mit Mitarbeitenden und ermöglicht interaktives Lernen durch Gamification und unmittelbares Feedback. So werden Führungskompetenzen gezielt gestärkt und nachhaltig verbessert (de la Barré et al., 2023b, S. 206 ff.).

Mit dem QR-Code gelangen Sie direkt zur Website. ◀

Dieser strategische Fokus hebt die Rolle der Führungskräfte deutlich von der operativen Personalentwicklung ab. Während die operative Ebene kurzfristige Qualifikationslücken adressiert, liegt der Schwerpunkt der strategischen Personalentwicklung in der proaktiven Gestaltung von Kompetenzen, die der Organisation helfen, auf zukünftige Herausforderungen im Gesundheitswesen zu reagieren. Diese Ausrichtung sichert nicht nur die nachhaltige Wettbewerbsfähigkeit, sondern stärkt auch die Innovationskraft und Bindung der Mitarbeitenden.

6.4 Werkzeuge der Personalentwicklung

Die Personalentwicklung in Pflegeeinrichtungen und Krankenhäusern erfordert den gezielten Einsatz von Werkzeugen und Instrumenten, um die Kompetenzen der Mitarbeitenden zu fördern und gleichzeitig die strategischen Ziele der Organisation zu unterstützen. Diese Werkzeuge bieten nicht nur individuelle Entwicklungschancen, sondern tragen auch zur Verbesserung der Teamarbeit und der organisatorischen Effizienz bei.

In diesem Abschnitt werden die wesentlichen Instrumente der Personalentwicklung vorgestellt, die als Grundlage für spezifische Maßnahmen dienen.

- **Mitarbeitergespräche: Grundlage für individuelle Entwicklung**
  Mitarbeitergespräche sind eines der grundlegenden Werkzeuge in der Personalentwicklung. Sie schaffen Raum für einen offenen Dialog zwischen Mitarbeitenden und Führungskräften und ermöglichen es, individuelle Potenziale und Interessen zu identifizieren (Schulz & Pfannstiel, 2016). Darüber hinaus dienen sie der Planung von Maßnahmen zur Weiterentwicklung und Karrieregestaltung. Regelmäßig durchgeführte Gespräche fördern die Kommunikation und stärken das Vertrauen innerhalb der Organisation.
- **Feedbacksysteme: Perspektiven erweitern**
  Regelmäßige Feedbacksysteme wie das 360-Grad-Feedback oder Peer-Feedback tragen dazu bei, die Stärken und Entwicklungsfelder der Mitarbeitenden zu erkennen (Dahlgaard & Stratmeyer, 2008). Diese Instrumente bieten eine wertvolle Grundlage, um sowohl individuelle als auch teambezogene Entwicklungsbedarfe zu identifizieren. Durch die Einbindung von Rückmeldungen aus unterschiedlichen Perspektiven können Mitarbeitende ein umfassendes Bild ihrer Leistungen und Potenziale erhalten.
- **Weiterbildungsprogramme: Kompetenzen ausbauen**
  Weiterbildungsprogramme bilden einen zentralen Bestandteil der Personalentwicklung. Sie bieten die Möglichkeit, sowohl fachliche als auch überfachliche Kompetenzen zu erweitern (Tewes & Matzke, 2021). Wichtige Formate sind:
  - **Fachweiterbildungen**: Spezialisierungen wie Intensivpflege, Palliativpflege oder Wundmanagement.
  - **Soft-Skill-Trainings**: Maßnahmen zur Förderung von Kommunikation, Konfliktmanagement oder Resilienz.
  - **Digitale Schulungen**: Trainings zu neuen Technologien oder Dokumentationssystemen.

  Praxisorientierte Formate erleichtern den Transfer des Gelernten in den Arbeitsalltag und fördern eine direkte Anwendung.

- **Coaching und Mentoring: Individuelle und kollektive Entwicklung**
  Coaching und Mentoring bieten gezielte Unterstützung für Mitarbeitende und Teams (Eichhorn & Schmidt-Rettig, 1995).
  - **Coaching**: Individuelle Sitzungen zur beruflichen und persönlichen Weiterentwicklung. Führungskräftecoaching hilft beispielsweise, strategische Aufgaben zu reflektieren und Lösungen für komplexe Herausforderungen zu finden. Der hohe Grad der Effektivität von Coaching zeigt sich insbesondere in der Fähigkeit, Mitarbeitende nachhaltig zu motivieren, ihre Selbstreflexion zu fördern und sie gezielt auf künftige Herausforderungen vorzubereiten.

   - **Mentoring**: Begleitung durch erfahrene Kolleginnen und Kollegen, die ihr Wissen und ihre Erfahrungen weitergeben. Dies eignet sich besonders für die Einarbeitung neuer Mitarbeitender oder die Förderung von Talenten.

  Coaching und Mentoring werden zunehmend beliebter und finden immer stärkeren Zuspruch, da sie sich als effektive Werkzeuge der Personalentwicklung auch im Gesundheitswesen etabliert haben (Backhaus et al., 2022).

- **Potenzialanalysen und Karriereplanung: Perspektiven schaffen**
  Die systematische Identifikation von Talenten durch Potenzialanalysen und die Entwicklung von individuellen Karriereplänen tragen dazu bei, Mitarbeitende langfristig an die Organisation zu binden (Hentze, 1994). Methoden wie Entwicklungs- oder Zielvereinbarungsgespräche schaffen eine Grundlage für gezielte Maßnahmen, die sowohl den individuellen Interessen als auch den Bedürfnissen der Einrichtung gerecht werden.

Die in diesem Kapitel vorgestellten Werkzeuge der Personalentwicklung bilden die Grundlage für eine gezielte und wirksame Förderung der Mitarbeitenden. Im nächsten Kapitel werden diese Instrumente detaillierter betrachtet, wobei der Schwerpunkt auf den spezifischen Methoden und ihrer praktischen Umsetzung liegt. So wird aufgezeigt, wie diese Werkzeuge in der Praxis effektiv eingesetzt werden können, um sowohl die individuellen Bedürfnisse der Mitarbeitenden als auch die strategischen Ziele der Organisation zu erfüllen.

6.4.1 Mitarbeitergespräche als Schüsselinstrument

„Das direkte Gespräch zwischen Führungskraft und Mitarbeitenden ist durch nichts zu ersetzen.“ (Hentze, 1994, S. 97) Dieses Zitat bringt die Bedeutung des Mitarbeitergesprächs prägnant auf den Punkt. Sie gehören zu den effektivsten Führungsinstrumenten, um Mitarbeitende zu fördern, Konflikte zu lösen und gemeinsame Ziele zu erreichen. Doch was zeichnet ein gelungenes Mitarbeitergespräch aus, und worauf kommt es an?

Was macht ein Mitarbeitergespräch aus?
Ein Mitarbeitergespräch ist mehr als ein kurzer Austausch im Arbeitsalltag. Es umfasst alle Gespräche zwischen Führungskraft und Mitarbeitenden, die über die routinemäßige Kommunikation hinausgehen. Dabei geht es um besondere Anlässe oder Themen, die einen intensiveren Dialog erfordern – sei es, um Orientierung zu geben, Leistungen zu beurteilen oder die Entwicklung eines Mitarbeitenden zu fördern (Oppermann-Weber, 2001).

Diese Gespräche finden entweder regelmäßig (z. B. in Form von Jahresgesprächen) oder bei besonderen Anlässen (z. B. Konflikte, Veränderungen) statt. Sie werden üblicherweise unter vier Augen geführt und sind eine nicht delegierbare Aufgabe der Führungskraft. In Ausnahmefällen, etwa auf Wunsch einer der Beteiligten, kann der Personal- oder Betriebsrat hinzugezogen werden (Oppermann-Weber, 2001).

Anlässe für Mitarbeitergespräche

Es gibt zahlreiche Anlässe, ein Mitarbeitergespräch zu führen. Diese Anlässe sind so vielseitig wie die Herausforderungen, die sich im beruflichen Alltag stellen. Mitarbeitergespräche können genutzt werden, um Ziele zu klären, Fortschritte zu bewerten oder Entwicklungsbedarfe aufzuzeigen. Sie bieten die Gelegenheit, individuelle Anliegen zu besprechen und strategische Ziele mit den persönlichen Perspektiven der Mitarbeitenden zu verbinden. Eine Übersicht der häufigsten Anlässe finden Sie hier (Oppermann-Weber, 2001):

- **Orientierung geben und Ziele vereinbaren:**
  - Zielvereinbarungsgespräch
  - Mitarbeiterjahresgespräch
- **Leistungsüberprüfung und Feedback:**
  - Sach- und Fachgespräch
  - Delegationsgespräch
  - Feedbackgespräch
  - Anerkennungsgespräch
  - Motivationsgespräch
- **Bilanz ziehen und Leistungsbeurteilung:**
  - Beurteilungsgespräch
  - Zielerreichungsgespräch
  - Fehlzeitengespräch
- **Mitarbeiterförderung und -entwicklung:**
  - Fördergespräch
  - Coachinggespräch

Erfolgsfaktoren für Mitarbeitergespräche

Ein effektives Mitarbeitergespräch erfordert eine gründliche Vorbereitung, die auf den individuellen Kontext der Mitarbeitenden eingeht, sowie eine professionelle Haltung seitens der Führungskraft. Neben der inhaltlichen Planung spielt auch die emotionale Intelligenz der Führungskraft eine zentrale Rolle, um Vertrauen aufzubauen und eine offene Kommunikationskultur zu schaffen. Besonders wichtig sind hierbei die Modelle von Schulz von Thun et al. (2018), der in seinen Kommunikationsansätzen betont, dass Gespräche auf mehreren Ebenen gleichzeitig stattfinden: der Sachebene, Beziehungsebene, Selbstoffenbarung und Appellebene.

Führungskräfte sollten sich dieser Ebenen bewusst sein, um Missverständnisse zu vermeiden und den Dialog gezielt zu steuern. Die folgenden Aspekte sind dabei entscheidend:

1. **Gesprächsaufbau:** Starten Sie das Gespräch mit einer wertschätzenden Begrüßung und erklären Sie den Ablauf sowie das Ziel des Gesprächs.
2. **Flexibilität für Entwicklungen:** Lassen Sie Raum für Themen, die von den Mitarbeitenden eingebracht werden, auch wenn diese nicht geplant waren.

3. **Organisation:** Legen Sie den Termin rechtzeitig fest, sorgen Sie für eine ruhige Umgebung und planen Sie genügend Zeit ein.
4. **Inhaltliche Vorbereitung:** Recherchieren Sie vorab relevante Informationen zu Leistungen oder Anliegen der Mitarbeitenden, um gezielt auf deren Bedürfnisse eingehen zu können.
5. **Individuelle Ansprache:** Passen Sie Ihre Herangehensweise an die Persönlichkeit und die bisherigen Erfahrungen mit dem Mitarbeitenden an. Ihre Einstellung und Haltung beeinflussen den Gesprächsverlauf maßgeblich.

Strukturiert geführte Mitarbeitergespräche schaffen die Basis für Motivation und Leistung, persönliche Entwicklung und eine bessere Zusammenarbeit. Durch gezielte Dialoge können Führungskräfte nicht nur die individuelle Leistung ihrer Mitarbeitenden fördern, sondern auch die Qualität und Effizienz der Pflegeeinrichtung oder des Krankenhauses langfristig steigern.

Im nächsten Abschnitt werden drei spezifische Arten von Mitarbeitergesprächen vorgestellt, die in der Praxis besonders relevant sind.

6.4.2 Das Fördergespräch

Das Fördergespräch ist ein wichtiges Instrument, um die Förder- und Entwicklungspotenziale der Mitarbeitenden zu erkennen und gezielte Maßnahmen für deren berufliche und persönliche Weiterentwicklung aufzuzeigen und konkrete Schritte festzulegen.

Ziel und Anlässe für ein Fördergespräch

Das Fördergespräch ist vorausschauend angelegt und kann parallel zu einem Zielvereinbarungs- oder Beurteilungsgespräch stattfinden (Oppermann-Weber, 2001). Es wird in der Regel von der Geschäftsführung oder Einrichtungsleitung initiiert, während die Führungskraft und der oder die Mitarbeitende die Gesprächsführung übernehmen.

Ein Fördergespräch sollte idealerweise regelmäßig, beispielsweise alle zwei bis drei Jahre, stattfinden. Anlassbezogene Gespräche sind ebenfalls möglich, etwa wenn Mitarbeitende den Wunsch nach einer neuen Herausforderung äußern oder spezifische Entwicklungsbedarfe erkennbar werden – sei es durch eine Fortbildung, eine neue Aufgabe oder eine Weiterentwicklung innerhalb der Einrichtung.

Vorbereitung und Durchführung

Eine sorgfältige Vorbereitung ist der Schlüssel zum Erfolg. Führungskräfte analysieren im Vorfeld die bisherigen Leistungen, Potenziale und Interessen der Mitarbeitenden und sollten auch mögliche Entwicklungsziele vorab überlegen. Ebenso wichtig ist es, dass die Mitarbeitenden sich auf das Gespräch vorbereiten und eigene Vorstellungen einbringen können. Die Ergebnisse des Gesprächs sollten anschließend dokumentiert werden, um die Planung und Umsetzung der Personalentwicklungsmaßnahmen zu erleichtern.

Es ist zudem empfehlenswert, die erfassten Informationen in einem zentralen Mitarbeiterpool zu speichern. Dies erleichtert später die Suche nach geeigneten Kandidaten für interne Stellenbesetzungen und sorgt für eine systematische Förderung der Mitarbeitenden (Oppermann-Weber, 2001).

Inhalte des Fördergesprächs

Das Gespräch wird von drei zentralen Fragen geleitet, die den Fokus sowohl auf die bisherige Entwicklung als auch auf zukünftige Perspektiven und notwendige Unterstützungsmaßnahmen legen. Diese Struktur hilft, das Gespräch zielgerichtet und produktiv zu gestalten:

1. **Wie haben sich die/der Mitarbeitende und dessen Arbeitsleistung entwickelt?**
   Die Führungskraft reflektiert gemeinsam mit dem/der Mitarbeitenden dessen bisherige Entwicklung und Erfolge.
2. **Was wird von der/dem Mitarbeitenden heute und zukünftig erwartet?**
   Hier werden die Anforderungen der aktuellen und potenziellen zukünftigen Position besprochen.
3. **Welche Unterstützung kann die/dem Mitarbeitenden angeboten werden?**
   Gemeinsam werden konkrete Maßnahmen wie Fortbildungen, Mentoring oder neue Aufgabenbereiche erarbeitet.

Ablauf eines Fördergesprächs

Oppermann-Weber (2001) beschreibt sieben Phasen, die den Ablauf eines Fördergesprächs strukturieren und eine zielorientierte Durchführung sicherstellen:

1. **Einstieg:** Eine positive Atmosphäre schaffen, indem die Führungskraft den Mitarbeitenden wertschätzend begrüßt und die Ziele des Gesprächs klar erläutert.
2. **Stärken erfragen:** Die positiven Leistungen und Fähigkeiten des Mitarbeitenden hervorheben, um das Gespräch motivierend zu beginnen.
3. **Schwächen identifizieren:** Gemeinsam Schwächen und Entwicklungsbereiche identifizieren, die als Ausgangspunkt für die weitere Entwicklung dienen.
4. **Erwartungen austauschen:** Beide Seiten diskutieren Erwartungen und mögliche Entwicklungsmöglichkeiten. Diese Phase dient dazu, ein gemeinsames Verständnis für die Ziele und die notwendigen Maßnahmen zu schaffen.
5. **Zielvereinbarungen treffen:** Konkrete Zielvereinbarungen und Maßnahmen definieren, um die Entwicklungsziele zu erreichen.
6. **Zusammenfassen:** Das Gespräch wird zusammengefasst und mit einer positiven Note beendet, um den Mitarbeitenden zu ermutigen.
7. **Feedback:** In einem vereinbarten Zeitraum wird überprüft, ob die vereinbarten Maßnahmen umgesetzt wurden und welche Ergebnisse erzielt werden konnten. Falls erforderlich, können Anpassungen vorgenommen werden.

Beispiel: Veränderungswunsch einer Pflegekraft

Das Fördergespräch beginnt mit einer gründlichen Vorbereitung durch die Führungskraft. Dabei werden die bisherigen Leistungen der Pflegekraft, ihre Entwicklungsziele und die Anforderungen der angestrebten Position analysiert. Während des Gesprächs wird zunächst eine wertschätzende Einführung gegeben, in der die bisherigen Erfolge der Pflegekraft hervorgehoben werden. Anschließend äußert die Pflegekraft ihren Wunsch, sich zur Qualitätsbeauftragten weiterzubilden.

Beide Seiten diskutieren ihre Erwartungen an die zukünftige Rolle und mögliche Herausforderungen. Gemeinsam werden konkrete Schritte vereinbart. Die Pflegekraft soll an einer spezialisierten Fortbildung teilnehmen, sukzessive Aufgaben im Qualitätsmanagement übernehmen und durch ein erfahrenes Teammitglied als Mentor unterstützt werden.

Die Vereinbarungen werden schriftlich dokumentiert und mit klaren Zeitvorgaben versehen. In einem Feedbackgespräch nach sechs Monaten reflektieren die Beteiligten die Fortschritte und nehmen bei Bedarf Anpassungen vor. So wird die individuelle Förderung der Pflegekraft sichergestellt und ein wichtiger Beitrag zur Qualitätsentwicklung in der Einrichtung geleistet. ◀

6.4.3 Das Feedbackgespräch

Feedback zählt zu den bedeutendsten Instrumenten in der Personalentwicklung, um Mitarbeitende zu fördern und die Zusammenarbeit zu stärken. Es dient nicht nur der Korrektur von Verhaltensweisen, sondern auch der Anerkennung von Leistungen. Indem sowohl positive als auch negative Aspekte angesprochen werden, fördert Feedback die Motivation und Zufriedenheit der Mitarbeitenden und trägt zu einer besseren Arbeitsatmosphäre bei.

Ziel und Bedeutung des Feedbacks

Ein Feedbackgespräch gibt dem Mitarbeitenden eine Rückmeldung über positiv oder negativ wahrgenommenes Verhalten. Besonders wertvoll ist es, wenn es „blinde Flecken" aufdeckt – Verhaltensweisen, die der Mitarbeitende selbst nicht bemerkt hätte (Mai, 2023).

Während negatives Feedback die Möglichkeit zur Verhaltenskorrektur bietet, bestärkt positives Feedback den Mitarbeitenden darin, gute Leistungen fortzusetzen. Gleichzeitig fördert es das Gefühl, als Person und Arbeitskraft wahrgenommen zu werden, was sich positiv auf die zwischenmenschliche Beziehung auswirkt und ein Gefühl der Zugehörigkeit innerhalb des Teams stärkt.

Erhält eine Pflegekraft beispielsweise die Rückmeldung, dass ihre präzise Dokumentation der Pflegeverläufe nicht nur die Arbeit ihrer Kolleginnen und Kollegen erleichtert, sondern auch die Qualität der Pflege deutlich steigert, könnte dieses positive Feedback sie dazu motivieren, ihre sorgfältige Arbeitsweise weiterhin aufrechtzuerhalten.

Strukturierte Feedbackgespräche

Eine gute Möglichkeit, Feedback zu geben, sind strukturierte Mitarbeiterjahresgespräche. Diese Gespräche bieten einen festen Rahmen, um nicht nur die fachlichen Leistungen zu besprechen, sondern auch Themen wie Arbeitsbelastung, Zufriedenheit und die Vereinbarkeit von Beruf und Privatleben zu thematisieren. Sie bieten der Führungskraft die Möglichkeit, Herausforderungen zu erkennen und gemeinsam mit der/dem Mitarbeitenden Lösungsansätze zu erarbeiten (Mai, 2023).

Merkmale eines wirkungsvollen Feedbacks

Ein wirkungsvolles Feedback zeichnet sich durch bestimmte Merkmale aus, die nach Oppermann-Weber (2001) wie folgt zusammengefasst werden:

- **Beschreibend, nicht wertend:** Feedback sollte objektiv und faktenbasiert sein, ohne persönliche Kritik oder Bewertungen.
- **Konkret, nicht allgemein:** Allgemeine Aussagen wie „Das war gut“ sind wenig hilfreich. Stattdessen sollte das Feedback präzise und spezifisch sein, um den Mitarbeitenden klar zu zeigen, was genau gut oder verbesserungswürdig ist.
- **Angemessen, nicht rücksichtslos:** Feedback sollte respektvoll und empathisch vermittelt werden.
- **Realistisch:** Feedback sollte die tatsächlichen Möglichkeiten und Grenzen des Mitarbeitenden berücksichtigen, um realistische Erwartungen zu setzen und den Mitarbeitenden nicht zu demotivieren.
- **Unmittelbar, nicht verzögert:** Feedback sollte zeitnah gegeben werden, um die erlebte Situation und die Auswirkungen des Verhaltens direkt nachvollziehbar zu machen.
- **Klar und genau formuliert:** Missverständnisse können vermieden werden, wenn das Feedback klar und verständlich formuliert ist.

Phasen eines Feedbackgesprächs

Ein Feedbackgespräch folgt idealerweise einer klaren Struktur, die sowohl Anerkennung als auch konstruktive Kritik umfasst. Dabei stützt sich eine wertschätzende Kommunikation, wie sie (von Rosenstiel et al., 2020) beschrieben wird, auf vier zentrale Schritte: Beobachtung, Gefühl, Bedürfnis und Bitte. Diese Schritte helfen, den Fokus auf das Verhalten und dessen Wirkung zu legen, ohne zu bewerten oder anzugreifen:

1. **Beobachtung:** Beschreiben Sie konkrete Ereignisse oder Verhaltensweisen, ohne diese zu interpretieren. Zum Beispiel: „Ich habe bemerkt, dass die Dokumentation der Pflegeprotokolle in dieser Woche verspätet erfolgt ist.“
2. **Gefühl:** Teilen Sie mit, wie Sie sich dabei fühlen, um die emotionale Dimension der Situation zu verdeutlichen. Zum Beispiel: „Das hat bei mir Sorge ausgelöst, weil dadurch wichtige Informationen spät verfügbar waren.“

3. **Bedürfnis:** Erläutern Sie, welches Bedürfnis oder welche Anforderung hinter Ihrer Wahrnehmung steht. Zum Beispiel: „Es ist wichtig, dass die Dokumentation zeitnah erfolgt, um die Pflegequalität und die Zusammenarbeit im Team zu sichern."
4. **Bitte:** Formulieren Sie abschließend eine konkrete, realistische Bitte. Zum Beispiel: „Könnten Sie darauf achten, dass die Protokolle zukünftig vor Schichtende abgeschlossen sind?"

Durch diesen Ansatz wird ein respektvoller Dialog gefördert, der sowohl die Perspektive der Führungskraft als auch die Bedürfnisse des Mitarbeitenden berücksichtigt. Dabei ist es entscheidend, dass die Kommunikation transparent bleibt und auf Vertrauen basiert.

Wenn Feedback auf diese Weise gegeben wird, kann es nicht nur die individuelle Leistung verbessern, sondern auch die Teamdynamik positiv beeinflussen. Es fördert ein konstruktives Miteinander, indem es dazu beiträgt, Missverständnisse zu vermeiden und gemeinsame Ziele klarer zu definieren.

Dokumentation und Nachbereitung

Das Feedbackgespräch ist systematisch zu dokumentieren. Durch ein Protokoll lassen sich die wichtigsten Inhalte des Gesprächs sowie die vereinbarten Maßnahmen festhalten. Dieses Protokoll dient als verlässliche Grundlage für die Nachverfolgung der besprochenen Punkte. Beide Parteien – sowohl die Führungskraft als auch der Mitarbeitende – unterzeichnen das Protokoll, um ihre Zustimmung zu den besprochenen Aspekten und geplanten Maßnahmen zu bestätigen.

Das Feedbackgespräch ist ein unverzichtbares Werkzeug, um Verhaltensweisen zu reflektieren und Mitarbeitende zu fördern. Es schafft Klarheit, stärkt die Beziehung zwischen Führungskraft und Mitarbeitendem und trägt wesentlich zur Verbesserung der Zusammenarbeit bei. Durch eine strukturierte Vorbereitung und eine wertschätzende Haltung kann das Feedback seine volle Wirkung entfalten – und so einen wichtigen Beitrag zur Qualitätssicherung in Pflegeeinrichtungen und Krankenhäusern leisten.

6.4.4 Das Fehlzeitengespräch

Sowohl in Pflegeeinrichtungen als auch in Krankenhäusern gehören Fehlzeiten zu den größten Kostenfaktoren. Daher ist es essenziell, Maßnahmen zur Reduzierung von Fehlzeiten zu ergreifen, um sowohl die finanziellen Belastungen durch Lohnfortzahlungen zu senken als auch die Mitarbeiterbindung und -motivation zu stärken.

Fehlzeitengespräche bieten hierbei eine wichtige Möglichkeit, Abwesenheiten zu minimieren und deren Ursachen gezielt anzugehen (Mentzel et al., 2000). In der Praxis sind diese Gespräche auch als Gesundheitsgespräche, Krankenrückkehrgespräche oder Abwesenheitsgespräche bekannt. Unabhängig von der Bezeichnung verfolgen sie alle das Ziel, einen offenen Dialog über Abwesenheitsgründe zu führen und gemeinsam Lösungen zu entwickeln, um künftige Fehlzeiten zu vermeiden.

Ziele und Bedeutung eines Fehlzeitengesprächs

Ein Fehlzeitengespräch dient nicht nur dazu, die Ursachen für Fehlzeiten zu ermitteln, sondern auch, um die Arbeitsfähigkeit und Zufriedenheit der Mitarbeitenden langfristig zu sichern. Zu den zentralen Zielen aus Sicht der Einrichtung gehören:

- **Gesundheit und Leistungsfähigkeit erhalten:** Mitarbeitende sollen durch gezielte Unterstützungsangebote in ihrer Arbeitsfähigkeit gestärkt werden.
- **Fehlzeiten verringern:** Durch die Identifikation und Bearbeitung der Ursachen können künftige Abwesenheiten reduziert werden.
- **Arbeitszufriedenheit steigern:** Ein offenes Gespräch signalisiert Wertschätzung und Interesse an der Situation der Mitarbeitenden.
- **Gemeinsame Lösungen erarbeiten:** Betriebliche und persönliche Faktoren können angesprochen und Lösungsansätze entwickelt werden.
- **Betriebliche Ursachen identifizieren und beheben:** Falls die Ursachen im Arbeitsumfeld liegen, können gezielte Maßnahmen zur Verbesserung ergriffen werden (Jung, 2017, S. 632).

Ein gut geführtes Fehlzeitengespräch bietet darüber hinaus die Chance, das Vertrauen zwischen Mitarbeitenden und der Führungsebene zu stärken. Es signalisiert, dass die Einrichtung nicht nur wirtschaftliche Interessen verfolgt, sondern auch an einer langfristigen Verbesserung der Arbeitsbedingungen interessiert ist. Dadurch wird nicht nur die Bindung der Mitarbeitenden gefördert, sondern auch ein Beitrag zur Schaffung einer gesundheitsförderlichen Unternehmenskultur geleistet.

Vorbereitung und rechtliche Aspekte

Führungskräfte sollten sich intensiv auf ein Fehlzeitengespräch vorbereiten. Dazu gehört eine Analyse der Fehlzeiten und ihrer möglichen Ursachen. Es ist wichtig, objektiv und sachlich zu bleiben, um Vorwürfe zu vermeiden und eine konstruktive Gesprächsbasis zu schaffen. Bei der systematischen Erhebung von Ursachen müssen die gesetzlichen Rahmenbedingungen eingehalten werden. Insbesondere bei der Erhebung sensibler Daten sollte die Zustimmung des Betriebsrats eingeholt werden, um rechtlich abgesichert zu sein (Müller, 2005).

Leitfaden für ein Fehlzeitengespräch

Ein strukturiertes Fehlzeitengespräch kann helfen, die Ziele effektiv zu erreichen. Dabei bietet es die Gelegenheit, nicht nur die Ursachen zu analysieren, sondern auch gezielt Vertrauen aufzubauen und Mitarbeitende zu motivieren, Eigenverantwortung zu übernehmen. Hier ein bewährter Ablauf, der sowohl sachliche als auch empathische Elemente integriert:

1. **Begrüßung und Schaffung einer positiven Atmosphäre:** Zeigen Sie Interesse am Wohlergehen des Mitarbeitenden und starten Sie das Gespräch mit einer wertschätzenden Einleitung.

2. **Ursachen erfragen:** Diskutieren Sie offen die möglichen Gründe für die Fehlzeiten. Differenzieren Sie dabei zwischen persönlichen und betrieblichen Ursachen.
3. **Betriebliche Faktoren prüfen:** Falls betriebliche Ursachen eine Rolle spielen, erörtern Sie gemeinsam, welche Verbesserungen vorgenommen werden können.
4. **Lösungen entwickeln:** Besprechen Sie mögliche Maßnahmen zur Reduzierung von Fehlzeiten, wie z. B. flexible Arbeitszeiten, ergonomische Anpassungen oder gesundheitsfördernde Angebote.
5. **Zusammenfassung und Vereinbarung:** Fassen Sie die Ergebnisse des Gesprächs zusammen und halten Sie die vereinbarten Maßnahmen schriftlich fest. Ein Folgetermin zur Überprüfung sollte ebenfalls vereinbart werden.

Beispiel: Fehlzeitengespräch mit einer Pflegekraft

Eine Pflegekraft, die in den letzten Monaten häufig krankheitsbedingt ausgefallen ist, wird zu einem Fehlzeitengespräch eingeladen. Die Führungskraft beginnt mit einer freundlichen Begrüßung und erkundigt sich einfühlsam nach dem aktuellen Befinden.

Im Gespräch berichtet die Pflegekraft, dass anhaltende Rückenschmerzen durch das Heben schwerer Patientinnen und Patienten die Hauptursache ihrer Fehlzeiten seien. Gemeinsam werden Lösungen entwickelt:

- **Sensibilisierung für bestehende ergonomische Hilfsmittel:** Die Führungskraft thematisiert, dass vorhandene Hebehilfen effektiver genutzt werden sollten, und organisiert eine Schulung zur richtigen Anwendung.
- **Gezielte Präventionsmaßnahmen:** Die Pflegekraft wird ermutigt, an Rückenschulungen oder Workshops zum rückenschonenden Arbeiten teilzunehmen, die von der Einrichtung angeboten werden.
- **Verbesserte Arbeitsorganisation:** Aufgaben, die körperlich besonders belastend sind, werden besser im Team verteilt, um Überbelastungen einzelner Mitarbeitender zu vermeiden.

Zusätzlich wird die Eigenverantwortung der Pflegekraft hinsichtlich ihrer Gesundheitsförderung angesprochen. Es wird empfohlen, regelmäßige Bewegung und Entspannungstechniken in den Alltag zu integrieren, um langfristig ihre Gesundheit zu stärken. Hierbei bietet die Einrichtung Unterstützung durch externe Gesundheitskurse oder interne Programme.

Zum Abschluss wird ein Folgetermin vereinbart, um die Umsetzung der Maßnahmen und deren Wirksamkeit zu evaluieren. Die Führungskraft betont abschließend die Wertschätzung für die Arbeit der Pflegekraft und gibt positive Perspektiven für ihre weitere Entwicklung. ◀

▶ Das Fehlzeitengespräch ist ein effektives Instrument, um Fehlzeiten nachhaltig zu reduzieren und gleichzeitig die Arbeitszufriedenheit der Mitarbeitenden zu fördern. Durch eine strukturierte Vorbereitung und eine wertschätzende Kommunikation können betriebliche und persönliche Ursachen identifiziert und gezielt angegangen werden. Dies stärkt nicht nur die Gesundheit und Leistungsfähigkeit der Mitarbeitenden, sondern auch die Effizienz und Attraktivität der Einrichtung.

6.4.5 Coaching

Coaching gilt als eines der effektivsten Instrumente der Personalentwicklung, das sowohl individuelle als auch organisationale Ziele fördert. Es unterstützt die Entfaltung von Potenzialen und hilft, Herausforderungen zu bewältigen.

Ursprünglich aus dem Sport bekannt, hat sich Coaching seit den 1980er-Jahren als Methode in der Managemententwicklung etabliert und ist auch in Pflegeeinrichtungen und Krankenhäusern ein fester Bestandteil geworden (Böning, 2005; Levold, 2003).

▶ **Definition Coaching** wird häufig als „Hilfe zur Selbsthilfe" verstanden. Ziel ist es, Menschen in ihrer beruflichen und persönlichen Entwicklung zu begleiten, ohne ihnen vorgefertigte Lösungen anzubieten. Rauen (2003) definiert Coaching als „prozessbegleitende Beratung", bei der der Coach als neutraler Feedbackgeber agiert. Dabei steht die Förderung von Eigenverantwortung und Reflexion im Vordergrund. Diese partnerschaftliche Zusammenarbeit basiert auf Freiwilligkeit und Vertrauen.

Für Führungskräfte bedeutet Coaching, Mitarbeitende zu begleiten und deren Kompetenzen zu stärken. Dabei liegt der Fokus auf der individuellen Entwicklung, im Gegensatz zur direkten Steuerung oder Kontrolle (Oppermann-Weber, 2001).

Aufgaben und Kompetenzen einer Führungskraft als Coach

Die Führungskraft übernimmt im Coaching die Rolle eines Entwicklers, der Mitarbeitende motiviert, unterstützt und ihre Potenziale aktiviert. Um diese Rolle erfolgreich auszufüllen, sind spezifische **Kompetenzen und Haltungen** erforderlich:

- **Kommunikative Fähigkeiten:** Sicherer Umgang mit Fragetechniken, aktives Zuhören und die Fähigkeit, wertschätzendes Feedback zu geben.
- **Empathie und Einfühlungsvermögen:** Fähigkeit, sich in die Perspektive der Mitarbeitenden hineinzuversetzen.
- **Fachliche Kenntnisse:** Vertrautheit mit Coaching-Methoden und die Flexibilität, diese an unterschiedliche Situationen anzupassen.
- **Selbstreflexion:** Bereitschaft, das eigene Verhalten und die Kommunikationsweise kritisch zu hinterfragen.
- **Geduld und Offenheit:** Mitarbeitenden Raum für eigene Lösungsansätze geben, ohne sie zu drängen oder vorgefertigte Antworten zu liefern.

Aufgaben der Führungskraft im Coaching

- **Zielentwicklung:** Mitarbeitende bei der Definition klarer, erreichbarer Ziele unterstützen.
- **Unterstützung bieten:** Hindernisse identifizieren und gemeinsam Lösungen erarbeiten.
- **Förderung von Selbstreflexion:** Mitarbeitende anregen, ihre Stärken und Entwicklungsfelder zu erkennen.
- **Feedback geben:** Regelmäßige Rückmeldungen ermöglichen, um Fortschritte sichtbar zu machen und Weiterentwicklung zu fördern.

Effektive Methoden im Coachingalltag

Ein erfolgreiches Coaching kombiniert bewährte Methoden mit individuell angepassten Ansätzen. Der Fokus liegt dabei auf der gezielten Anwendung von Techniken, die sowohl die Selbstreflexion der Mitarbeitenden fördern als auch eine konstruktive Beziehung zwischen Coach und Coachee aufbauen. Insbesondere die zwischenmenschliche Qualität der Interaktion spielt eine entscheidende Rolle, da Vertrauen und Offenheit die Grundlage für nachhaltige Ergebnisse bilden.

- **Fragetechniken:** Fragetechniken sind das Herzstück eines guten Coachings. Ziel ist es, die Selbstreflexion anzuregen und den Mitarbeitenden dabei zu helfen, eigene Lösungen zu finden. Beispielhafte Fragen könnten sein: „Welche Schritte können Sie unternehmen, um diese Herausforderung zu bewältigen?“ oder „Was würde für Sie eine spürbare Verbesserung darstellen?“
- **Aktives Zuhören:** Durch aktives Zuhören signalisiert die Führungskraft Wertschätzung und Interesse. Dies schafft Vertrauen und sorgt dafür, dass der Mitarbeitende offen über seine Herausforderungen spricht. Dabei geht es nicht nur um das Verstehen der Worte, sondern auch um das Wahrnehmen von Emotionen und nonverbalen Signalen.
- **Feedbacktechniken:** Konstruktives Feedback ist essenziell, um Fortschritte sichtbar zu machen und Verhaltensänderungen zu unterstützen. Feedback sollte konkret, zeitnah und ausgewogen sein, um sowohl Stärken zu fördern als auch Entwicklungsfelder aufzuzeigen.
- **Zielvereinbarungen:** Gemeinsames Festlegen von Zielen sorgt für Struktur und Orientierung. Diese Ziele sollten SMART (spezifisch, messbar, attraktiv, realistisch, terminiert) formuliert werden, um klare Ergebnisse zu erzielen.
- **Lösungsorientierte Ansätze:** Der Fokus auf Lösungen statt auf Problemen hilft, pragmatische und umsetzbare Strategien zu entwickeln. Die Führungskraft unterstützt dabei, Hindernisse zu überwinden und positive Perspektiven zu schaffen.
- **Coachingprozess gestalten:** Ein effektiver Coachingprozess ist nicht statisch, sondern dynamisch und flexibel. Die Führungskraft sollte in der Lage sein, den Prozess an die individuellen Bedürfnisse anzupassen und situativ geeignete Methoden auszuwählen. Dies kann durch regelmäßige Überprüfung der Fortschritte und gegebenenfalls durch Anpassung der Ansätze erfolgen.

Beispiel: Führungskraft als Coach

Eine Stationsleitung bemerkt, dass eine Pflegekraft Schwierigkeiten hat, mit dem steigenden Dokumentationsaufwand umzugehen. In einem Coaching-Gespräch wird gemeinsam erarbeitet, wie der Arbeitsalltag besser organisiert werden kann.

Die Führungskraft stellt offene Fragen, wie: „Welche Strategien haben Sie bisher ausprobiert, um die Dokumentationsprozesse zu erleichtern?" Gemeinsam entwickeln sie eine neue Struktur für die Dokumentation, setzen Prioritäten und vereinbaren regelmäßige Check-ins, um den Fortschritt zu überprüfen. Nach wenigen Wochen berichtet die Pflegekraft von einer deutlichen Entlastung und fühlt sich motivierter. ◀

Ein weiteres anspruchsvolleres Beispiel zeigt, wie Coaching zur Entwicklung von Durchsetzungsstärke genutzt werden kann:

Beispiel: Coaching zur Entwicklung von Durchsetzungsstärke

Eine Wohnbereichsleiterin in einem Pflegeheim wird mit wiederholten Herausforderungen konfrontiert, da sie Schwierigkeiten hat, sich gegenüber erfahreneren Teammitgliedern bei der Umsetzung neuer Arbeitsrichtlinien durchzusetzen.

In einem strukturierten Coaching-Prozess arbeitet die Führungskraft mit der Wohnbereichsleiterin daran, ihre Kommunikations- und Argumentationstechniken zu verbessern. Der Fokus liegt auf der Vermittlung klarer Botschaften, dem Einsatz von Ich-Botschaften und der Entwicklung einer souveränen Körpersprache. Zusätzlich werden Rollenspiele genutzt, um schwierige Gesprächssituationen praxisnah zu üben.

Nach mehreren Sitzungen berichtet die Wohnbereichsleiterin von einem gestärkten Selbstbewusstsein und einer deutlichen Verbesserung in der Akzeptanz ihrer Entscheidungen innerhalb des Teams. ◀

Coaching ist ein wertvolles Instrument, um die berufliche und persönliche Weiterentwicklung von Mitarbeitenden zu fördern. Es stärkt die Eigenverantwortung und trägt zur Verbesserung der Zusammenarbeit bei. Für Pflegeeinrichtungen und Krankenhäuser bietet Coaching die Möglichkeit, individuelle Potenziale zu erkennen und gezielt zu entwickeln, was letztlich der Qualität der Versorgung zugutekommt.

6.4.6 Mentoring und Peer-Coaching

In einer immer komplexer werdenden Arbeitswelt gewinnen Mentoring und Peer-Coaching zunehmend an Bedeutung. Besonders in Pflegeeinrichtungen und Krankenhäusern spielen diese Instrumente eine zentrale Rolle, um die Kompetenzen der Mitarbeitenden zu fördern, Wissenslücken zu schließen und die Zusammenarbeit zu stärken. Ihre Wirksamkeit beruht auf theoretischen Grundlagen aus der Personal- und Organisationsentwicklung, die auf Prinzipien wie kollegialem Lernen, Vertrauen und Reflexion basieren.

Definition: Mentoring beschreibt eine unterstützende Beziehung, in der eine erfahrene Person (Mentor oder Mentorin) eine weniger erfahrene Person (Mentee) über einen längeren Zeitraum begleitet. Ziel ist es, nicht nur Fachwissen, sondern auch Erfahrungswerte, Soft Skills und organisatorisches Know-how weiterzugeben. Dabei stützt sich Mentoring auf die Theorie des sozialen Lernens, die betont, dass Wissen und Verhaltensweisen durch gezielte Anleitung und Erfahrungen erworben werden (Gagné & Driscoll, 1988).

Ein zentrales Ziel des Mentorings ist es, berufliche Übergänge wie den Einstieg in eine Organisation oder die Übernahme von Führungsaufgaben zu erleichtern. Gleichzeitig unterstützt Mentoring die Persönlichkeitsentwicklung, indem es Reflexion fördert und soziale Kompetenzen stärkt. Aktuelle Ansätze wie das „relationale Mentoring" betonen die wechselseitige Natur der Beziehung. Hier profitieren nicht nur Mentees, sondern auch Mentorinnen und Mentoren, indem sie ihre eigene Perspektive erweitern und ihre Führungskompetenzen reflektieren (Dutton & Heaphy, 2003).

Ein strukturierter Mentoring-Prozess umfasst mehrere Phasen:

1. **Beziehungsaufbau:** Zu Beginn werden Erwartungen geklärt und Vertrauen aufgebaut, was die Grundlage für eine produktive Zusammenarbeit bildet.
2. **Zielsetzung:** Mentees definieren gemeinsam mit ihren Mentorinnen und Mentoren konkrete Ziele, die auf ihre berufliche Entwicklung abgestimmt sind.
3. **Begleitung und Feedback:** In regelmäßigen Treffen geben Mentorinnen und Mentoren Rückmeldung, teilen ihr Wissen und unterstützen die Mentees bei der Bewältigung von Herausforderungen.
4. **Abschluss und Reflexion:** Am Ende der Mentoring-Beziehung werden die erreichten Ziele reflektiert und die weitere Entwicklung der Mentees geplant.

Damit Mentoring gut funktioniert, braucht es Mentoren, die nicht nur über fachliche Kompetenz verfügen, sondern auch die Fähigkeit besitzen, empathisch und wertschätzend zu kommunizieren.

Mentoren sollten in der Lage sein, individuelle Entwicklungsbedarfe zu erkennen, gezielte Rückmeldungen zu geben und durch konstruktives Feedback die persönliche und berufliche Entwicklung ihrer Mentees zu fördern. Zudem ist es wichtig, dass Mentoren eine offene Haltung mitbringen, die Raum für Vertrauen und gegenseitigen Austausch schafft.

Eine sorgfältige Auswahl und Vorbereitung der Mentoren, beispielsweise durch spezielle Schulungen in Kommunikationstechniken und Konfliktmanagement, sind essenziell, um die Qualität des Mentoring-Prozesses sicherzustellen.

Peer-Coaching: Definition, Merkmale und theoretischer Rahmen

Peer-Coaching basiert auf dem Konzept des kollegialen Austauschs, bei dem sich gleichrangige Kolleginnen und Kollegen gegenseitig unterstützen. Im Gegensatz zum hierarchischen Mentoring agieren beide Parteien auf Augenhöhe, was eine offene und vertrauensvolle Zusammenarbeit ermöglicht. Theoretisch stützt sich Peer-Coaching auf die Ansätze der systemischen Beratung und des kooperativen Lernens, die den Fokus auf erfahrungsbasiertes Lernen und die Entwicklung praktischer Kompetenzen legen (Klob, 2014).

Wichtige Merkmale des Peer-Coachings sind:

- **Wechselseitigkeit:** Beide Beteiligten profitieren von der Zusammenarbeit, indem sie abwechselnd die Rolle des Coachs und des Coachees übernehmen.
- **Reflexion:** Der Fokus liegt auf der Analyse von Erfahrungen und der Entwicklung neuer Perspektiven.
- **Kosteneffizienz:** Da keine externen Ressourcen benötigt werden, ist Peer-Coaching eine besonders ressourcenschonende Methode der Personalentwicklung.

Peer-Coaching ist besonders geeignet für Teams in Pflegeeinrichtungen und Krankenhäusern, die eng zusammenarbeiten. Beispielsweise können Pflegekräfte in moderierten Sitzungen komplexe Patientensituationen analysieren, unterschiedliche Perspektiven einbringen und gemeinsam neue Vorgehensweisen erarbeiten. Solche Reflexionsrunden fördern nicht nur die Zusammenarbeit, sondern schaffen auch einen Raum, in dem Erfahrungen geteilt und innovative Lösungen entwickelt werden können. Regelmäßig durchgeführt, tragen diese Sitzungen dazu bei, das Vertrauen im Team zu stärken und eine Kultur des gegenseitigen Lernens zu etablieren (Kraft, 2024).

Erfolgsfaktoren und Herausforderungen

Damit Mentoring und Peer-Coaching effektiv sind, müssen bestimmte Voraussetzungen erfüllt sein:

1. **Klare Zielsetzung:** Die Ziele der Maßnahmen sollten vorab definiert und an die Bedürfnisse der Teilnehmenden angepasst werden.
2. **Strukturelle Verankerung:** Mentoring-Programme und Peer-Coaching-Runden sollten fest in der Organisation verankert sein, um Nachhaltigkeit zu gewährleisten.
3. **Qualifikation der Beteiligten:** Mentorinnen und Mentoren sowie Peer-Coaching-Teilnehmende sollten durch Schulungen auf ihre Rollen vorbereitet werden. Themen wie Fragetechniken, aktives Zuhören und Feedbackmethoden sind hierbei zentral.
4. **Evaluation:** Regelmäßige Überprüfungen helfen, die Wirksamkeit der Maßnahmen zu beurteilen und gegebenenfalls anzupassen.

Herausforderungen können in der Akzeptanz der Maßnahmen und in der Bereitschaft der Teilnehmenden liegen, sich aktiv einzubringen. Eine offene Kommunikationskultur und die Förderung von Vertrauen sind daher essenziell.

Beispiel: Kombination von Mentoring und Peer-Coaching

Eine Pflegeeinrichtung führt ein Programm ein, das Mentoring und Peer-Coaching kombiniert. Neue Mitarbeitende erhalten eine erfahrene Pflegekraft als Mentorin oder Mentor, die sie über sechs Monate hinweg begleitet.

Parallel dazu nehmen sie an Peer-Coaching-Sitzungen teil, in denen sie gemeinsam mit Kolleginnen und Kollegen Herausforderungen besprechen und Lösungen erarbeiten.

Durch diese Kombination profitieren die Teilnehmenden sowohl von der Erfahrung der Mentorinnen und Mentoren als auch vom kollegialen Austausch. ◀

▶ Mentoring und Peer-Coaching sind zentrale Instrumente der Personalentwicklung, die sowohl individuelle als auch organisationale Ziele fördern. Während Mentoring den Fokus auf die Weitergabe von Wissen und Erfahrung legt, bietet Peer-Coaching eine Plattform für kollegialen Austausch und gemeinsames Lernen. Beide Ansätze tragen dazu bei, die Kompetenzen der Mitarbeitenden zu stärken und die Zusammenarbeit in Teams zu verbessern. Durch eine gezielte Implementierung können Pflegeeinrichtungen und Krankenhäuser nicht nur ihre Mitarbeitenden binden, sondern auch die Qualität ihrer Dienstleistungen nachhaltig steigern.

6.4.7 Wissensmanagement

Wissensmanagement spielt eine zentrale Rolle in modernen Pflegeeinrichtungen und Krankenhäusern. In einer Branche, die von hoch spezialisiertem Wissen und ständig neuen Entwicklungen geprägt ist, stellt das systematische Erfassen, Teilen und Nutzen von Wissen eine unverzichtbare Grundlage für eine qualitativ hochwertige Versorgung dar. Dieser Abschnitt beleuchtet die Bedeutung von Wissensmanagement im Gesundheitswesen, seine zentralen Komponenten und konkrete Umsetzungsmöglichkeiten.

▶ **Definition: Wissensmanagement** umfasst alle Maßnahmen, die darauf abzielen, Wissen systematisch zu erfassen, zu teilen und effektiv zu nutzen. Es dient nicht nur der Organisation von Informationen, sondern auch der Förderung von Innovation und der Schaffung von Wettbewerbsvorteilen (North, 2021).

Im Gesundheitswesen ist Wissensmanagement besonders entscheidend, da hier sowohl explizites Wissen (z. B. medizinische Leitlinien) als auch implizites Wissen (z. B. Erfahrungswissen der Pflegekräfte) eine wesentliche Rolle spielen.

Eine effektive Nutzung dieses Wissens trägt zur Verbesserung der Patientenversorgung, zur Optimierung von Arbeitsprozessen und zur Stärkung der interdisziplinären Zusammenarbeit bei. Insbesondere in Zeiten des demografischen Wandels und des Fachkräftemangels bietet Wissensmanagement die Möglichkeit, wertvolle Kompetenzen zu sichern und weiterzugeben.

Zentrale Komponenten des Wissensmanagements
Ein erfolgreiches Wissensmanagement lässt sich in drei zentrale Bereiche gliedern (North, 2021):

1. **Wissensidentifikation und -erfassung:**
   - Ziel ist es, sowohl explizites als auch implizites Wissen innerhalb der Organisation zu erfassen.
   - Beispiele umfassen die Dokumentation von Behandlungsleitlinien, Pflegestandards und Fallbesprechungen sowie die Aufzeichnung interdisziplinärer Zusammenarbeit.
   - Erfahrungswissen von langjährigen Mitarbeitenden kann durch Interviews oder moderierte Runden systematisch festgehalten werden.
2. **Wissenstransfer und -austausch:**
   - Der Austausch von Wissen erfolgt durch Teammeetings, Fortbildungen, interaktive Workshops oder digitale Plattformen.
   - Regelmäßige interdisziplinäre Fallbesprechungen bieten eine Plattform, um Wissen über Fachgrenzen hinweg zu teilen und gemeinsam Lösungen zu entwickeln.
   - Digitale Tools wie Intranet-Systeme oder Wissensdatenbanken erleichtern den Zugriff auf relevante Informationen und fördern den Austausch.
3. **Wissensnutzung und -bewahrung:**
   - Erfasstes Wissen muss aktiv in die Arbeitsprozesse integriert werden. Dies kann durch die Anwendung von Best Practices, die Einführung neuer Technologien oder die kontinuierliche Anpassung von Standards erfolgen.
   - Programme wie Mentoring oder Peer-Coaching können dazu beitragen, Erfahrungswissen weiterzugeben und nachhaltig in die Organisation zu integrieren.

Umsetzung im Gesundheitswesen
Die Umsetzung von Wissensmanagement in Pflegeeinrichtungen und Krankenhäusern erfordert eine gezielte Strategie, die auf die spezifischen Herausforderungen und Bedürfnisse der jeweiligen Einrichtung abgestimmt ist. Aktuelle Studien, wie die von Probst et al. (2012), zeigen, dass systematisch implementiertes Wissensmanagement nicht nur die Effizienz steigert, sondern auch die Arbeitszufriedenheit der Mitarbeitenden fördert. Folgende Schritte sind dabei zentral:

1. **Kultureller Wandel:**
   - Der Aufbau einer offenen und wertschätzenden Kommunikationskultur ist entscheidend, um die Bereitschaft zum Teilen von Wissen zu fördern.
   - Widerstände, die beispielsweise aus Angst vor Statusverlust resultieren, müssen durch Sensibilisierung und Anreize überwunden werden.

2. **Technologische Infrastruktur:**
   - Digitale Plattformen wie E-Learning-Tools oder Wissensdatenbanken bieten eine zentrale Grundlage für das Erfassen und Teilen von Wissen.
   - Besonders in großen Organisationen erleichtern solche Systeme den Zugang zu aktuellen Informationen und schaffen Transparenz.
3. **Schulungen und Weiterbildungen:**
   - Mitarbeitende sollten gezielt geschult werden, um Wissen effizient zu dokumentieren und weiterzugeben.
   - Interaktive Formate wie Fallstudien oder Rollenspiele können helfen, theoretisches Wissen in die Praxis zu übertragen.

Beispiel: Wissensmanagement-Programm

Eine Klinik hat festgestellt, dass das Wissen erfahrener Pflegekräfte nicht systematisch weitergegeben wird. Um dieses Problem zu beheben, wird ein umfassendes Wissensmanagement-Programm eingeführt. Zentrale Maßnahmen umfassen:

- **Mentoring-Programme:** Neue Mitarbeitende werden von erfahrenen Pflegekräften begleitet, die ihr Fachwissen und ihre praktischen Erfahrungen weitergeben.
- **Digitale Wissensdatenbank:** Eine Plattform wird eingeführt, auf der Leitlinien, Schulungsmaterialien und Fallstudien zentral zugänglich sind.
- **Regelmäßige Workshops:** Teams treffen sich monatlich, um spezifische Themen zu besprechen und Best Practices auszutauschen.

Diese Ansätze führten nicht nur zu einer Verbesserung der Zusammenarbeit, sondern auch zu einer deutlichen Steigerung der Arbeitszufriedenheit und Qualität der Patientenversorgung. ◀

Allerdings können bei der Umsetzung von Wissensmanagement auch Schwierigkeiten auftreten. Zu den häufigsten Herausforderungen zählen Widerstände seitens der Mitarbeitenden, unzureichende technologische Ressourcen und mangelnde Schulungen, die die effektive Nutzung von Wissensplattformen erschweren. Zudem kann eine fehlende strategische Verankerung dazu führen, dass Maßnahmen nicht nachhaltig umgesetzt werden. Eine sorgfältige Planung, die sowohl technische als auch kulturelle Aspekte berücksichtigt, ist daher entscheidend, um diesen Herausforderungen erfolgreich zu begegnen.

Wissensmanagement ist somit ein unverzichtbares Instrument, um die Qualität und Effizienz im Gesundheitswesen zu steigern. Durch die systematische Erfassung, den Austausch und die Integration von Wissen können Pflegeeinrichtungen und Krankenhäuser nicht nur bestehende Kompetenzen sichern, sondern auch innovative Ansätze entwickeln. Eine klare Strategie und die Schaffung einer lernfreundlichen Kultur sind dabei essenziell, um die Potenziale des Wissensmanagements voll auszuschöpfen.

6.5 Fazit

Personalentwicklung – Strategien für nachhaltigen Erfolg

Die Personalentwicklung ist ein zentraler Baustein für die langfristige Sicherung der Qualität und Effizienz in Pflegeeinrichtungen und Krankenhäusern. In einer Branche, die von Fachkräftemangel, steigenden Anforderungen und einem kontinuierlichen Wandel geprägt ist, ermöglicht eine systematische Personalentwicklung nicht nur die Förderung individueller Kompetenzen, sondern auch die Sicherstellung der organisatorischen Leistungsfähigkeit.

Zusammenfassung der wichtigsten Punkte

1. **Strategische Bedeutung:** Personalentwicklung ist mehr als die Organisation von Weiterbildungen. Sie umfasst strategische Ansätze, die auf die langfristigen Ziele der Einrichtung abgestimmt sind. Dazu gehören die Planung von Karrierewegen, die Sicherung von Fachwissen und die Entwicklung von Führungskompetenzen.
2. **Vielfalt der Instrumente:** Zu den zentralen Werkzeugen der Personalentwicklung zählen Mitarbeitergespräche, Fördergespräche, Coaching, Mentoring und Peer-Coaching. Diese Instrumente sind darauf ausgerichtet, die individuellen Potenziale der Mitarbeitenden zu erkennen, ihre Leistung zu steigern und die Zusammenarbeit im Team zu fördern.
3. **Bedeutung der Führungskräfte:** Führungskräfte spielen eine entscheidende Rolle als Entwickler und Unterstützer. Sie schaffen die Rahmenbedingungen für eine lernfreundliche Kultur, fördern Eigenverantwortung und begleiten ihre Mitarbeitenden aktiv in deren Entwicklungsprozessen.
4. **Herausforderungen und Erfolgsfaktoren:** Widerstände, mangelnde Ressourcen oder unklare Zielsetzungen können die Umsetzung der Personalentwicklung erschweren. Erfolgsentscheidend sind eine klare Strategie, die Bereitschaft zur kontinuierlichen Reflexion und die Einbindung aller Beteiligten in den Entwicklungsprozess.

Reflexionsfragen für die Praxis

Um die Personalentwicklung in der eigenen Einrichtung erfolgreich zu gestalten, können folgende Fragen als Leitfaden dienen:

1. **Strategische Ausrichtung**
   - Wie klar sind die Ziele der Personalentwicklung in unserer Einrichtung definiert?
   - Sind die Maßnahmen klar an den langfristigen strategischen Zielen der Organisation ausgerichtet?
   - Wird die Personalentwicklung systematisch durch kontinuierliche Programme umgesetzt, anstatt nur auf sporadische Weiterbildungsmaßnahmen zu setzen?

2. **Instrumente und Methoden**
   - Werden die eingesetzten Instrumente wie Coaching, Mentoring oder Fördergespräche zielgerichtet und wirksam eingesetzt?
   - Inwieweit sind die Angebote an die individuellen Bedürfnisse der Mitarbeitenden angepasst?
3. **Rolle der Führungskräfte**
   - In welchem Maße agieren Führungskräfte als Entwickler und Begleiter ihrer Mitarbeitenden?
   - Wie können Führungskräfte gezielt geschult werden, um ihre Rolle im Entwicklungsprozess effektiv wahrzunehmen?
4. **Kultureller Wandel**
   - Fördert die Unternehmenskultur Offenheit, Vertrauen und die Bereitschaft zur Weiterentwicklung?
   - Welche Maßnahmen können ergriffen werden, um Widerstände abzubauen und eine lernfreundliche Atmosphäre zu schaffen?
5. **Evaluation und Nachhaltigkeit**
   - Wie werden die Erfolge der Personalentwicklung gemessen?
   - Welche Mechanismen sichern die Nachhaltigkeit der umgesetzten Maßnahmen?

Literatur

Backhaus, R., Verbeek, H., & Hamers, J. (2022). 3. Personaleinsatz und Personalentwicklung zur Qualitätsverbesserung in der stationären Langzeitpflege. In G. Lux & D. Matusiewicz (Hrsg.), *Pflegemanagement und Innovation in der Pflege*. Springer Fachmedien Wiesbaden. https://doi.org/10.1007/978-3-658-35631-6_3

Bettig, U., Frommelt, M., Roes, M., Schmidt, R., & Thiele, G. (2015). *Personalentwicklung in der Pflege: Analysen – Herausforderungen – Lösungsansätze: Jahrbuch Pflegemanagement (Gesundheitswesen in der Praxis)*. Medhochzwei.

Böning, U. (2005). Coaching: Der Siegeszug eines Personalentwicklungs-Instruments: Eine 15-Jahres-Bilanz. In C. Rauen (Hrsg.), *Handbuch Coaching* (3. Aufl., S. 21–36). Hogrefe.

Dahlgaard, K., & Stratmeyer, P. (2008). *Kooperatives Prozessmanagement im Krankenhaus: Qualifikation und Qualifikationsentwicklung*. Luchterhand.

de la Barré, J., Sorge, M., & Schöner, J. (2023a). Führungshandeln und Führungslernen. PFLEGE Zeitschrift (1-2.2023/76), 18–20.

de la Barré, J., Sorge, M., Kalayci, E., Mayer, C., Schirmer, M., Schöner, J., . . . Rudolph, P. (2023b). Führung im Gesundheitswesen – Herausfordernde Führungssituationen in einer digitalen Lernwelt erproben und reflektieren. In V. B. Nitsch, Digitalisierung der Arbeitswelt im Mittelstand (3. Ausg., S. 205–237). Berlin/Heidelberg: Springer Vieweg. doi:https://doi.org/10.1007/978-3-662-67024-8_6

Dutton, J. E., & Heaphy, E. D. (2003). The power of high quality connections. In K. S. Cameron, J. E. Dutton, & R. E. Quinn (Hrsg.), *Positive organizational scholarship* (S. 261–278). Berrett-Koehler.

Eichhorn, S., & Schmidt-Rettig, B. (1995). *Mitarbeitermotivation im Krankenhaus*. Bleicher.

Gaedke, G., & Scholz, C. (2016). Personalentwicklung im Gesundheitswesen: Besondere Herausforderungen und innovative Ansätze. *Zeitschrift für Führung und Personalmanagement in der, 2*(1), 11–18.

Gagné, R. M., & Driscoll, M. (1988). *Essentials of learning for instruction*. Prentice Hall.

Gießler, W., Scharfenorth, K., & Winschuh, T. (2013). *Aktive Personalentwicklung im Krankenhaus: Grundlagen und Praxis der aufgabenbezogenen Qualifizierungsbedarfsanalyse*. W. Kohlhammer.

Hentze, J. (1994). *Personalwirtschaftslehre: 1. Grundlagen, Personalbedarfsermittlung, -beschaffung, -entwicklung und -einsatz* (6. erw. Ausg.). Verlag Paul Haupt.

Jung, H. (2017). *Personalwirtschaft* (10. aktual. Ausg.). De Gruyter.

Jung, K. (2010). *Krankenhäuser brauchen eine integrierte Personalentwicklung: Stand und Perspektiven einer integrierten Personalentwicklung an den Universitätsklinika Deutschlands, Österreichs und der Schweiz.* Dissertation, Leuphana Universität Lüneburg: Leuphana Universität Lüneburg. https://doi.org/10.48548/pubdata-268

Klob, D. (2014). *Experiential learning: Experience as the source of learning and development*. FT Press. https://www.researchgate.net/publication/315793484_Experiential_Learning_Experience_as_the_source_of_Learning_and_Development_Second_Edition. Zugegriffen am 28.02.2025.

Kraft, N. C. (2024). Peer-coachings. In N. C. Kraft (Hrsg.), *Erfolgreiche implementierung von coaching und mentoring in Unternehmen* (S. 35–38). Springer Gabler. https://doi.org/10.1007/978-3-662-69553-1_5

Levold, T. (2003). Die Professionalisierung der Persönlichkeit – Zur gesellschaftlichen Aktualität von Coaching. In K. Martens-Schmidt (Hrsg.), *Coaching als Beratungssystem: Grundlagen, Konzepte, Methoden* (S. 55–88). Economica.

Mai, J. (2023). *Feedbackgespräch: Leitfaden + Fragen zur Vorbereitung*. https://karrierebibel.de/feedbackgespraech/. Zugegriffen am 07.05.2024.

Mentzel, W., Grotzfeld, S., & Dürr, C. (2000). *Mitarbeitergespräche: Mitarbeiter motivieren, richtig beurteilen und effektiv einsetzen*. Haufe.

Müller, H. (2005). *Arbeitsorganisation in der Altenpflege: Ein Beitrag zur Qualitätsentwicklung und Qualitätssicherung* (2. Aufl.). Schlütersche.

North, K. (2021). *Wissensorientierte Unternehmensführung: Wissensmanagement im digitalen Wandel*. Springer Fachmedien Wiesbaden. https://doi.org/10.1007/978-3-658-32771-2

Oppermann-Weber, U. (2001). *Handbuch Führungspraxis – Führung, Führungskräfte, Führungskompetenzen – Organisation der Bereiche der Mitarbeiterführung – Zielvereinbarungen, Motivation und Delegation*. Cornelsen.

Probst, G., Raub, S., & Romhardt, K. (2012). *Wissen managen: Wie Unternehmen ihre wertvollste Ressource optimal nutzen* (7. Aufl.). Springer Gabler. https://doi.org/10.1007/978-3-8349-4563-1

Rauen, C. (2003). *Coaching: Innovative Konzepte im Vergleich* (3. Aufl.). Hogrefe.

von Rosenstiel, L., Regnet, E., & Domsch, M. E. (2020). *Führung von Mitarbeitern: Handbuch für erfolgreiches Personalmanagement* (8. Aufl.). Schäffer-Poeschel.

Schulz, S., & Pfannstiel, M. A. (2016). Personalentwicklung als Führungsaufgabe. *Zeitschrift für Führung und Personalmanagement in der Gesundheitswirtschaft, 2*(1), 6–10.

Schulz von Thun, F., Ruppel, J., & Stratmann, R. (2018). *Miteinander reden: Kommunikationspsychologie für Führungskräfte*. Rowohlt E-Book.

Stockinger, A. (2014). Personalentwicklung im Fokus von Kliniken und Pflegeeinrichtungen. In I. R. Tewes & A. Stockinger (Hrsg.), *Personalentwicklung in Pflege- und Gesundheitseinrichtungen* (S. 3–14). Springer. https://doi.org/10.1007/978-3-642-37324-4_1

Tewes, R., & Matzke, U. (2021). *Innovative Personalentwicklung im In- und Ausland*. Springer. https://doi.org/10.1007/978-3-662-62977-2

Schlusswort: Meine 10 Leadership-Prinzipien für die Pflege

7

Als ich dieses Buch begonnen habe, war mir eines besonders wichtig: Führung in der Pflege ist weit mehr als die bloße Verwaltung von Ressourcen oder das Durchsetzen organisatorischer Abläufe. Es geht darum, eine inspirierende und tragfähige Vision zu entwickeln, die den Herausforderungen dieser Branche gerecht wird.

Die Pflege steht vor einem tiefgreifenden Wandel, bedingt durch demografische Entwicklungen, Fachkräftemangel, technologische Innovationen und sich wandelnde gesellschaftliche Erwartungen. Diese Veränderungen verlangen von Führungskräften nicht nur fachliche Kompetenz, sondern auch strategisches Denken und die Bereitschaft, neue Wege zu gehen.

In diesem Buch habe ich mich mit den essenziellen Aspekten moderner Leadership-Ansätze befasst, stets mit dem Anspruch, eine Brücke zwischen wissenschaftlichen Erkenntnissen und praktischen Herausforderungen zu schlagen. Mein Ziel war es, Ihnen nicht nur theoretisches Wissen zu vermitteln, sondern konkrete Impulse für Ihre tägliche Führungsarbeit zu geben. Denn gute Führung ist nicht nur ein Konzept – sie ist eine Haltung, die Pflege- und Gesundheitseinrichtungen nachhaltig prägt und deren Zukunft aktiv gestaltet.

Während ich die verschiedenen Aspekte von Leadership in der Pflege beleuchtet habe, wurde immer wieder deutlich: Es gibt keine universelle Lösung, sondern vielmehr ein Set an Prinzipien, die eine erfolgreiche Führung ausmachen. Was sind also die zentralen Leitlinien, die Führungskräfte in der Pflege befähigen, ihre Rolle mit Weitsicht, Kompetenz und Innovationskraft auszufüllen? Welche Erkenntnisse lassen sich aus den bisherigen Kapiteln ableiten?

Im Folgenden fasse ich zehn wesentliche Prinzipien zusammen, die eine zukunftsorientierte Führung in der Pflege prägen. Sie sollen als Orientierung dienen, um in einem komplexen und dynamischen Umfeld handlungsfähig zu bleiben und gleichzeitig eine nachhaltige, wertschätzende Führungskultur zu etablieren.

P. Rudolph, *Neue Leadership-Ansätze in der Pflege*, https://doi.org/10.1007/978-3-658-48360-9_7

Die zehn zentralen Prinzipien zukunftsorientierter Führung in der Pflege

1. **Führung ist der Schlüssel zur Zukunftsfähigkeit der Pflege**
   Führung in der Pflege entscheidet über die Zukunft der Branche. Neben klassischen Managementaufgaben ist strategisches Gestalten entscheidend, um Fachkräftemangel, steigende Qualitätsanforderungen und Digitalisierung zu bewältigen. Eine visionäre und wertebasierte Führung steigert nachweislich Zufriedenheit und Produktivität. Wer aktiv gestaltet, trägt maßgeblich zur Zukunftssicherheit der Pflege bei.
2. **Personalgewinnung und -bindung sind strategische Kernaufgaben**
   Der Fachkräftemangel ist eine der größten Herausforderungen im Gesundheitswesen. Erfolgreiche Führungskräfte setzen auf innovative Rekrutierung und gezielte Bindungsmaßnahmen. Eine starke Arbeitgebermarke und attraktive Arbeitsbedingungen erhöhen die Identifikation der Mitarbeitenden mit der Organisation. Weiterbildung und Karrierechancen sind entscheidend, um qualifizierte Fachkräfte zu gewinnen und langfristig zu halten.
3. **Transformationale Führung steigert Motivation und Leistung**
   Transformationale Führung setzt auf Inspiration, persönliche Entwicklung und intrinsische Motivation. Führungskräfte, die eine klare Vision vermitteln und Mitarbeitende gezielt fördern, steigern Innovationskraft und Engagement. Besonders in der Pflege, wo hohe Belastung und Verantwortung den Alltag prägen, stärkt eine unterstützende Führung die Zufriedenheit und Leistungsfähigkeit der Teams.
4. **Gesunde Führung fördert Wohlbefinden und reduziert Fluktuation**
   Ein gesundes Arbeitsumfeld minimiert physische und psychische Belastungen. Führungskräfte haben eine Schlüsselrolle in der Gesundheitsförderung ihrer Mitarbeitenden. Sie fördern die Resilienz durch Prävention, Work-Life-Balance und wertschätzende Kommunikation im Team. Ein achtsamer Führungsstil reduziert Stress und stärkt die Mitarbeiterbindung nachhaltig.
5. **Digitale Kompetenzen sind für Führungskräfte unverzichtbar**
   Die Digitalisierung verändert die Pflege grundlegend. Technologien wie elektronische Patientenakten und KI-gestützte Analysen steigern Effizienz und Qualität. Führungskräfte sollten diese Entwicklungen nicht nur verstehen, sondern aktiv gestalten. Schulungen und eine offene Haltung gegenüber Innovationen fördern digitale Kompetenz und stärken die Wettbewerbsfähigkeit der Organisation.
6. **Agile und flexible Führung erhöht Anpassungsfähigkeit**
   Starre Hierarchien werden zunehmend durch adaptive Führungsmodelle ersetzt. Agilität ermöglicht schnelle Entscheidungen und kontinuierliche Verbesserungen. Methoden wie Scrum oder Kanban helfen, Teams effizient zu koordinieren und Veränderungen flexibel zu steuern. Eine agile Führung stärkt Eigenverantwortung und Anpassungsfähigkeit in einem dynamischen Umfeld.

7. **Wertebasierte Führung schafft Vertrauen und Identifikation**
   Authentizität, Integrität und eine klare Werteorientierung sind essenziell für eine starke Führungskultur. Mitarbeitende orientieren sich an Vorbildern in ihrer Organisation. Eine glaubwürdige und ethische Führung stärkt das Vertrauen im Team und fördert ein wertschätzendes Arbeitsumfeld.
8. **Patienten- und Kundenorientierung ist ein Erfolgsfaktor**
   Pflege- und Gesundheitseinrichtungen müssen nicht nur Mitarbeitende führen, sondern auch die Qualität der Versorgung strategisch steuern. Patientenzufriedenheit und Servicequalität sind zentrale Erfolgsfaktoren. Führungskräfte sollten sicherstellen, dass Pflegeprozesse kontinuierlich verbessert werden und Patientenbedürfnisse im Mittelpunkt stehen.
9. **Intergenerationelle Führung fördert Zusammenhalt und Wissenstransfer**
   Der Generationenmix birgt wertvolle Chancen für Innovation und Zusammenarbeit. Führungskräfte sollten eine wertschätzende Kultur fördern, in der Erfahrungswissen weitergegeben wird und neue Impulse Platz finden. Der Austausch zwischen Generationen stärkt den Teamzusammenhalt und erhöht die Anpassungsfähigkeit der Organisation.
10. **Lebenslanges Lernen ist essenziell für Führungskräfte**
    Führung ist ein fortlaufender Lernprozess. Erfolgreiche Führungskräfte reflektieren ihr Handeln, bilden sich weiter und passen sich neuen Herausforderungen an. Weiterbildung, Netzwerkarbeit und der Austausch mit anderen Führungskräften sind wesentliche Elemente einer nachhaltigen Leadership-Entwicklung.

Ich wünsche Ihnen viel Erfolg bei der Anwendung dieser Prinzipien in Ihrer eigenen Führungsrolle und hoffe, dass sie Ihnen wertvolle Impulse für die Weiterentwicklung Ihrer Leadership-Kompetenzen bieten.

FSC
www.fsc.org
MIX
Papier | Fördert
gute Waldnutzung
FSC® C083411

Kolibri 360 GmbH
Ferdinand-Jühlke-Straße 7
99095 Erfurt, Deutschland
produktsicherheit@kolibri360.de